坂口安紀

ベネズエラ

——溶解する民主主義、破綻する経済

中公選書

目次

プロローグ……3

第1章 チャベスと「ボリバル革命」……13
1 チャベス政権誕生と社会の二極化 13
2 反チャベス派の二日天下とチャベス大統領の復権 22
3 政権の地盤固め 32
4 垂れ込める暗雲 38

第2章 チャベスなきチャビスモ、マドゥロ政権……43
1 チャベスなきチャビスモ 43
2 制憲議会誕生と権威主義体制の確立 50
3 ふたりの大統領 56

4 実効支配をめぐる攻防 63

第3章 革命の主人公たち……71

1 チャベスの政治思想の源泉 71

2 チャベスの人物像 85

3 ニコラス・マドゥロの人物像 91

第4章 ボリバル革命と民主主義……99

1 なぜチャベス政権は誕生したのか 99

2 チャベス、マドゥロ両政権の特徴 106

3 民主主義の変質と権威主義化 117

第5章 国家経済の衰亡……129

1 チャベス、マドゥロ両政権期の経済危機 129

2 財政支出の際限なき拡大 133

3 経済活動への国家介入の拡大 138
4 マドゥロ政権期の経済破綻 146

第6章 石油大国の凋落 …… 163
1 ベネズエラ石油産業の技術的特徴 163
2 石油政策の振り子のゆれ 168
3 チャベス政権による石油政策の揺り戻し 176

第7章 社会開発の幻想 …… 187
1 ボリバル革命の目玉、「ミシオン」 187
2 貧困・格差の解消と社会開発 197
3 治　安 204

第8章　国際社会のなかのチャビスモ……215
1　ベネズエラ外交の伝統とチャベス外交　215
2　チャベス政権を支える国々とそれぞれの思惑　221
3　マドゥロ政権のサバイバル外交　230
エピローグ……243
あとがき　251
注　記　268
参考文献　281
ベネズエラ略年表　1989〜2020年　283
索　引　288

ベネズエラ（2020年現在）

（出所）筆者作成

ベネズエラ

溶解する民主主義、破綻する経済

プロローグ

チャベスからマドゥロへ、チャビスタ政権の二〇年

ウーゴ・チャベス（一九五四〜二〇一三年）。一九九九年にベネズエラ大統領に就任し、「二一世紀の社会主義」と反米主義をかかげ、「熱帯のドラゴン」[*1]とも呼ばれた南米の風雲児。強烈なカリスマに恵まれた彼は、貧困層を中心に熱狂的な支持を獲得する一方で、国民を「敵と味方」に分け、ベネズエラ社会を二極化させた。チャベス大統領によってベネズエラ人は、彼を支持する「プエブロ」（「国民」）と反対する勢力に二分され、大統領の煽動的なレトリックと偏重した政策によって、両者間の亀裂は深まっていった。典型的なポピュリストのスタイルだ。

たぐいまれな政治的嗅覚によって、幾度となく政権の危機を乗り越えたチャベス大統領も、病には勝てなかった。二〇一三年三月にチャベス大統領ががんでこの世を去り、その一ヵ月後に実施された大統領選では、チャベスが後継指名した副大統領ニコラス・マドゥロが、弔い合戦で勝利をおさめた。「私はチャベスの息子だ」と言って選挙戦を戦ったマドゥロ大統領は、忠実なチャベス後継者として政治、経済、社会、外交のいずれにおいても前任者の政策を継承し、実行してきた。そ

の意味で、マドゥロ政権は基本的にチャベス政権の継続であるといえる。

チャベス、マドゥロ両政権期を通した「チャビスタ（チャベス派）政権」は二〇年を超える長期政権となった。そして、チャベスが遺した深刻な負の遺産を抱えながらも、彼の政治経済プロジェクトをかたくなに守り進めようとするマドゥロ政権のもと、ベネズエラの経済は破綻し、民主主義は見る影もなくなり、国家制度や国のインフラの多くが崩壊した。

破綻する経済

チャベス政権期が石油価格の高止まりとそれがもたらす高成長に恵まれた一方、マドゥロ政権期は経済が加速的に悪化し続け、政権維持がきわめて厳しい局面が続いている。[*2] 二〇一八年にはインフレ率が一三万％に達するなど、想像を超えるハイパーインフレに突入した。両政権で二回のデノミが行われ、インフレ収束の期待をこめて通貨名は「ボリバル」から「ボリバル・フエルテ」（強いボリバル）へ、そしてさらに「ボリバル・ソベラノ」（国家主権のボリバル）へと変更された。合計でゼロが八つ取り払われたにもかかわらず、ベネズエラの法定通貨は完全に価値を失い、トイレットペーパー一ロールを購入するためにうず高く積まれた紙幣の山や、紙幣を材料にして作成した帽子やかばんを売る人びとなど、驚くような写真が海外メディアで紹介された。

食料など生活必需品の価格は天井知らずとなり、一般市民を窮地に追いつめている。生活を守るために、漁村では魚とトウモロコシ粉などの物々交換が行われ、[*3] 都市部では事実上のドル化（ドルでの支払い）が広がり、海外に脱出した親族からの送金が、国に残る家族の生活を支えている。「強いボリバル」はハイパーインフレの前に姿を消し、「国家主権のボリバル」は、皮肉にもマドゥロ政権が敵視する米国のドルの前に完全に価値を失った。

経済成長率は二〇一四年以降七年連続マイナス、しかも二〇一七年以降は四年連続してマイナス幅が二けたとなり（二〇二〇年予測値も含む）、その結果、わずか三年で国内総生産（GDP）が半分にまで縮小するといった想像を絶する状況だ。戦時下の国をのぞき、第二次世界大戦以降これほどの経済縮小を経験した国があるだろうか。貧困率は九割を超えた。[*4] 国家経済の屋台骨である石油部門も例外ではなく、チャベス政権誕生前に三〇〇万バレルを超えていた一日あたりの産油量は、二〇二〇年五月には六二万バレルと五分の一近くにまで激減した（OPEC月報値）。石油精製部門も稼働率が著しく落ち込んでおり、その結果、国内でガソリンが欠乏し、給油を待つ車がガソリンスタンドを先頭に車に乗ったまま数日間も行列に並ぶことを余儀なくされるという状況だ。

命の危険と国外脱出

食料や医薬品の欠乏は命にかかわるレベルにまで深刻化している。多くの国民が食事の量や回数を減らすことを余儀なくされ、国民の六四％が平均一一キロ痩せたとの報告から、大統領の名前をとって「マドゥロ・ダイエット」という言葉が生まれた。[*5] ゴミの中から食べられるものを探す若者、骨と皮だけになりベッドに横たわる人びとなどのショッキングな映像は、政府が支配する国営メディアは流さないが、海外メディアやSNSを通して世界に流れた。

栄養状況が悪化し、栄養失調で命を落とす乳幼児が急増している。二〇一八年には栄養失調で二〇〇人近い乳幼児が命を落とした。[*6] 必要な備品や医薬品が枯渇して、病院も医療サービスが提供できなくなり、亡くなる病人が後を絶たない。医薬品の欠乏は、糖尿病などの慢性疾患や抗がん剤治療を受ける患者には、致命的だ。医療サービスを受けるために国外に脱出する人も多い。

食料や医療サービス、安定した生活を求めて、総人口約三〇〇〇万人の一割を超す五〇〇万人以上の国民が国外に脱出し、ベネズエラはシリア（五六〇万人）に次ぎ世界で二番目に多い難民を出す国となった。[*7] 彼らは陸路バスあるいは徒歩でコロンビアやブラジルの国境をめざし、そこからさらにエクアドル、ペルー、チリ、アルゼンチンなどへと南下を続ける。

人道的見地からベネズエラ人の難民を寛大に受け入れていた南米各国も、それが経済社会的な負担になっており、エクアドル、ペルー、チリなどでは入国ビザを要求するなど、入国制限する国が出てきた。コロンビアやブラジルの国境地域では、ふくれあがるベネズエラ難民への対応で、地元住民へのサービスなどに大きな支障が出ている。難民の大量流入によって、ベネズエラ危機はもはや国内問題にとどまらず、南米諸国にとって共通の深刻な社会問題となっている。

命を守るインフラの崩壊

二〇一九年三月以降はさらに状況が悪化した。全国ほぼすべての州で五日間にわたる停電が発生したのだ。ベネズエラではチャベス大統領が電力部門を再国営化して以来、全国で停電が頻発していたが、これほど全国規模で長期間にもわたる停電は初めてだった。その間に病院では生命維持にかかわる医療機器が使えず、透析患者や新生児など、停電で少なくとも四三人が命を落とした。[*8] 首都カラカスは電力供給が優先されているとはいえ、そのカラカスでも数日に及ぶ連続停電で市民が疲弊し、そのわりを食う地方の状況はさらに悲惨だ。

停電によって水を汲み上げるポンプも作動しないため、断水も発生した。ベネズエラでは、乾期の水不足で計画断水されることは以前からしばしばあったが、これほど長時間にわたり、しかも事前の告知なしに断水したことはない。山肌の湧き水、トンネル壁から染み出る地下水、そしてカラカスの市街地を流れるラグアイラ川に、人びとが水タンクをもって列をなす写真は衝撃的だ。

この停電は、落雷などの自然災害や技術的不可抗力によって引き起こされたものではなく、ある意味人災であったといえる。マドゥロ政権は、米国が発電所にサイバー攻撃または電磁波攻撃をしかけた結果であるという説明を、証拠を提示することなく繰り返す。しかしチャベス政権期から、発電、送電部門両方への新規投資のみならずメンテナンス投資が不足しており、将来電力危機を引き起こしかねないと、専門家は警鐘を鳴らしていた。それを政府がとりあわず、長年放置した結果、一〇年ほど前から全国で停電が頻発するようになっていた。二〇一九年の大停電について反政府派は、メンテナンス不足や施設の管理不足が原因とし、政府および国営石油会社の責任として糾弾する。電気工学博士でもあり、チャベス政権下で電力大臣をつとめたエクトル・ナバロも、高圧送電線近くで草刈りを怠ったため山火事が発生したことなど、複数の要因が重なったと説明している。[*9]

民主主義から権威主義へ、そしてふたりの大統領

政治面では、チャベス政権期から民主主義の後退がみられた。大統領に権力を集中させ、すべて

の国家権力を政府が支配することで、国家権力間のチェック・アンド・バランスが機能しなくなった。選挙は公平性、中立性、透明性を失い、とくに二〇一七年以降の国政選挙はすべて、チャベス派勝利が確実な状況をあらかじめつくったうえで実施される出来レースだった。

支持率が大きく低下したマドゥロ政権は、政権維持のために権威主義化を加速させた。二〇一五年末の国会議員選挙で、チャベス、マドゥロ両政権下で初めて反政府派が勝利し、圧倒的過半数の議席を獲得したことが契機となった。チャベス派による政治の完全支配を死守するために、マドゥロ政権は、反政府派が支配的な国会をさまざまな方法で無効化するとともに、反政府派への弾圧を強めた。反政府派の政治家や一般市民、軍人らが多数逮捕され、それら政治犯の数は数百人から一〇〇〇人近くにのぼる[*10]。

二〇一九年一月、ベネズエラの政治は新たな局面に突入した。反政府派が過半数を支配する国会が、マドゥロの二期目就任の正統性を認めず、憲法規定にもとづき国会議長に就任したばかりの若手政治家、フアン・グアイドを暫定大統領に指名したのだ。その結果、マドゥロとグアイド、ふたりの大統領が並び立ち、国際社会を巻き込んで対立する異例の事態に発展した。そして、どちらを正統な大統領として承認するかをめぐり、国内はいうまでもなく国際社会も二分された。欧米など西側諸国、大半のラテンアメリカ諸国、日本など五〇ヵ国以上がグアイド国会議長を暫定大統領として支持・承認する一方、中国、ロシア、キューバ、トルコ、北朝鮮などがマドゥロ政権を支持している。米ロが対峙する構図、ましてやトランプ政権が軍事介入の可能性さえも示唆したことから、ベネズエラ情勢は冷戦やキューバ危機の再来かと注目を集めた。

治安の悪化と政権による犯罪の拡大

ベネズエラは一九九〇年代までは、ラテンアメリカのなかでは比較的治安のよい国だった。それが一九九〇年代末以降治安の悪化も著しく、ベネズエラは世界でもっとも治安の悪い国のひとつとなった。金銭や車、携帯電話などをねらった強盗殺人や誘拐事件などの一般犯罪、ギャング間抗争による犠牲者が後を絶たない。

これら一般犯罪の増加とともに注目すべきは、チャベス、マドゥロ両政権およびそれと一体化した国軍に広がる麻薬取引、マネーロンダリング、国際的テロ組織との関与など、政府と軍の中枢を蝕む犯罪だ。麻薬取引やマネーロンダリング容疑で海外で逮捕された人物、チャベス、マドゥロ両政権から離反した政治家、軍人、国家情報部トップなどが、米国やコロンビアなど外国の司法当局やメディアに対して情報を提供している。

また、チャベス、マドゥロ両大統領や閣僚、軍高官らが、コロンビアの急進左翼ゲリラFARC（コロンビア革命軍）やELN（民族解放軍）、中東のヒズボラなどと関係があることは、広く知られている。とくにコロンビアのFARCとELNに対しては、チャベス、マドゥロ両政権は公に彼らを擁護し、ベネズエラ領土内での活動を黙認あるいは支援しているため、コロンビア政府から強く批判されている。コロンビア政府が米国との協調作戦により麻薬掃討に成果をあげる一方、中米・メキシコとならんでベネズエラが欧米市場に向けての新たな麻薬ルートの中継地となっている。

ベネズエラの「なぜ?」

ベネズエラは、サウジアラビアを抜いて世界最大の石油の確認埋蔵量を誇る石油大国である。チャベス政権誕生以前は、一日あたり三〇〇万バレル以上の原油を算出する南米最大の産油国だった。石油のみならず、天然ガス、ボーキサイト、鉄鉱石、金、ダイヤモンドなど、多くの天然資源に恵まれている。ベネズエラは一九五〇〜八〇年代初めまではラテンアメリカでもっとも経済的に豊かな国のひとつで、石油価格が高騰した一九七〇年代には、富裕層だけでなく中間層の家庭も米国マイアミにショッピングに出かけ、その様子を揶揄した「なんて安いの、二つちょうだい」という歌が流行したくらいだ。

長期にわたる経済的安定と比較的高い経済成長は、一九七〇年代までラテンアメリカ諸国やヨーロッパから多くの移民を惹きつけた。いまでも、祖父母にひとりも外国生まれがいないベネズエラ人は多くない。そのベネズエラが、ラテンアメリカの歴史上ほかに類をみない五〇〇万人以上の難民を出すほどの状況に陥っている。シリアのような内戦やハイチのような大地震に見舞われたわけではないにもかかわらず、なぜそれほどの人びとが国を離れる選択をせざるをえなかったのか。

政治面でも、ベネズエラは一九九〇年代初めまでは、ラテンアメリカの民主主義の模範国として認識されていた。ラテンアメリカ二〇ヵ国の大半は一九六〇〜八〇年代に軍事独裁政権下にあり、民主主義を維持したのはわずか四ヵ国で、そのひとつがベネズエラだった。しかも四ヵ国のうちメキシコは七〇年間にもおよぶ一党独裁体制下にあり、コロンビアは内戦や麻薬ゲリラ闘争に苦しみ、けっして安定した民主体制を維持したとはいえない。[*11]

そのようななか、ベネズエラは比較的透明な国政選挙が五年ごとに定期的に実施され、二大政党の間で平和裏に政権交代が行われてきた。二大政党制のもと、安定した民主体制が三〇年以上継続されたベネズエラは、ラテンアメリカのなかで民主主義の模範国として認識されていたのだ。当時、チリなどラテンアメリカの軍事独裁政権の迫害から逃れた多くの亡命政治家やジャーナリスト、知識人を受け入れていたのが、ベネズエラだった。そのベネズエラから現在、多くの反政府派政治家やジャーナリスト、軍人らがマドゥロ政権からの迫害を逃れるために国外に脱出している。南米でも屈指の安定した民主政治を誇ったベネズエラで、いったい何が起きたのか。

先に少し触れたように、治安の悪化も驚くべき状況だ。チャベス政権期以降の治安の悪化は加速的で、ベネズエラは世界でもっとも危険な国のひとつとなった。経済が八％以上と高成長を続けていた時期でさえ、治安を示す指数は悪化の一途をたどっていた。ベネズエラの治安が急速に悪化したのはなぜだろうか。

本書では、これらベネズエラの「なぜ？」を考えていく。本書の前半では、一九九九年二月のチャベス政権誕生以降の、チャベス政権および後継のマドゥロ政権の二二年のストーリーを読者とともに振り返ってみたい。それをもとに後半では、ベネズエラの「なぜ？」について、政治、経済、石油、社会、外交の側面から考察をすすめていこう。

なお、本書では「チャビスタ」という言葉を使うことがある。これは「チャベス派の」「チャベス支持の」という意味である。また、チャベス死去後の後継マドゥロ政権の支持者の大半は、「チャベス派の政権」の継続を願っているのであって、マドゥロ大統領個人を支持する人は多くない。

「チャビスタだがマドゥリスタ（マドゥロ支持者）ではない」という人たちは多い。そのため「チャベス派」と「政府派」は同義語として使う（「反チャベス派」と「反政府派」も同様）が、マドゥロ政権下では「マドゥロ派」「反マドゥロ派」という言葉を使わず、「反政府派」あるいは「反チャベス派」という言葉を引き続き使う。

第1章　チャベスと「ボリバル革命」

無名の中級軍人だったチャベスが初めて政治の表舞台に躍り出たのは一九九二年二月、当時のペレス政権を打倒すべく軍事クーデターを首謀したときである。国内数カ所で同時蜂起したクーデター計画は、首都カラカスでチャベスの部隊がペレス大統領を取り逃したことで、失敗に終わった。投降した際チャベスは、テレビカメラの前で自身の失敗と責任を認め、「ポル・アオラ」――「今は投降するけれども」と、将来政治の舞台に戻ってくることを示唆した。汚職が蔓延し、失政の責任をとらない伝統的政治家に辟易していたベネズエラ国民にとって、みずからの失敗を潔く認めた若手軍人の姿は、「ポル・アオラ」という言葉とともに、大きなインパクトを残した。

1　チャベス政権誕生と社会の二極化

チャベス政権誕生から新憲法制定へ

クーデター失敗後にチャベスは獄中の身となったが、一九九四年に恩赦を受けて釈放された。釈

逮捕後にテレビカメラの前で話すチャベス。1992年2月のクーデターは失敗に終わった（Wikimedia Commons, author: Prensa Presidencial）

放後は、武力ではなく選挙によって政権を奪取することをめざし、汚職が蔓延した伝統的政党や政治家による政治を終わらせ、新憲法制定による政治変革を訴えて一九九八年一二月の大統領選に出馬した。選挙戦序盤の一九九八年一月には支持率が九％の泡沫候補[*1]にすぎなかったチャベスだが、選挙戦後半に急速に支持を広げ、一二月の選挙では五六％の得票率で初当選を果たして政権の座に就いた。クーデターの失敗のあとに残した「ポル・アオラ」の言葉どおり、七年後、彼は政治の舞台のど真ん中に戻ってきた。

　大統領就任直後にチャベスが取り組んだのは、公約どおり新憲法制定のための準備だった。一九九九年四月に新憲法策定の是非を問う国民投票を実施し、国民の承認を得たのち、七月には憲法案を議論するための制憲議会メンバーを選出する選挙を実施した。制憲議会選挙では、チャベスの第五次共和国運動党（ＭＶＲ）と彼を支持する小規模左翼政党からなる「愛国軸」は、得票率六五・八％で一三一議席中一二一議席を獲得した。[*2]ほぼ完全にチャベス派が占める制憲議会が策定した新憲法案が、同年一二月の国民投票にかけられ、七一・七％

の承認を得て新憲法が誕生した[*3]。

これらの数字からは、新憲法が国民の広い支持を得て誕生したかにみえる。しかし、実際に新憲法案に賛成票を投じたのは有権者の三割強にすぎなかった。一九九九年の憲法制定に関する選挙と二度の国民投票では、いずれも過半数（五四～六二％）の有権者が棄権したからだ。投票のうち賛成票が七割だったことから、この制憲プロセスに積極的に賛成したのは、有権者の三割強にとどまる計算となる。多くの人が戸惑いや不安を感じたり、あるいは反対だったといっていいだろう。

というのも、一九六一年制定の旧憲法には新たな憲法を策定するプロセスについての規定がなく、法の支配と民主主義原則を維持したままでどのように新憲法を策定し、施行へ導くかが不透明だったからである。くわえて、次節でみていくように、憲法によって規定されず法的根拠があいまいな制憲議会が、みずからに超法規的権限を付与し、法の支配や民主主義制度を尊重しない行動をとったためだ。

新憲法に盛り込まれたおもな変更点は、以下のとおりである。

（一）国会が二院制から一院制へ縮小され、それにともない国民の代表である国会議員の定数が二六一人（上下院あわせて）から一六五人へと約六割に減少した。

（二）旧憲法では国会議員と大統領の任期は同じく五年だったが、大統領の任期のみ六年に延長され、旧憲法では禁止されていた連続再選が一度に限り可能となった。

（三）旧憲法では参政権をもたなかった軍人に参政権が付与された。

（四）国民投票制度や、ローカルレベルで選挙以外に市民が直接的に政治参加する新たな仕組みが導入された。
（五）先住民の権利を憲法で規定し、彼らの政治参加を拡大させるために、国会において先住民の議席枠が設置された。

チャベス大統領は、みずからが推進する政治、経済、社会各側面での変革を、独立の英雄シモン・ボリバルの名を冠して「ボリバル革命」と称し、新憲法では国名を「ベネズエラ共和国」から「ベネズエラ・ボリバル共和国」へと改名した。ボリバル革命は、政治社会面では、前記のような政治制度改革と、各種NGOや住民組織など多様な市民社会組織や住民が政治に直接参加する仕組みの導入による、「国民が主人公の参加民主主義」の推進をめざすとされた。

一方で、経済面でボリバル革命が何をめざすのかについてはチャベス大統領は語らず、あいまいだった。大統領就任後六年が経過した二〇〇五年になってようやく、ボリバル革命が「二一世紀の社会主義」をめざすものであることを明言するようになった。しかし、チャベス大統領は選挙キャンペーン中から二〇〇五年までの間に、社会主義を公言したことは一度としてなかった。実際、チャベス政権初年度に策定された新憲法（現行憲法）では、「社会主義」の言葉は一度も言及されていないのだ。むしろ第二九九条には、経済社会システムの原則として、社会正義や民主主義とともに、資本主義経済の根源である「自由競争」が掲げられている。

支配確立の道具としての制憲議会

制憲議会は、先に述べたように、その選任方法や責務、権限を規定する条項が旧憲法には存在しなかった。すなわち、制憲議会の責務や権限、任期、メンバーの選出方法などについて、法的根拠となる規定がないということだ。そのため憲法学者や新憲法制定に懐疑的な人びとは、まずは旧憲法を修正して制憲プロセスや制憲議会の権限などについて規定する必要があると訴えた。それに対してチャベス大統領は、国民が求めているのであれば法的手続きにのっとっていなくても問題ないと主張した[*4]。憲法制定という重要事項に関して法的にあいまいなまま進めようとするチャベス大統領の姿勢に対する懸念が、高い棄権率の背景にある。とはいえ、投票者の九割近くが制憲議会設置に賛成したことを受けて、制憲プロセスは開始された。

制憲議会が成立すると、チャベス派が九割以上を支配する同議会は、チャベス大統領と密に連絡を取り、大統領が標榜するボリバル革命の実現のための憲法案作成にとりかかった。制憲議会は、みずからの責務と権限を憲法制定に限定せず、それを大きく超えて設定した。制憲議会は、旧憲法によって規定され、選出されたすべての国家権力を超越した権力がみずからにあるとし、国会や最高裁などへの介入を始めた[*5]。

時をさかのぼるが、チャベスが選出された大統領選挙の一ヵ月前に実施された国会議員選挙では、チャベスの第五次共和国運動党（MVR）は上下院いずれにおいても過半数に大きくとどかなかった。チャベスが打倒をめざす伝統的政党のひとつ、民主行動党（AD）が最大議席を獲得し、彼の第五次共和国運動党は第二党にとどまっていた。その国会に対して制憲議会は、国会会期の中断や活動を制限するなどして妨害した。[*6] そして、一九九九年一二月に新憲法が国民投票で承認された直後に制憲議会は、憲法移行体制の名目で、国会、最高裁、国家選挙管理委員会、州議会など、旧憲法下で任命されたすべての国家権力を解散、あるいは無効とした。

制憲議会は国会を廃止したことで生まれた立法府の空白を埋めるべく、国家立法評議会（「コングレシージョ」）と呼ばれる新たな組織をつくり、そのメンバーを制憲議会が指名した。[*7] 同評議会は、旧憲法、新憲法のいずれにも規定がなく、法的根拠をもたない組織であるにもかかわらず、半年間で税制や財政に関する法律など、三二の法律を成立させている。[*8]

制憲議会はまた、旧憲法下で任命された最高裁、国家選挙管理委員会、検察、そして州議会などの地方権力も解散・無効とし、それら国家権力のトップを新たに指名した。[*9] 新憲法では、最高裁や国家選挙管理委員会など国家権力のメンバーは選出委員会によって選出されることや、その最終的な任命権は国会にあると規定している。しかし制憲議会はそれら新憲法の規定を適用せず、チャベス派の人物でそれらの国家権力ポストを埋めていった。このように民主主義の制度にもとづかない超法規的な政治運営は、その後チャベス、マドゥロ両政権の最大の特徴となっていくが、その端緒となったのが一九九九年の制憲議会だったといえる。多くの国民はこのような政治運営に反発し、国会や最高裁も強く抵抗したが、チャベス大統領およびチャベス派が支配する制憲議会は、憲法の移行期であることを理由に強行した。

二〇〇〇年七月には、新憲法のもとで大統領選挙と国会議員選挙がやり直されることになった。国会議員選挙の結果、チャベスの第五次共和国運動党は、新憲法で一院制となった国会の過半数

（一六五議席中九二議席）を獲得し、初めて第一党に躍り出た。また、連立を組む複数の左派政党とあわせると九九議席となり、チャベス派は全議席の五分の三を獲得した。これによってチャベス大統領は、国会のコントロールと、国会が任命権をもつ最高裁や選挙管理委員会メンバーの任命権も、制憲議会による超法規的方法でなく、正式に獲得した。また国会は五分の三の賛成で、大統領に対して時限的に立法権を付与する「大統領授権法」を承認することができる。最高裁、国家選挙管理委員会などの国家権力ポストの任命権と大統領授権法を確保したことで、国会はチャベス大統領の政治経済変革を大きく後押しするとともに、チャベス大統領への権力集中のための正当かつ強力なツールとなった。

支持の縮小と政治対立の激化

就任直後には、政治変革に対する国民の強い期待を集めたチャベス大統領だが、支持率は急速にしぼんだ。ひとつには、就任初年度に経済状況が悪化したことがあるだろう。経済成長率はチャベス政権の初年度にはマイナス六%にまで落ち込み、失業率は一三・五%まで上昇していた。[*10]

それに加えて、チャベス政権が始動すると、先述したように制憲議会を使った超法規的で憲法秩序にもとづかない政治運営が、多くの有権者に強い警戒心と反発を抱かせるようになった。一九九九年の制憲議会とそれが生んだ国家立法評議会、そして二〇〇〇年夏以降はチャベス派が圧倒的支配を維持した国会が、司法、検察、国家選挙管理委員会などすべての国家権力のトップをチャベス派の人物で固めた。その結果、政権に対するチェック・アンド・バランスが機能しなくなり、チャベス大統領によるワンマン政治が確立していった。このような状況に対しては、政権誕生前からチャベスと一緒に政治変革をめざし、チャベスを支えてきた政治家や軍人からも、独裁的であるとの批判が高まり、早々にチャベスから離反するものが続出した。

チャベス大統領は、大企業や富裕層を利己主義的な「資本主義オリガルキー」と呼んで階層対立をあおり、貧困層の怒りをみずからの支持拡大に利用する典型的ポピュリストの政治スタイルをとったが、それは社会の二極化を深めた。伝統的政党のみならず、企業団体や労働組合などの市民社会組織、マスメディア、カトリック教会なども敵に回した。

貧困層を支持基盤とするチャベス大統領は、大企業や業界団体だけでなく、労働組合をも敵視した。チャベス大統領が重視するのは、失業者、家事手伝いや街角の物売り、零細自営業者など、正規雇用契約をもたない、いわゆる「インフォーマル部門」と呼ばれる貧困層の人びとだ。政府統計によると、一九九九年第4四半期には、ベネズエラの経済活動人口の五三・三%がインフォーマル部門労働者だ。[*11] 彼らは正規雇用契約をもたないため、最低賃金や各種手当など、法が定める労働者の権利や保護を受けられない。

チャベス大統領は、労働組合、とくにその執行部は伝統的政党と癒着し、その保護のもとで手厚い各種手当や既得権益を享受する「労働エリート」または「労組マフィア」と呼んで糾弾した。そして二〇〇〇年一二月には、組合人事への介入を国民投票で正当化しようとしたため、[*12] 最大の全国連合組織であるベネズエラ労働総同盟（CTV）とチャベス大統領の対立は先鋭化した。二〇〇一年一〇月のCTV執行部を選ぶ労組選挙では、チャベス派が擁立した候補に対して伝統的政党である民主行動党の党員でもある反チャベス派の労組リーダーが勝利した。チャベス大統領が組合運動の内政に介入したうえ、反チャベス派候補の勝利を認めなかったことが、CTVのチャベス政権に対する対立姿勢を急進化させた。CTVはその後、国内最大の業界団体である経団連と手を結んで反チャベス運動を主導し、チャベス退陣を求めるゼネストを主導していくことになる。

チャベス大統領に対する国民の不信感を募らせたもうひとつの要因が、キューバとの関係だ。一九六〇年代にキューバの革命政権の支援を受けた左翼ゲリラ闘争が国内で激化した歴史から、ベネズエラ国民の間でキューバの印象は概してよいものではなかった。また、ソ連からの支援がなくなり経済困難に直面していた一九九〇年代のキューバに関して、ベネズエラでは「平等だが国民おしなべて貧しい」という負のイメージが定着していた。二〇〇三年の世論調査では、キューバ型の経済モデルをベネズエラに適用することには八九%が反対しており、興味深いことにチャベス支持者の六九%も反対と答えている。また二〇〇五年の調査では、チャベス支持者でさえ七五%が社会主義への移行を否定している。[*13]

その一方で、チャベス大統領は就任前後から頻繁にキューバのフィデル・カストロ国家評議会議長を訪問し、また同議長をベネズエラに招待するなど関係を深めていった。二〇〇〇年にはチャベス大統領はキューバとの間でエネルギー協力協定を締結し、ベネズエラの石油をキューバに送るかわりにキューバ人医師の派遣を受けるプログラムを始めている。国民の大半がキューバの経済モデルに反対するなか、チャベス大統領のキューバへの傾倒は多くの国民にとって懸念材料となった。

2　反チャベス派の二日天下とチャベス大統領の復権

四・一一政変

ベネズエラ社会がチャベス派と反チャベス派に大きく二極化し、政治的緊張が熱を帯びるなか、ついに三日間のドラマが始まった。二〇〇二年四月一一日、チャベス大統領が大規模な反チャベス派市民による抗議デモと軍の辞任要求によって退陣に追い込まれたのだ。一方でチャベスを追い込んだ暫定政府はわずか二日で瓦解し、カリブ海の島に幽閉されていたチャベス大統領はヘリコプターで救出された。チャベスは大勢の支持者らが集まる大統領府に、さながら映画のヒーローのようにヘリコプターで舞い降り、復権した。

ドラマは、前年の二〇〇一年一一月、チャベスが大統領授権法を使って四九の経済関連法を成立させたことに始まる。農地の接収が可能となる土地法改正や石油産業への外資参入を手控えさせるおそれがある炭化水素法（石油・天然ガス）の改正など、国家経済に関する四九もの重要経済法を、チャベス大統領が国会で審議することなく、大統領授権法の枠組みのもと一方的に成立させたのだ。これに対しては、業界団体の頂上組織である経団連（Fedecámaras）や反チャベス派政党・市民らが独裁的だとして強く反発した。そして経団連はチャベス大統領との対立が先鋭化していた労働総同盟（CTV）と手を組み、一二月にはチャベス退陣を求めて労使が共闘するという異例のゼネストが敢行された。

二〇〇二年二月以降は、チャベス大統領がベネズエラ国営石油会社（PDVSA、「ペデベサ」と発音する）の人事に介入したことに反発し、同社役職員による抗議デモが首都カラカスの本社前で連日発生した。PDVSAは国営企業だが、一九九〇年代よりベネズエラの石油産業が直面する厳しい状況を乗り越えるため、効率経営と能力人事を徹底し、人事や経営に政治が入り込むのを排除してきた。それに対してチャベス大統領は、PDVSAこそボリバル革命の牽引となるべきであると主張し、より多くの資金を国庫に拠出するよう強要するとともに、政権にくみしない経営者を「国家の中の国家気取り」として批判した。

四月初めには、チャベス大統領は国営放送のテレビカメラの前で、PDVSA経営陣の名前をひとりずつ呼びあげ、まとめて更迭した。これに反発したPDVSA役職員の抗議デモに経団連と労働総同盟が合流し、四月九日にはチャベス退陣を求める二四時間ゼネストへと発展し、さらに無期限延長に持ち込まれた。多くの反チャベス派市民も合流し、連日街頭でのチャベス退陣を求める抗議デモは熱を帯びていった。

そして四月一一日、PDVSA本社前で終了する予定だった大規模な抗議デモは、勢いのまま急遽大統領府に向かいはじめた。[*14] 一方でチャベスを守るべく、大統領府の周辺には多数のチャベス支持者が集結していた。双方が衝突すれば大惨事になることは明白だったため、両者の接近を阻止するために街頭には首都圏警察と国家警備軍が出動していた。反チャベス派、チャベス派双方のデモに参加する一般市民はいずれも非武装だが、チャベス派の前線には、銃を携帯し、しばしば反チャベス派の政治活動や抗議デモに対して発砲して死傷者を出してきた、「ボリバリアン・サークル」

と呼ばれる武装したチャベス派市民組織が出張っていることが多く、このときもそうだった。

反チャベス派の抗議行進が大統領府まであと数百メートルの地点に到達したところで突如として発砲があり、死傷者が出て、大通りを埋め尽くす市民は大混乱に陥った。一方、そこからわずか数ブロック先のチャベス派市民が集結していた大統領府周辺でも発砲があり、死傷者が出た。双方あわせて一九人の犠牲者、一〇〇人以上の負傷者が出る流血の惨事へと発展した。

カラカス市内が混乱に陥り、多くの犠牲者が出ている状況に対して、チャベス大統領は二つの対応をとった。ひとつは、民放を含むテレビ局に対して緊急メッセージの放送を命令し、「事態はコントロールされている」と主張した。これに対して民放局はテレビ画面を二分し、片方では死傷者が出て混乱する市内の様子を、もう片方では「事態は深刻でない」と主張するチャベス大統領の姿を映した。現実と異なる主張をする大統領の姿勢は、多くの反チャベス派市民の怒りを増幅させ、また軍高官に強い疑念を抱かせた。

もうひとつは、大統領府に向かう反チャベス派市民の大規模な抗議行進に対して、チャベス大統領が緊急事態に国軍の出動を命令する「アビラ計画」を発動したことだ。国内の治安維持には、地元警察と国家警備軍があたることになっている。おもに催涙弾やゴム弾を使用するそれらの治安維持活動と異なり、国軍を投入すれば、街路を埋めつくす数十万人の非武装の市民に多大な犠牲者が出ることは明らかだ。

実際、一九八九年二月、「カラカソ」と呼ばれる大暴動が発生した際には[*15]、アビラ計画が発動されて国軍が出動し、数百人から一〇〇〇人を超えるともいわれる犠牲者が出た。敵国兵士ではなく、大勢の非武装の自国民の命を国軍が奪うことになったこの事件は、ベネズエラ国軍のなかでは黒い歴史として残ることになる。当時陸軍将校だったチャベス自身も、国軍兵士が非武装の市民に対して武器を向けたことに大きな衝撃を受け、「人殺しの体制を守り続けることはできなかった」と語っているが、[*16] 今回はチャベスがみずからの命と政権を守るためにそれを命令したのだ。

軍高官らはチャベス大統領に思いとどまるよう求めたが、大統領は聞き入れなかった。彼らは、多くの市民が犠牲になる大惨事を防ぐためには、チャベスのアビラ計画の命令を受けることはできないと結論づけた。憲法三五〇条は、「民主主義の価値・原則・保障を妨害し、人権を損なういかなる政権や法律、権力も、ベネズエラ国民は拒絶する」と規定する。軍高官らはこれにもとづき、市民に対して武器使用を命令したチャベス大統領に辞任を求め、大統領がそれを受け入れて、カリブ海の島に移送された。

翌四月一二日未明、チャベス大統領が辞任したと、軍高官がテレビカメラの前で発表した。憲法は、辞任などによって大統領が不在となった場合は副大統領が暫定大統領を務めると規定している。しかし、ディオスダード・カベージョ副大統領をはじめ閣僚や国会議長などチャベス派の政治リーダーはいずれも身を隠しており、連絡がとれなかった。将軍らは軍人ではなく文民が政権を担うべきであるとして、みずからが政権にすわることはせず、そのかわりにチャベス退陣を求める抗議行動を主導してきた経団連のペドロ・カルモナ代表に暫定政権を組織するよう求めた。

だが、カルモナは暫定大統領就任宣言の場で大きな過ちをおかした。チャベス政権下で成立した新憲法や議会などの国家権力を無効とする、と宣言したのである。チャベスの非民主的・非人道的行動を阻止し、大量の市民の犠牲を防ぐために大統領辞任を迫った軍高官らは、カルモナの民主制度をないがしろにする動きに対して強い疑念をもち、その日のうちにカルモナへの支持を取り下げた。そもそも、業界団体のトップが暫定大統領に就任するというのは、正統性が欠如していた。

一方で、チャベスを支持する大衆の間でチャベスは辞任していないとの噂が急速に流れ、チャベス復権を望む支持者が大挙して大統領府を取り囲んだ。軍の支持を失い、集結する大勢のチャベス支持者を前にカルモナは、わずか二日で暫定政権を維持できなくなった。そのころチャベスはカリブ海の島からヘリコプターで救出され、支持者らが待つ大統領府に降り立ち、熱狂的に迎えられた。

対立する見解、闇に包まれた真相

この政変の真相については、チャベス派、反チャベス派の双方がまったく異なるストーリーを語ってきた。多くの写真・動画がジャーナリストや一般市民から提供され、両者ともに画像や映像を証拠として提示して、この事件に関するみずからの主張の正当性を国内外にアピールする一方、相手方の証拠は編集されたフェイクであると批判してきた。見解が対立するおもな論点は以下のとおりだ。

ひとつめは、発砲により多くの死傷者がチャベス派、反チャベス派の双方に出たが、発砲したのはだれかという点である。反チャベス派は、反チャベス派市民の行進が大統領府に近づいたときに、その通りと立体交差する陸橋の上からチャベス派のカラカス市議会議員ら数名が橋の下の通りに向かって銃をかまえる様子の動画と、武装したチャベス支持者グループ（ボリバリアン・サークル）が反チャベス派市民に向かって発砲している写真を証拠として、チャベス派からの発砲であったと主張している。これに対してチャベス派は、チャベス派議員が橋の上から発砲した動画については、市民の行進に対してではなく、首都圏警察が発砲してきたため反撃したものだと主張する。

これらの発砲場面の写真や動画が証拠として双方から出され、それぞれの立場を主張するために広く流布されたが、事実を歪曲する編集がされているなど、いずれも確定的な証拠として扱うことは困難だ。また、近隣のホテル上階の狙撃手が複数目撃され、事件後に逮捕されたものの、証拠不十分として釈放されている。一方、首都圏警察の発砲によって市民が犠牲になったとして、現場にいた複数の首都圏警察官および同警察の治安担当トップのイバン・シモノビスが逮捕され、刑期三〇年の有罪判決を受けた。彼ら以外には逮捕されたものはおらず、四月一一日の犠牲者や負傷者の責任は首都圏警察官のみが負う結果となった。

首都圏警察官および同警察の治安担当トップ、シモノビスの有罪判決については、担当した最高裁判事が、チャベスから離反して亡命したのち、チャベス大統領から直接命令されたものだったと告白した。亡命した別の最高裁判事も同様の発言をしており[*17]、シモノビスらはチャベス大統領の司法介入によって政治的理由で逮捕された政治犯のシンボルとなっている[*18]。

ふたつめの対立する見解は、チャベス大統領は辞任したのか否かという点である。チャベス自身はインタビューで、幽閉されているときに「私は大統領職を放棄する」と書面に書いたと発言する一方、急速に状況が変化するなかで「署名しないことにした。(中略)あの文書をタイプしなくていいいと言った」と発言している。また、チャベスは幽閉中に娘に電話をかけ、辞任していないことを広く発表するよう求めたとも発言している。[19]筆者はチャベスが辞任を承諾した場にいたという元チャベス派軍高官二人にインタビューする機会があったが、二人ともチャベスが面前で辞任を示す文書を書いたと明言した。[20]また、ウィキリークスでは、いずれもチャベス大統領の筆跡とみられる、辞意を表明する文書と、辞任していないことを主張する文書が流れた。

これらから筆者は、軍高官らに辞任を求められたチャベス大統領はいったん辞任を受け入れ辞表を手書きしたものの、幽閉先で急速に事態が展開して脱出・復権の可能性が高まったことでそれを撤回したのではないか、と考えている。チャベス大統領は、一九九二年二月にクーデターを失敗した直後にも、そこで最後まで戦うのではなくいったん敗北を認めることで、みずからの命と政治的プロジェクトをつなげる可能性を模索して、成功した経験がある。その一〇年後にも同様のやり方で危機を脱し、復権につなげることができたのではないか。

三つめの対立する見解は、チャベス大統領が主張するように、米国とともに事前に計画されたクーデターであったか否かという点だ。先述のようなカルモナ暫定大統領の稚拙な対応や、それを軍高官がすみやかに拒否してカルモナが辞任に追い込まれた経緯からは、彼らの間に準備されたシナリオがあったとは考えにくい。もし計画されたクーデターだったのであれば、暫定大統領はより入念に選ばれていたはずで、政治経験もなく国民の支持があるわけでもない業界団体のトップを選んだことが不可解だ。また、チャベスに辞任を求めた将軍らが、そのわずか二日後にチャベス復権の道筋をつけたことをかんがみると、彼らが事前に米国と組んでチャベス大統領を失脚させようと計画したクーデターであったという論は、説得力に欠けると筆者は考える。[21]

将軍らがチャベスの命令を拒否せずにアビラ計画を実行し、大通りを埋めつくす市民の抗議行進に対して戦車や銃火器を使用していれば、おびただしい数の市民が犠牲になったであろうことは間違いない。一九八九年二月に数百人から一〇〇〇人を超える犠牲者を出したといわれるカラカソ大暴動の記憶が残るなか、ふたたび国軍が市民の命を奪うことは絶対に避けねばならなかったという軍高官の主張は、納得がいくものだ。

拘束されカリブ海の島に移送される直前に、移送命令を受けた兵士らに対して語りかけるチャベスの動画がインターネットで視聴できる。そのなかでチャベスは、アビラ計画を命令したが軍高官らがそれを聞かなかったことに憤慨し、彼らを臆病者だと述べている。[*22]

先述したように、憲法第三五〇条には、「民主主義の価値・原則・保障を妨害し、人権を損なう

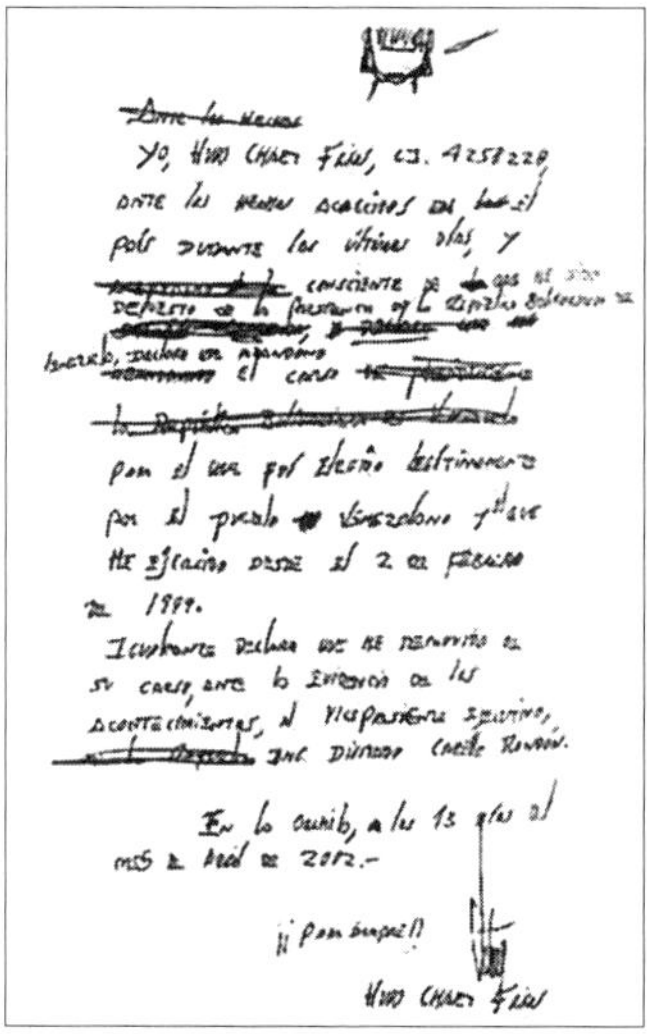

2002年4月13日にチャベス大統領が書いたとされる辞表（Wikimedia Commons, author: Hugo Chavez）

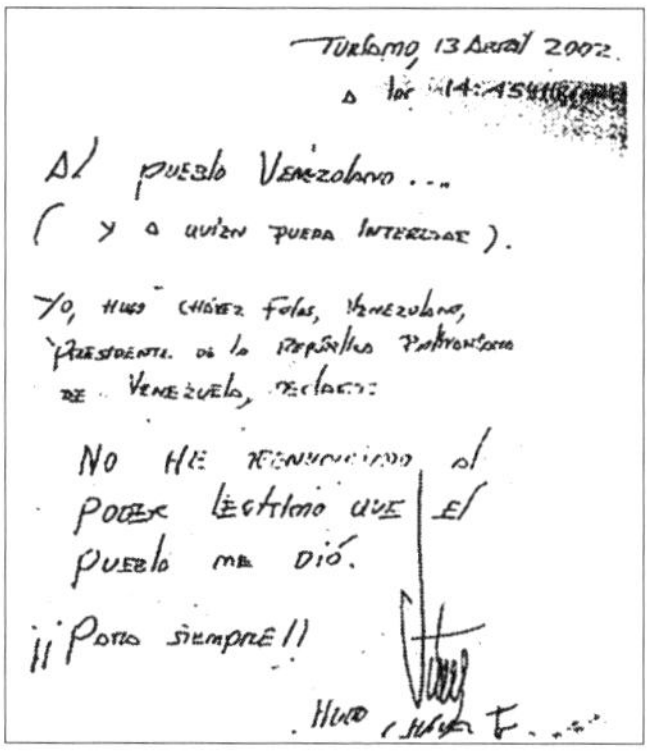

Al pueblo Venezolano...
(y a quien pueda interesar).
Yo, Hugo Chávez Frías, venezolano,
Presidente de la República Bolivariana
de Venezuela, declaro:
No he renunciado al
poder legítimo que el
pueblo me dió.
¡¡Para siempre!!

2002年4月13日にチャベス大統領が書いたとされる、辞任を否定する文書（Wikimedia Commons, author: Hugo Chavez）

いかなる政権や法律、権力も、ベネズエラ国民は拒絶する」と規定されている。非武装の市民に対してアビラ計画発動を命令したチャベス大統領の行動は、これに抵触する。そのため軍高官らはアビラ計画発動命令を辞さないチャベス大統領に辞任を要求した。そして、チャベス辞任によって生まれた権力の空白をすみやかに埋める必要があるため、カルモナを擁立した。しかしカルモナの非民主的言動から支持を取り下げるべきと判断したため、ふたたび権力の空白が生まれた。軍がカルモナへの支持を取り下げ、チャベス復権の可能性が見えたところで、身を隠していたカベージョ副大統領が現れた。そのため憲法にもとづきカベージョ副大統領がまず暫定大統領に就任し、チャベスがヘリコプターで幽閉先の島から戻ったところで大統領に復権した。さまざまな議論があるなかで、筆者は四月一一日の経緯について、このように理解している。

四ヵ月後の二〇〇二年八月に最高裁は、四月一一日に発生したのは、クーデターではなく大統領の辞任による権力の空白であったと結論づけた。この決定に強い不満をもったチャベス大統領は、その後、司法を完全に支配するべく、司法への介入をより強めていった。一方で軍に対しても、四月の政変以降、政権への忠誠心が疑わしいものを粛清し、政権への絶対的忠誠を昇進の基準とすることで、軍を完全に掌握することをめざしていく。

続く反チャベス派の闘争

四・一一政変以降も、チャベス大統領と反チャベス派勢力の対立は続いた。八ヵ月後の二〇〇二年一二月には、PDVSAを核にして、反チャベス派によるチャベス退陣を求めるゼネストがふたたび始まった。石油生産をはじめ経済活動に大きな打撃を与えながらも双方ともに譲らず、ゼネストは翌二〇〇三年二月初めまでの二ヵ月にわたる長期戦となった。産油量の大幅低下、経済活動への打撃、食料供給の滞りなど、厳しい状況に直面しながらもチャベス大統領は折れず、ついに反チャベス派はゼネストに終止符を打たざるをえなくなった。チャベス大統領はゼネストに参加したPDVSAの役職員を大量に解雇・更迭し、同社を完全に支配下に置いた。PDVSAは、全役職員数の約半分にあたる一万七〇〇〇人を失った。

ゼネストをチャベス失脚につなげられなかった反チャベス派は、つぎの手として、大統領不信任投票によるチャベス退陣へと戦略を転換した。彼らは、大統領不信任投票の発議に必要な数の有権者の署名を集めるべく、署名活動を開始した。二〇〇三年二月に開始した反政府派の署名活動は、短期間で憲法が定める規定数に達したが、チャベス派が支配する国家選挙管理委員会は署名集めのやり直しや確認を繰り返し、不信任投票の実施は二〇〇四年八月にずれこんだ。

憲法上の規定では、不信任投票は六年の任期の半分、つまり三年が経過したのちに可能となる。不信任投票が任期三〜四年目に実施され、不信任の結果が出た場合には、新たに大統領選挙が実施され、反政府派が勝利すれば政権交代の可能性がある。一方で、残り二年のうちに不信任投票が実施されて不信任の結果が出た場合には、副大統領が残りの任期を全うすることになっている。すなわち、副大統領のもとでチャベス派政権を継続することが可能だ。

国家選挙管理委員会は、チャベス政権四年目が終了した直後の二〇〇四年八月にようやく大統領不信任投票を実施した。投票の結果は、チャベス大統領に対する不信任案への反対票が五九・一%

（棄権率三〇・一％）となり、チャベス大統領の続投が決まった。

3　政権の地盤固め

政治的差別の開始

憲法は明確に秘密投票の原則を規定している。だが二〇〇四年の大統領不信任投票以来、秘密投票の原則が守られておらず、どちらに投票したかを当局側が把握しているのではないかという不安が広がった。そして反チャベス派市民への経済社会的差別が始まった。それは、大統領不信任投票を求める反チャベス派市民の署名リストが、チャベス派国会議員によって国家選挙管理委員会から持ち出され、インターネットで流布されたことに始まる。このリストはその議員の名をとって、「タスコン・リスト」と呼ばれるようになり、その後さまざまな場面における反チャベス派市民への経済社会的差別や、チャベス派の選挙戦略であからさまに使われることになった。

タスコン・リストには、氏名と身分証明書番号が記入され、指紋も押されている。同リストに名前がある公務員は解雇され、パスポート申請時や国営銀行からの融資申し込み時には、「署名したのか？」と聞かれ、署名していた場合は拒否されるということがひんぱんにあった。このようなことから反チャベス派有権者は、秘密投票の原則が守られないのではないか、その結果、反チャベス派に投票したことがわかると社会経済的差別を受けるのではないかといった恐怖心を抱くようになった。とくに二〇〇四年の大統領不信任投票以降、国家選挙管理委員会は自動投票機とともに指紋スキャナーを利用しはじめたが、反チャベス派市民は、指紋押印されたタスコン・リストと指紋スキャナーの併用で、さらに秘密投票の原則が守られなくなるのではないかとの不安を募らせた。

政治基盤の盤石化と権威主義化

二〇〇五年の国会議員選挙では、反チャベス派の政党連合が、自動投票機と指紋スキャナーを使用しないよう国家選挙管理委員会に求めたが、同委員会はそれを受け入れず、同システムの利用を固持した。そのため反チャベス派政党連合は、不正の可能性と秘密投票が守られない懸念がある選挙に参加すれば、公平性に欠く選挙の結果に正統性を与えることになるとして、選挙のボイコットにふみきった。その結果、チャベス派はすべての議席を獲得し、二〇一〇年まで国会の完全支配を手中にした。

二〇〇〇年に連立を組む小規模左派政党とあわせて国会議席の五分の三を獲得して以降、二〇一五年末の国会議員選挙で反チャベス派が過半数の議席を奪回するまで、チャベス派は国会の過半数支配を継続した。とくに二〇〇五〜一〇年はほぼすべての議席を獲得していた。[*23] これにより、チャベス派が支配する国会は、チャベス大統領に一時的に立法権限を付与する大統領授権法を繰り返し承認し、大統領によるワンマン政治を可能にした。また、国会は最高裁や検察、選挙管理委員会などの国家権力ポストの任命権をもっているため、チャベス派による各権力の完全支配が完成した。その結果、民主主義の根本原則である権力分立やチェック・アンド・バランスは消滅し、ベネズエラ政治は権威主義色を強めていった。

チャベス大統領は、反政府派の政治リーダーや抗議活動に参加した学生や市民に対する弾圧を強めていった。二〇〇六年大統領選挙時には、反政府派の統一候補マヌエル・ロサレスに対して、「戦車を送り込む」「逮捕する」などとあからさまな威嚇を続けた。ロサレス氏は選挙後に亡命を余儀なくされ、ペルーが彼を受け入れた。チャベス政権は、反政府派の新聞やテレビ・ラジオなどメディアに対する抑圧も強めていった。二〇〇七年にRCTVテレビ・ラジオ民放局を閉鎖、二〇〇九年には三四のラジオ局を閉鎖している。[*24]

二〇〇四年の大統領不信任投票で信任を勝ち取り、その後の地方選挙、国会議員選挙でも勝利し、二〇〇六年の大統領選でも二〇%近い得票率差で再選を決めたチャベス大統領は、政治基盤を盤石なものとした。その背景には、二〇〇三年の二ヵ月におよぶ反チャベス派のゼネストで経済が大きく落ち込んだことや、大統領不信任投票で不信任の結果を得られなかったことで、反チャベス派政治リーダーらに支持者が幻滅したこともある。反チャベス派に幻滅した市民は有権者のおよそ三〜四割と考えられ、チャベス派でも反チャベス派でもない「Ni-Ni（どちらでもない層）」と呼ばれるようになった。

反チャベス派が市民の幻滅を誘う一方で、チャベス大統領はさまざまなアプローチで貧困層の支持を固めていった。ひとつは、「国民が主人公の参加民主主義」というスローガンのもと、彼らに対して政治参加の主体としての意識を目覚めさせ、彼らを行動する支持者へと転化したことだ。チャベス以前の一九八〇〜九〇年代には、二大政党はいずれも中間層以上の利害を代表しており、貧困層の人びとにとって政治は遠い世界だった。それに対してチャベス大統領は、貧困層こそが政治の主人公であり、彼らの利益拡大が政権の最大の目的であると訴えた。

チャベス大統領は、「バリオ」や「ランチョ」と呼ばれる貧困層居住地域の住民に対して地域住民委員会の組織化を強く呼びかけた。同委員会はチャベス支持の貧困層に中央政府から資金を流すチャンネルとなる一方で、与党の選挙キャンペーンなど政治動員のツールにもなった。また、価格上昇による石油収入の増加にともない、低価格での食料販売、無料の医療、教育、貧困層向け住宅建設といった「ミシオン」(「任務」を意味する、第7章参照)と呼ばれる一連の社会政策を通した巨額の社会開発投資、公務員雇用の拡大などにより、貧困や所得格差を縮小させた。

国際石油価格の上昇と反チャベス派の弱体化にも助けられ、チャベス政権は危機を脱し、盤石性を増していった。そのような状況でチャベス大統領は、みずからの政治社会変革をつぎのステップに進めようとした。二〇〇七年には、政権初年度に成立させたばかりの一九九九年憲法を変更する憲法改正を提案したのである。全三五〇条のうち六九条を変更するという大規模なもので、いくつか重要な変更が盛り込まれていた。

ひとつは、それまで一回に限り可能とされていた大統領の再選回数制限の撤廃だ。新憲法下では二〇〇〇年、二〇〇六年とすでに二回大統領選に勝利して政権を継続してきたチャベス大統領は、憲法改正によって、二〇一二年選挙以降も政権に残る道を確保しようとした。もうひとつは、国是として社会主義をうちたてようとしたことであり、私的所有権を制限し、集団的所有権の概念を導入しようとした。

だが、この憲法改正案は二〇〇七年末の国民投票において否決される。これは、それまですべての選挙で勝利を収めてきたチャベス大統領にとって初めての敗北となった。あきらめきれないチャベス大統領は、その二年後の二〇〇九年には、国民投票で否決された憲法改正案のうち、再選回数制限の撤廃にしぼった憲法修正案を提出し、国民投票で承認された。これによってチャベス大統領は長期政権化の道筋をつけた。

しかし、二度目の国民投票にかけられたのは再選回数制限の撤廃のみであったため、それ以外については一九九九年憲法が現行憲法である。先に述べたように、一九九九年憲法には、経済社会システムの原則として「社会的正義、民主主義、効率性、自由競争（後略）」が掲げられる一方、いずれの条項にも「社会主義」の文言は存在しないことを確認しておく。

ベネズエラ社会において社会主義国家建設が国民の支持を得ていないことは明らかだった。二〇一〇年の世論調査では、ベネズエラに「二一世紀の社会主義」を建設するというチャベス大統領の考えに賛成と回答したのは三一%にとどまり、六三%は反対としている。また、チャベス大統領は憲法改正案に集団的所有権という概念を盛り込んだが、それと私的所有権のどちらがよいかという問いに対して、集団的所有権と回答したのは一七%、私的所有権と回答したのは八〇%となっている。[*25] チャベス大統領の「二一世紀の社会主義国家」構想は、国民投票で否決されたとおり、国民の大半が反対しているなかで進められたといっていいだろう。

チャベス大統領は、二〇〇七年の憲法改正案が国民投票で否決された直後の会見で、敗北を認めながらも、「憲法改正案はピリオドひとつ変えずに実行していく」と強弁した。[*26] そして、その言葉どおりに、現行憲法には国是として規定されておらず、また二〇〇七年国民投票で国民によって拒否された社会主義を実現するための諸制度を、大統領授権法を使いながら、あるいはチャベス派が支配する国会を使いながら、つぎつぎと成立させていった。たとえば、一九九九年憲法が定める参加民主主義のコミュニティレベルの末端組織として位置づけられた地域住民委員会や、その代表によってつくられるコミューンは、この時期に初めて法的に「社会主義組織である」と明示されるようになった。

石油価格高騰とその恩恵

この時期にチャベス政権の足場を固めた重要な要素が、石油価格の上昇とそれがもたらす高い経済成長、そして石油収入を原資にした社会開発投資の拡大であった。政権就任時には一バレル一〇ドル台であった国際石油価格は、中国などの新興国需要に牽引されて二〇〇三年以降上昇し、一バレル一〇〇ドルを超えた。二〇〇九年にはリーマンショックで一時的に下落したものの、一年半ほどで回復し、その後二〇一四年ごろまでは高止まりしていた。

その結果、経済成長率は二〇〇四～〇七年は年平均一〇％を超える高水準を維持した。大きく膨らむ石油収入は、地下鉄や近郊鉄道、港湾設備といったインフラ整備などの大型公共投資に加え、貧困層向けの住宅建設、無償教育プログラム、無償医療、低価格食料品の販売など、「ミシオン」と呼ばれるさまざまな社会開発プログラムに充てられた。また、政府はこの時期に公務員雇用を大きく拡大させた。公務員数は二〇〇三年の一三七万人から二〇一三年第1四半期には二五八万人と、倍増している。それにより、失業率や、正規雇用契約をもたないために法的権利や保護を受けられない「インフォーマル部門労働者」と呼ばれる労働者の割合が、低下した。貧困世帯率も二〇〇三年後半の五五・一%から二〇〇七年以降は三〇%を切る水準にまで縮小した。[*27] このように、国際石油価格の高騰とそれがもたらした経済社会的状況の好転は、貧困層を中心にチャベス政権の支持を固める重要な要因となった。

4 垂れ込める暗雲

反政府派が国会に戻る

しかし、政権誕生後一〇年が経過したころからチャベス政権には暗雲が立ちこめはじめた。二〇一〇年九月の国会議員選挙では、チャベス派の得票率は四二%と過半数を割り込み、反政府派勢力の合計五三%に一〇%ポイントの差をつけられ、支持の縮小を印象づけた。[*28] とはいえ、チャベス政権下では政権に有利なように選挙制度を変更してきたため、議席数では一六五議席中九八議席と、過半数を獲得する第一党の座は守った。

それまでの国会はチャベス派がほぼすべての議席を獲得していたが、二〇一一年一月以降は六五人の反チャベス派議員が含まれる新国会が成立することになる。また新国会では、チャベス派は一般法案の成立に必要な過半数は確保しているものの、大統領授権法の付与に必要な五分の三（九九議席）や一般法よりも成立や改正へのハードルが高い重要な法律（組織法）の成立に必要な三分の二（一一〇議席）にはとどかない。そのためチャベス派は二〇一〇年一二月半ばまでの国会会期を翌年一月初めの新国会成立直前まで延長し、その間休みなく連日連夜数多くの法律をスピード通過させた。とくに重要だったのが、新国会では議席数が足りずに成立させられなくなる大統領授権法を、チャベス大統領が旧国会中に申請して認めさせたことだ。残す任期が一ヵ月を切った国会が、チャベス大統領にその後一八ヵ月にわたる立法権を付与したのである。

石油価格下落と経済社会状況の悪化

ふたつめの暗雲は、国内の経済社会状況の悪化である。リーマンショックによって石油価格が下落し、ベネズエラ経済は二〇〇九、二〇一〇年とマイナス成長を記録した。その後、石油価格が回復し、二〇一一～一二年には経済成長率はプラスに戻したものの、インフレの高止まり、食品や医薬品といった基礎生活物資の欠乏などの経済問題が悪化し、国民生活を圧迫した。原油生産も二〇〇九年以降一日あたり二三〇万バレル台に低迷し、外貨準備高も低下した。二〇〇七年に国有化された電力部門では、投資・メンテナンス不足から全国で停電が頻発し、国民生活や経済活動に大きな影響を与えた。治安も悪化し、ベネズエラは世界でもっとも治安の悪い国のひとつとなった。

これらの経済社会的問題の深刻化は、「経済エリート層による大衆の搾取」という単純な二項対立の図式によって大衆層の怒りをあおり、それをみずからの支持に変えるという、チャベス大統領の従来の戦略の効果を弱めた。というのも、経済のマイナス成長やインフレ高騰、頻発する停電、治安の悪化などは、低所得者層のみならず富裕層も含めてすべてのベネズエラ人を、程度の差こそあれ共通に苦しめる問題だからだ。それら深刻な問題に対して、チャベス大統領は有効な解決策を提示できずにいた。それがチャベス政権に対する不満を募らせた一因だろう。

チャベスのがん

そしてチャベス政権にとっての決定的な暗雲は、チャベス大統領が進行性のがんを発症したことだ。体調不良がみられたチャベス大統領は二〇一一年六月にキューバで急遽手術し、悪性腫瘍が見つかったことを発表した。チャベス大統領は手術を含むほぼすべてのがん治療をキューバで受けることを選択し、ひんぱんにキューバへわたった。年末に大統領選挙が予定されていた二〇一二年二月にはがんが再発し、二度目の手術をキューバで受けた。体調面から出馬が不安視されたものの、チャベス大統領は同年一〇月の大統領選挙に立候補し、四回目の勝利を収めた。だが、そのわずか二ヵ月後にふたたびがんが見つかったとして、新任期就任の一ヵ月前の一二月初めに手術のためにふたたびキューバにわたった。しかし術後の状態が悪く、そのまま国民に一度も声を聞かせることなく、キューバから帰国できなくなった。

大統領のがん治療の状況や容態は政治にとって最重要懸案であるが、政府はほとんど情報を出さず、厳しい情報統制がしかれた。政府は「骨盤内の悪性腫瘍」とだけ発表したが、具体的にどこの部位のがんで、進行具合がどれぐらいなのかといった点については、まったく国民に知らされることはなかった。キューバの医療関係者からリークされた情報として、一二月末にはすでに意識がなく、生命維持装置によって命が維持されている状態と報道する海外メディアもあった。それに対して政府は、チャベス大統領はキューバまで出向いた閣僚らと病床で会議に参加して文書に署名したとも発表し、大統領が病床ながらも任務を遂行していると主張した。

政府がチャベス大統領の容態に関して情報を出さないため、国内外では重体説が流れた。政府は、二〇一三年二月中旬には、チャベス大統領が血色や肉付きがよい元気そうな顔で、娘ふたりと病床で談笑する写真を発表した。にもかかわらず、そのわずか数日後にチャベス大統領が深夜に帰国を果たした際には、映像も写真も政府は公表しなかった。それまでキューバでの治療から帰国する際には、深夜であっても空港に閣僚や軍高官が並び、大々的に出迎える様子が国営放送で放送されるのが常であったのと比較すると、国民の目から隠すように進められたチャベス大統領の最後の帰国は対照的だった。そして帰国の二時間後に、チャベス大統領はツイッターで帰国を国民に報告している。

チャベス大統領の容態について政府が厳しい情報統制をしき、時には信憑性に疑問を禁じえない発表をしたのは、それが新任期の就任、つまりチャベス派が政権を維持するためにきわめて重要だったからだ。憲法は、新任期初年の一月一〇日に大統領は国会で宣誓して就任すること、何らかの理由で国会で宣誓できない場合は最高裁において宣誓して就任することを定めている。一月一〇日に宣誓できない場合、憲法上は大統領が不在となり、大統領選挙のやり直しとなる。それを阻止するため、チャベス派が支配する最高裁は、今回のケースは再選であり、大統領権限に継続性があるとして、憲法が規定する宣誓と就任は不要との苦しい判断を出した。

チャベス大統領は帰国後、カラカス市内の軍病院に移送されたが、二〇一三年三月五日にマドゥロ副大統領がチャベス大統領の死去を発表した。チャベス大統領は前年の一二月初めにキューバにわたって以降、一度たりとも国民の前に姿を見せることも声を聞かせることもないまま四期目に就任し、三ヵ月にわたり病床において大統領任務を遂行し、そして三月五日に死去したというのが、政府の公式発表だ。チャベス大統領が二〇一二年二月に初めてのがんを公表して以降、ベネズエラではいつか来る「Xデー」、すなわち「チャベスなきチャビスモ」がひそかに語られるようになっていたが、いよいよそれが現実となった。

第2章　チャベスなきチャビスモ、マドゥロ政権

チャベス大統領は、最後のがん治療のためにキューバに向かう直前の会見で、後継者としてニコラス・マドゥロ副大統領を指名した。チャベス派勢力は、絶対的司令官（コマンダンテ）チャベスの強力なリーダーシップのもとで束ねられていたが、内部にはさまざまな勢力争いやポスト争いが存在してきた。とくに、軍人および軍出身者と文民政治リーダーの間では、意見の相違や相互不信が根強い。そのなかで、ポスト・チャベスの後継者としてあまり有力視されていなかったマドゥロが後継指名されたことは、内外に驚きをもって受けとめられた。

1　チャベスなきチャビスモ

マドゥロ政権の誕生

長年外務大臣を務めたマドゥロが副大統領に任命されたのは、チャベス大統領が二〇一二年一〇月に最後の大統領選で勝利を収めたとき、つまり後継者指名のわずか二ヵ月前だった。当時、軍出

身のディオスダード・カベージョ国会議長が、チャベス後継候補のなかではもっとも強いリーダーと目されていた。カベージョ議長はチャベス大統領とは将校時代からの盟友で、一九九二年にチャベスが首謀したクーデター未遂事件のメンバーでもある。チャベス同様軍の出身であることから、軍内部に大きい影響力をもつ。また、チャベス政権下では国土インフラ大臣や内務司法大臣、国会議長などを歴任してきたが、それらのポストを使ってチャベス派の政治家や企業家にネットワークをもつとともに、利権が集まるポストを利用して、チャベス派政治家のなかでももっとも汚職に手を染めてきた人物といわれている。

それに対してマドゥロは、チャベス政権前期に一年半国会議長を務めたものの、二〇〇六～一二年とチャベス政権期の大半は外務大臣を務めた。長年活動の舞台が国外であったため国内では影がうすく、チャベス派勢力内でもカベージョ国会議長のようにみずからの支持基盤や影響力をもたない。チャベス大統領やカベージョ国会議長と異なり軍出身ではないため、軍内部にネットワークをもたず、軍高官らとの間に信頼関係も築いていなかった。また、チャベス大統領やカベージョ国会議長と比べても、マドゥロはリーダーシップの点で見劣りするとの評価が一般的である。

にもかかわらずチャベス大統領は、強いリーダー、カベージョではなく、マドゥロを後継者に選んだ。それはチャベスにとって、「二一世紀の社会主義」というみずからの未完のプロジェクトを忠実に引き継ぎ、推進すると思われたのが、カベージョではなくマドゥロだったことを意味する。

ひとつには、マドゥロは強いリーダーではないが、チャベスを信奉し、もっとも忠誠を誓う部下であった。もうひとつは、みずから亡きあとに政権を維持していくためには、キューバの強力な支援が必要で、そのためにはカベージョでなくマドゥロが適任と判断したと考えられる。キューバのフィデル・カストロ国家評議会議長（当時）の助言があったともいわれている。チャベス大統領はカストロ議長をメンターとして仰ぎ、とくに政権末期は自身のがん治療も含めて、カストロ依存を強めていた。一方キューバは、チャベス政権下でベネズエラの原油供給によって経済が支えられてきたため、ポスト・チャベス期にもその継続を確保することが革命体制維持には不可欠だった。

就任直後のマドゥロ大統領とブラジルのルセフ大統領、2013年5月9日（Wikimedia Commons, author: Valter Campanato/ABr）

カベージョ国会議長は汚職に手を染め、社会主義やキューバ支援に対するコミットメントの面で、キューバにとっては不信感がぬぐえない人物だ。それに対してマドゥロは、青年期にキューバで一年にわたり思想教育を受けたことがある。マドゥロはキューバに対してはチャベスに対するのと同様に忠実であり、カストロ議長としては信頼できる相手であり、またコントロールしやすい人物でもあっただろう。

チャベスの死去から一ヵ月が経過した二〇一三年四月の大統領選挙には、チャベス派からはマドゥロ副大統領が、反政府派からはエンリケ・カプリレスが立候補した。カプリレスは、二〇一二年一〇月にチャベスが最後に戦った大統領選で反政府派の統一候補となった人物である。

前任者とくらべてカリスマ性やリーダーシップに欠けると評されてきたマドゥロ候補は、チャベス大統領の威を借りる作戦をとり、「私はチャベスだ」「私はチャベスの息子だ」をスローガンに弔い選挙を戦った。国家選挙管理委員会は、マドゥロが五〇・六%、反政府派のカプリレスが四九・一%と一・五%の差でマドゥロが勝利したと発表した。

しかし反チャベス派は、全国で多数の選挙違反や選挙登録への不正操作があったとしてマドゥロ勝利を認めず、数日にわたり国内は大混乱に陥った。国会では、チャベス派のカベージョ国会議長が、マドゥロ勝利を認めない反政府派議員に発言を認めなかったことから議場内が騒然となり、混乱のなか一一人の国会議員が重軽傷を負った。[*1] また全国各地でも、双方の支持者らが選挙結果をめぐり街頭での衝突から暴力行為に発展し、七人の犠牲者、六一人の負傷者が出た。[*2]

チャベスの負の遺産

マドゥロ大統領は、チャベス前大統領の経済政策や外交政策を忠実に踏襲したが、一方でチャベス政権から重い負の遺産も引き継いだ。チャベス政権の国家介入型経済政策のもとで蓄積した財政赤字やハイパーインフレ、外貨不足、為替レートの著しい過大評価などマクロ経済の歪みと国内生産部門の弱体化、そしてチャベスの放漫財政を支えるために肥大した対外債務の支払いである。

くわえて、二〇一四年九月には国際石油価格が一バレル一〇〇ドルを超える水準から一時は二〇ドル台にまで急落した。それは、すでにマイナス成長に落ち込んでいたベネズエラ経済を、さらに深刻な水準に追い込むことになった。チャベス期には、輸入によって不足分を埋め合わせていた食料や医薬品、広範な生活物資が、外貨不足により輸入困難となり、その結果、食料をはじめとした基礎生活物資が欠乏した。市民は、夜明け前から数時間かけてスーパーマーケットを取り巻く長蛇の行列に並ぶことが日課となった。

国民の不満はマドゥロ政権への支持を低下させた。マドゥロ政権に対する抗議デモは頻発し、二〇一四年上半期には少なくとも六四〇〇件近い抗議デモが全国で発生した。[*3] 一ヵ月あたり一〇〇〇件以上という計算になる。それに対してマドゥロ政権はチャベス期以上に強権的に対応し、抗議行動に参加して逮捕される反政府派市民の数は急増した。

二〇一四年二月以降は、政治犯の釈放を要求した学生による抗議デモが全国で激化し、治安当局などとの衝突で四三人の犠牲者が出た。[*4] 犠牲者の大半は反政府派の非武装の市民で、治安当局による暴力的対応およびチャベス派の武装市民組織「コレクティーボ」の発砲によるものだ。しかしマドゥロ政権は、犠牲者が出たのは反政府派の政治リーダー、レオポルド・ロペスらが市民を煽動したからだとして、ロペスらの逮捕を命じた。犠牲者が増えるのを避けるために、ロペスはみずから出頭して収監された。ロペスの仲間である若い政治リーダーらは地下に潜って国外に脱出するか、カラカスのチリ大使館に亡命したため、国内での政治活動ができなくなった。

反チャベス派国会の誕生と最高裁の攻防

政治的緊張が高まるなか、二〇一五年一二月に国会議員選挙が実施された。チャベス政権誕生以降、国会の過半数を支配してきたチャベス派はこの選挙で初めて大敗を喫し、反政府派が一六七議席中一一二議席を獲得する大勝を収めた。これにより、反政府派は国会議席の五分の三規定（一〇一議席）に加え、三分の二規定（一一二議席）もクリアし、一般法の上位に位置づけられる重要法（「組織法」）の承認や改正、憲法改正案の承認や国家選挙管理委員の任命、最高裁判事の罷免などが可能となったうえ、国会内のすべての委員会において委員長、副委員長のポストを獲得する結果となった。二〇〇〇年以降初めて、反政府派が圧倒的に支配する国会が誕生したのである。

それまでチャベス派は、国会を支配することで最高裁や選挙管理委員会などの任命権、大統領に一時的な立法権を付与する大統領授権法などを使って、大統領への権力集中と独裁的政治運営を行ってきた。だが今後は、マドゥロ大統領に対して授権法を付与することも、チャベス派の人物で最高裁や選挙管理委員会を埋めることもできないばかりか、いままで政権に利する判決や決定を下してきた最高裁や選挙管理委員会のメンバーが国会によって罷免される可能性や、任期終了時にチャベス派でない新メンバーが任命される可能性が高くなった。「ボリバル革命」の名のもとでチャベス政権以来進めてきた政治経済変革も、反チャベス派国会によって覆される可能性も生まれた。

このような状況下でマドゥロ政権は、反政府派が支配的な国会の権限を無効化しようと、最高裁や選挙管理委員会を使ってさまざまな手を打った。憲法上、大統領は国会が成立させた法律に対する拒否権をもたないが、最高裁に対して法律の違憲判断を求めることができる。マドゥロ大統領は、二〇一六年一月に反政府派の国会が成立して以降四月までの間に、国会が成立させた五つの法律すべてを最高裁送りにし、最高裁はひとつをのぞく残り四法すべてに対して違憲判断を下し、国会の立法権限を事実上無効化した。[*5]

最高裁はまた、三人の反チャベス派議員を含むアマソナス州選出の四人に対して、選挙違反の疑いがあるとして議員就任を一時的に停止する決定を出した。国会は、三人の議員就任を阻むことで、反チャベス派が大きな権限をもつことになる先述の「三分の二規定」を下回ることをねらった政治的操作であるとしてこれを受け入れず、三人は国会において宣誓して議員に就任した。それに対して最高裁は、国会議長らが最高裁の決定を遵守しない「不敬」であるとし、三人が国会議員であるかぎり、その三人のみならず、国会全体の権限が無効であるとした。[*6] 憲法には、不敬やそれ以外の理由で最高裁が国会の権限を無効とするような規定は存在しない。

それ以降、最高裁は国会のすべての決定や法律をそのつど無効にし、憲法が規定する国会の権限を剝奪した。[*7] たとえば、国民の権利を一部制限することもある非常事態宣言の発令や延長には、国会の承認が必要であることが憲法で規定されているが（第三三八条、第三三九条）、マドゥロ大統領は、国会承認なしにそれらを行うことを合憲とする決定をくだした。それにもとづきマドゥロ大統領は、二〇一六年以降数度にわたり国会を通さずに非常事態宣言を発令・延長した。また憲法では、大統領が毎年国家予算案を国会に提出し承認されることを求めているが（第一八七条第六項、第三一三条）、最高裁はマドゥロ大統領が国会に予算案を提出しないことが妥当との決定を出した。それにもとづき、マドゥロ大統領は国家予算を国会のかわりに最高裁に提出し、承認され成立したとした。

このように、司法が政権と結託した状況で、反チャベス派が支配する国会は、マドゥロ大統領の不信任を求める国民投票で対抗しようとした。チャベス派が支配する国家選挙管理委員会は、二〇〇四年のチャベス大統領に対する不信任投票の際と同様に、さまざまな理由からその作業を遅延させたが、ようやく二〇一六年一〇月に不信任投票請求のための署名集めの実施が決まった。反チャベス派勢力は勢いづき、全国的に署名活動に向けて動員をかけた。だが、選挙管理委員会は署名活動開始日のわずか数日前に突如それを中止させた。これによってマドゥロ大統領に対する不信任投票のプロセスは完全に中断されたのである。

マドゥロ政権と反チャベス派が支配する国会の間で攻防が続くなか、二〇一七年三月末、最高裁は国会の権限を剝奪し、最高裁がそれを代替するとの決定を発表した。これに対しては、国内のみならず国際社会からも憲法秩序を逸脱した非民主的行為であるとして厳しく糾弾された。くわえて、チャベス派の重鎮であるルイサ・オルテガ検察庁長官が、突如としてそれは憲法秩序の逸脱であると批判し、マドゥロ政権を驚かせた。国内外およびチャベス派内部からも厳しい批判を受け、マドゥロ大統領は最高裁に対してその撤回を求めざるをえなくなった。オルテガ長官は出国禁止命令を受けたが、監視をくぐり抜けて深夜モーターボートでオランダ領のアルーバに脱出し、その後はコロンビアからチャベス、マドゥロ政権の内実に関する暴露と批判を続けている。

2 制憲議会誕生と権威主義体制の確立

制憲議会選挙

国会の権限剝奪を撤回せざるをえなかったマドゥロ大統領は、二〇一七年五月、突如として新憲法制定のための制憲議会の設置と、そのメンバーを選出するための選挙の実施を発表した。これについては、手続きや選挙の形式が憲法違反であるとして、国内外から厳しい批判を受けた。憲法は、憲法制定の権限は国民にあることを明記した（第三四七条）うえで、大統領や国会、有権者などがそれを発意する（第三四八条）としている。一九九九年憲法制定時には、チャベスは前年の大統領選挙で制憲議会の設置を公約に掲げて勝利し、さらに大統領就任直後に憲法制定プロセス開始の是非を国民に問う国民投票を実施したうえで、制憲議会選挙を実施している。

それに対してマドゥロ大統領は、チャベス大統領のように国民投票や選挙で国民の意思を確認することなく、一方的に制憲プロセスを開始した。制憲議会選挙の実施発表の約一ヵ月後に行われた世論調査では、八五％が現憲法の改正は必要ないと回答し、八六・一％は制憲プロセスを開始するためには国民投票が必要であると回答していた。一方、国民投票の実施なしに、大統領の発意で制憲プロセスを開始することができると回答したのは、一三％にとどまる。[*8] これは、マドゥロ大統領による制憲プロセスの開始が、国民の支持を得ていないどころか、強い反対のなか進められたことを示している。

さらにその選挙方法は、通常の選挙とは異なり、選挙区ごとの議員選出に加え、特定の市民社会組織のメンバーは、それらの代表選出のための議席も与えられるという異例なものだった。そして、労働組合や学生組織、チャベス大統領が推進した社会開発政策（ミシオン）の受益者、チャベス大統領が社会主義的組織であると法律で定義した地域住民委員会など、どの市民社会組織が追加の議席枠をもつのかはマドゥロ政権が決めた。

反政府派は、選挙や国民投票で国民の意思を確認することなく制憲プロセスを実施すること、またチャベス派勝利を担保するような不公平で異例な形式で選挙を行うことは、憲法違反であり民主主義の原則に反するものであるとして、選挙をボイコットした。同様の理由から、欧米、日本、ラテンアメリカの大半の国々も、この選挙は民主主義の最低基準も満たしていないとして、中止を強く求めた。

反政府派の政党連合である民主統一会議（MUD）は、この制憲プロセスが有権者の支持を得ないものであることを明確に国内外に示し、中止に追い込むために、急遽七月中旬に市民投票を実施することを決めた。政治経済的理由からすでに多くのベネズエラ人が米国やラテンアメリカ諸国、スペインなど海外に移住していたが、彼らは世界各地でSNSなどを通じて国内の反政府派と連携し、「SOSベネズエラ」の合言葉のもと、国際社会へのアピールを展開していた。この市民投票は、国内のみならず世界の一〇一ヵ国、五五九都市で実施され[*9]、日本でも在日ベネズエラ人が参加した。

反政府派が実施した市民投票では、制憲議会選挙の中止に加え、憲法秩序の回復、公正かつ自由な大統領選挙の実施という三点に関する設問が設定された。九五％開票時点では、七一九万人が参加し（海外六九万人を含む）、それら三点に関していずれも九八％が賛成するという結果となった[*10]。二〇一三年四月の大統領選挙でのマドゥロ大統領の得票数（七五九万票）、反政府派統一候補カプリレスの得票数（七三六万票）、に匹敵する数だ。

この市民投票は国家選挙管理委員会が認めない非公式なもので、法的拘束力はない。しかし、これほど多くの有権者が制憲議会選挙の中止を求めたことは、二週間後の制憲議会選挙の正統性を大きく揺るがす状況をつくった。反政府派は、市民投票での大規模動員の成功により、マドゥロ政権失脚が近づいたと勢いづいた。しかしマドゥロ政権は、反チャベス派がボイコットするなか制憲議会選挙を強行し、その結果、すべてチャベス派で占める制憲議会を発足させることに成功した。

強権化と法の支配の弱体化

二〇一七年三月の最高裁による国会の立法権剝奪（その後撤回）以降、制憲議会選挙の実施発表、反政府派による同選挙を阻止するための市民投票、そして制憲議会選挙の実施と、二〇一七年三月末から七月にかけての時期は政治的緊張がもっとも高まった時期のひとつで、マドゥロ政権に対する抗議デモが全国で頻発した。二〇一七年四月以降の三ヵ月で全国において六七〇〇件を超す抗議デモが発生し、それらと治安当局やチャベス派の武装市民組織「コレクティーボ」との衝突で、四月から七月にかけて一六三人が犠牲となった。[*11]

マドゥロ政権による市民への弾圧と制憲議会選挙の強行に対しては、海外からも厳しい批判が寄せられた。欧米、日本、そして多くのラテンアメリカ諸国は、制憲議会は民主主義原則に背くものであるとして、その正統性を承認しなかった。米国トランプ政権は、制憲議会選挙を実施した場合には、経済制裁を科すと事前に通告していたが、同選挙が実施され制憲議会が設置されたのを受けて、すみやかにマドゥロ政権に対して経済制裁措置を発動した。

国内外から強い批判を浴びながらも、二〇一七年八月に誕生した制憲議会は国会を無効化し、超法規権力として、マドゥロ大統領とともに権威主義体制を完成させた。制憲議会は新憲法策定のための組織であるはずだが、チャベス派の制憲議会は憲法案の議論を行わず、反チャベス派の国会を無効化し、国の最高意思決定機関としてふるまい、権威主義体制を強化した。

たとえば、制憲議会設置の二ヵ月後、二〇一七年一〇月の地方選挙（州レベル）で勝利した反チャベス派の知事選出者らに対して、制憲議会内で宣誓することを強要し、それを受け入れない限り就任は認められないとして、選挙結果を無効にした。憲法や法律は知事就任にそのような条件を規定しておらず、また制憲議会にそのような権限も付与していない。制憲議会自体の正統性を認めていない反チャベス派の知事選出者らは、立憲主義や法秩序に背くこのような条件に屈するのか、あるいは選出されたばかりの知事ポストを失うのかという理不尽な選択を迫られた。

反政府派は五つの州で知事選に勝利していたが、うち四人は制憲議会での宣誓を選択し、残るひとりはそれを拒否した。それを受けて制憲議会は、同議会で宣誓しなかった反チャベス派のスリア州知事選出者の当選を無効として同州の知事選挙をやり直させ、チャベス派の知事選出にこぎつけたのである。反政府派の主要政党は、このような法秩序に背くやり方に強く反発するとともに、それを認めた国家選挙管理委員会は政治化されており、そのもとでは公平な選挙は期待できないという理由で、一二月の地方選挙（市レベル）をボイコットした。

反対派を排除した大統領選挙

マドゥロ政権およびチャベス派が支配的な国家選挙管理委員会は、さらに反チャベス派政党の政

表2-1 反政府派主要リーダーに対する政治的権利の剥奪

レオポルド・ロペス	大衆の意思党（VP）／党首	2008～14年公職追放、2014年逮捕、禁錮13年の有罪判決→2019年4月30日に釈放後スペイン大使館に「滞在」
カルロス・ベキオ	大衆の意思党／亡命前まで同党書記長	2014年逮捕状が出され、地下に潜伏後亡命→グアイド暫定大統領により駐米国大使
フレディ・ゲバラ	大衆の意思党／ベキオ亡命後に同党書記長	2017年よりチリ大使館に亡命
エンリケ・カプリレス	第一義正義党（PJ）／創設者。過去2回の大統領選挙で反政府派の統一候補	2017年に15年の公職追放
アントニオ・レデスマ	勇敢な国民同盟党（ABP）／党首	2015年逮捕されたが、脱出して亡命

（注）2018年時点
（出所）各種資料から筆者作成

治活動を妨害した。二〇一七年一二月の市長、市議会議員選挙をボイコットした反チャベス派の政党に対して、国家選挙管理委員会が政党要件の更新を求めたのである。全国の党員の署名をわずか二日で集めて提出し、国家選挙管理委員会に政党として認可されないと選挙に参加はできないとしたのだ。地方選挙ボイコットと政党要件の更新を結びつける法律は存在しないうえ、わずか一年前に同様の政党要件の更新を行ったばかりだった。くわえて国家選挙管理委員会は、それまでの選挙で反チャベス派が共闘戦線をはってきた政党連合である民主統一会議についても、政党の二重登録にあたるとして選挙参加を禁止した。すなわち反チャベス派の主要政党の大半は、単独でも政党連合としても選挙への参加ができない状況に追い込まれたのだ。

さらに、反チャベス派の大統領選統一候補となりうる、エンリケ・カプリレス（二〇一二年、一三年大統領選挙の統一候補）やレオポルド・ロペス（二〇一四年の抗議行動後に逮捕された大衆の意思党〔VP〕党首）をはじめとする反チャベス派の有力政治リーダーの多くは、いずれもチャベス、マドゥロ両政権によって公職追放され、あるいは政治犯として拘束されていたり逮捕状が出て亡命中など（表2-1）、立候補できない状態におかれていた。その状況で制憲議会は、二〇一八年一二月に予定されていた大統領選挙を前倒しして同年四月に実施することを、国家選挙管理委員会に要請したのである（結局、実施は五月）。

反政府派の政党および有力候補者のほぼすべてが選挙に参加できない状況での大統領選挙は、民主主義の最低限の基準も満たしていないとして、国内外から厳しく批判された。反政府派連合の民主統一会議は選挙をボイコットしたが、一方でマドゥロ政権の支持率低下と民主統一会議による選挙ボイコットの漁夫の利を得るべく、反チャベス派の泡沫候補が数名立候補したため、選挙のかたちは整った。反チャベス派の主要政党が参加できず、また主要有力リーダーの大半が立候補できない状況で、マドゥロは再選された。大統領選挙をそのようなかたちで強行したことに対して、国際社会は厳しく糾弾し、欧米、カナダ、日本、ラテンアメリカの大半の国々などがマドゥロ再選の正統性を認めていない。

3 ふたりの大統領

グアイド暫定大統領の就任

このような状況で、二〇一九年一月一〇日、憲法が定める政権任期の終了と新政権就任の日がやってきた。マドゥロは先述したように、二〇一八年五月の選挙で再選され二期目に就任するとした。反チャベス派は、二〇一八年五月の選挙は憲法秩序や民主主義原則に背くものであり、その結果には正統性がないとして、政権交代日である一月一〇日以降は正統に選出された大統領は不在であると主張した。憲法第二三三条は、大統領が就任前に不在となった場合、三〇日以内に選挙を実施すること、新大統領が選出され就任するまでは、国会議長が暫定大統領の任に就くことを規定している。それにもとづき、一月五日に国会議長に就任したばかりのファン・グアイドが暫定大統領に指名された。

グアイドは、二〇一八年五月の大統領選挙に正統性はないため、マドゥロの二〇一八年五月の大統領選による「二期目就任」は国家権力の強奪にあたるとして、権力強奪状態の中断と大統領選挙の実施を求めて市民に動員をかけた。二〇一七年の制憲議会設置以降、政治的無力感におおわれ、また治安当局による暴力的対応が増して多くの犠牲者が出ているなか、二〇一八年には反チャベス派市民による抗議活動は勢いを失っていた。しかし、新たなリーダーの誕生によって反チャベス派は政権交代実現に向けてふたたび息を吹き返し、グアイドの動員に呼応して大規模な反マドゥロ抗議デモが全国で展開されるようになった。

グアイドの登場によって反政府派がふたたび息を吹き返したことは、チャベス派のみならず、反チャベス派の多くの人びとにとっても予想外だっただろう。というのも、グアイドは反チャベス派市民の間でもほぼ無名の若手政治家だったからである。その彼が暫定大統領に指名されたのは、反チャベス派が支配する国会は毎年議長職を政党間で輪番制にしており、二〇一九年は彼の所属する

反マドゥロ抗議デモでのフアン・グアイド国会議長・暫定大統領、2019年2月2日（Wikimedia commons, author: Alexcocopro）

大衆の意思党（VP）の番であったからだ。同党は、ロペス党首から党のナンバー・スリーまでがいずれもマドゥロ政権によって逮捕状が出され、拘束中あるいはそれを逃れて亡命を余儀なくされており、政治活動ができない状況にある（前掲、表2-1）。そのため党内四番手のグアイドに国会議長のお鉢が回ってきたというわけだ。

反チャベス派市民の間では、ロペスをはじめ既存の反チャベス派の有力リーダーに対して、マドゥロ政権打倒に失敗し続けたことや、反政府内部の勢力争いなどから不満も生まれていた。それに対してグアイドは三五歳と若く、新顔であるからこそ、政治的無力感に沈んでいた反チャベス派市民に大きな期待を抱かせることができた。また、ロペスをはじめ反チャベス派指導者の多くが富裕層や中流階級の上層出身者であるなか、グアイドは中流の下層出身であり、また一九九九年一二月に三万から五万人の犠牲者が出たともいわれるバルガス州の大規模土石流[*12]の被災者でもある。このような出自からも、グアイドが低所得者層も含めてより広い人びとから支持を得やすかったのだろう。

グアイドは大学時代の二〇〇七年には、チャベス政権が反チャベス派の民放局RCTVを閉鎖したことに端を発し、大きなうねりとなった学生運動に参画した。そこから政治キャリアをスタートさせ、のちにロペスらと大衆の意思党を立ち上げていた。

二〇一九年一月以降ベネズエラは、二期目就任を宣言したマドゥロと、国会議長として暫定大統領に就いたグアイドの、ふたりの大統領が並び立つ異常な状況となった。さらに、グアイド議長のもとで反チャベス派が議席の五分の三を支配する国会と、二〇一七年にマドゥロ政権が成立させた、すべての議席をチャベス派が占める制憲議会と、いわゆる「議会」もふたつ存在する。

またグアイド暫定大統領は、米国やコロンビアといったグアイドを支持する国々や米州機構（OAS）に対して大使を任命し、派遣している。それらの国々のなかには、マドゥロ政権が派遣した大使や外交官のビザを取り下げて出国させ、グアイドが派遣した大使をベネズエラの正統な外交代表として承認する国も出てきた。

グアイド側はまた、石油部門の再建を急務と考え、ベネズエラ国営石油会社（PDVSA）およびその米国子会社CITGOの経営者を任命した。とはいえ、国内ではマドゥロ政権の実行支配が続いている。そのため石油部門については、国内のPDVSAはいまだマドゥロ側が掌握しているが、米国子会社のCITGOについては、グアイドが任命した経営陣を米国が正統な経営者として法的に認め、経営にあたっている。このようにベネズエラは二〇一九年一月以降、国内外においてきわめて異例な二重権力状態に陥っている。

国際社会を二分

国際社会もマドゥロ、グアイドのどちらを支持するかで二つに割れている。米国、カナダ、大半のヨーロッパ諸国、多くのラテンアメリカ諸国、日本など世界五〇ヵ国以上は、マドゥロの二期目の正統性を認めずグアイド暫定大統領を承認し、すみやかな大統領選挙の実施を求めている。一方、チャベス期から関係を強化してきた中国、ロシア、キューバ、ボリビア、ニカラグア、イラン、そしてマドゥロ政権が窮地に追い込まれるなかで関係を深めてきたトルコや北朝鮮は、マドゥロを正統な大統領として承認し、支援している。また、ノルウェー、メキシコ、ウルグアイなどいくつかの国は、対話での解決を求めるとして中立的な立場をとっている。

マドゥロ政権に対しては、米国、カナダ、EUなどが、制憲議会の設置、国会の立法権限の剝奪、非民主的な大統領選挙の実施、マドゥロの二期目就任などのほか、九〇〇人を超える政治犯の拘束や拷問、メディアへの弾圧などの権威主義的政治運営、そして食料や医薬品不足により国民が命を落とす状況にありながら、それを認めず人道的危機を広げた責任などを理由に、制裁措置を講じてきた。

米国は、二〇一七年七月の制憲議会設置に対する制裁措置として、ベネズエラ政府およびPDVSAとの金融取引の禁止、二〇一九年一月にはマドゥロの二期目就任に対して、米国内のPDVS

Aの資産凍結と石油貿易の禁止、同年八月には米国内のマドゥロ政権のすべての資産凍結およびマドゥロ政権を資するような経済取引の禁止へと、段階的に経済制裁を強化してきた。これによってマドゥロ政権は、債務の借換えや石油輸出が困難になり、窮地に立たされている。

また、米国、カナダ、EUなどは、マドゥロ大統領、カベージョ制憲議会議長をはじめチャベス派の有力リーダーおよびその親族、軍高官らに対して、麻薬取引やマネーロンダリング、人道的犯罪などの容疑で、自国への渡航禁止や自国内の資産凍結といった個人制裁措置を課している。

軍事介入の可能性

米国はまたマドゥロが二期目に就任した直後から、軍事介入の可能性も示唆してきた。これに対しては、マドゥロを支持する中国やロシアのみならず、グアイドを支持するヨーロッパ諸国やラテンアメリカ諸国も反対している。一方で、世論調査では、外国軍による介入に対して二〇一九年二〜八月には四割前後のベネズエラ人が賛成と回答していた。[*13] なぜベネズエラ人が外国による軍事介入に賛成しているのだろうか。

いうまでもなく、選挙など民主的制度を通して政権交代することが望ましい。チャベス政権期以来、反チャベス派は選挙や大統領不信任投票による政権交代を幾度となくめざして戦ってきた。とりわけマドゥロ政権下では、公正な選挙が実施されれば反政府派が勝利して政権交代が実現することは、国の厳しい経済社会情勢やそれによる支持率低下、国外脱出する人の増加などを考えると、間違いない。二〇一九年四月の世論調査では、「つぎの日曜日に大統領選挙が実施された場合に誰に投票するか」との問いに対して、四〇・八％がグアイド、マドゥロが九・四％となっている。[*14]

だが先述したように、マドゥロ政権下では憲法や法律がマドゥロ政権に有利になるように歪められ、チャベス派が支配する国家選挙管理委員会や最高裁のもと、選挙や国民投票はチャベス派が勝利する出来レースとなっている。大統領不信任投票のプロセスも、国家選挙管理委員会によって中止された。さらに、反チャベス派は武装しておらず、軍や警察など国内のすべての暴力装置はマドゥロ政権の支配下にある。このような八方ふさがりの状況で、時間の経過とともに、栄養不足や医療を受けられずに亡くなる人が増え、マドゥロ政権に拘束されたり拷問を受けて命を落とす人が増えている。唯一の打開策として外国軍による介入を支持する人びとがいるのは、そのためだ。

なお、憲法一八七条一一項は、大統領ではなく国会の権限として、「ベネズエラ国軍の外国における活動、および外国軍の国内における活動の承認」を定めている。そのため憲法規定上は、国会は、外国軍の国内における活動を承認することができる。一方で、憲法上は、大統領は国内で外国軍が活動することを承認する権限をもたない。実際のところ、グアイド国会議長は外国軍の活動を要請、承認していないが、マドゥロはキューバ、中国、ロシアからすでに多くの軍人を招き入れている。

また、マドゥロ政権が二〇一四年に脱退していた米州機構（ＯＡＳ）の域内諸国の集団防衛のための米州相互支援条約（ＴＩＡＲ）に、グアイド暫定大統領および国会は再加盟した。米州機構はマドゥロではなくグアイドを正統なベネズエラの大統領として承認している。この条約の解釈はさまざまで、これにもとづいて米国またはコロンビアなどの域内諸国、あるいは域内多国籍軍がベネズエラに軍事介入する可能性は現時点では低い。とはいえ、前記の憲法条項とＴＩＡＲの組み合わせは、ＴＩＡＲ条約の解釈しだいで、外国軍によるマドゥロ政権への攻撃を正当であると解釈する法的余地を残したといえる。

4　実効支配をめぐる攻防

国際人道支援物資の持ち込み計画

マドゥロ政権下では、国内の食料、医薬品の欠乏によって多くの市民が命を落とす人道的危機が悪化の一途をたどっている。マドゥロ政権は、国内に人道的危機は存在しないと主張し、国際社会からの支援物資の受け取りを拒否してきた。また、生活苦から逃れるため、あるいは医薬品や医療サービスを求めて、多くの国民が陸路コロンビアやブラジルへ脱出する流れが加速している。国連難民高等弁務官事務所（ＵＮＨＣＲ）や米国政府などは、マドゥロが国際支援物資の受け取りを拒否するため、コロンビアやブラジルの国境の町で、脱出してきたベネズエラ人のための支援を展開している。

このような状況でグアイドは、米国を中心に各国から寄せられた大量の食料や医薬品などの人道支援物資を、二〇一九年二月二三日にコロンビア、ブラジル、そしてカリブ海のオランダ領アルーバ島から、国境を越えて持ち込むと宣言した。マドゥロ側はグアイドに対して出国禁止命令を出していたが、グアイドはそれを無視し、監視をくぐり抜けてコロンビアに出国した。グアイドおよび支援物資を守るために、国内各地から大勢の反チャベス派市民が国境を越えコロンビア側の街ククタに集結した。

一方マドゥロは、国内には食料不足や医薬品不足、医療不足などで命を落とす人道的危機は存在しないとの立場を貫くとともに、それらは人道支援物資ではなく米国による介入であり、武器の持ち込みの可能性があるとして、断固持ち込ませない姿勢を示した。コロンビアやブラジル、アルーバ島との国境を封鎖し、国家警備軍およびチャベス派の武装市民組織「コレクティーボ」を配置して、支援物資の持ち込みを武力で阻止しようとした。

持ち込み予定日の前日には、ラテンアメリカ各地からグアイドによる人道支援物資の持ち込みを支援する歌手らがコロンビアのククタに集結し、国境の橋の近くで「ベネズエラ・エイド」と称する大規模なチャリティー・コンサートが開催された。国境の会場には三七万人が集まり、一億ドルの目標に対して二五億ドル近くの支援金を集めることに成功している。[*15]

これに対してマドゥロ側は、国境の橋に大型トレーラーを複数配置してブロックし、また橋の手前には、国軍や国家警備軍、コレクティーボを配置した。グアイドらは、マドゥロ政権が配置した国軍兵士らに対して、マドゥロから離反してグアイド側につくように繰り返し訴えかけた。またマドゥロ政権から離反する軍人らに対しては、反チャベス派国会は恩赦法を成立させた。

二月二三日、支援物資を積み込んだ大型トラックが大勢の反政府派市民に守られながらコロンビアとの国境の橋を渡ろうとした。それに対して橋向こうのベネズエラ側に配置された国家警備軍やコレクティーボから催涙弾や実弾が発射され、四〇〇人以上の負傷者[*16]を出し、支援物資を国内に持ち込むことはできなかった。混乱のなかで支援物資を積んだトラックが橋の上で炎上し、支援物資の持ち込みは失敗に終わった。[*17]

一方で、支援物資の入国を阻止すべく前線警備にあたっていた四〇〇人以上の国家警備軍や国軍兵士が、マドゥロ政権から離反して国境封鎖を潜り抜けてコロンビア側に逃げ込んだ。[*18] ブラジルとの国境付近では、国境封鎖に向かう国軍が周辺に住む先住民の村を襲い、二五人が犠牲になった。[*19]

多くの犠牲者を出し、一方で多くの離反兵士も出した二〇一九年二月の人道支援物資の持ち込みは失敗に終わった。その直後にグアイドは、コロンビアからアルゼンチン、エクアドルなど南米諸国を駆け足で訪問したが、それらの国では各国大統領がグアイドを大統領待遇で歓迎した。またグアイドに対してはマドゥロ側が出国禁止命令を出していたため、帰国の際に拘束されることが危惧された。しかし、グアイドの帰国時にはドイツをはじめとする各国大使がグアイドを守るために国際空港で待ち受けたため、国際社会の監視のもとでマドゥロ側はグアイドを拘束することができず、グアイドは無事入国を果たした。グアイドは、「入国時に入国管理官が『大統領、お帰りなさい』といって迎えてくれ、空港内警備の警察官や兵士も手を出さなかった」と述べており、[*20] 公務員の末端レベルではマドゥロ陣営の締めつけが緩んでいることを示唆した。

自由のための作戦

マドゥロ政権による「国家権力の強奪状態の停止」と選挙の実施をめざし、最大のチャンスであった国際人道支援物資の持ち込みに失敗したことで、反政府派市民の間で大きな無力感が生まれ、グアイドのリーダーシップで本当に政権交代に結びつくのかといった不信感やあきらめが広がりはじめた。そのなかでグアイドは、二〇一九年五月一日に「自由のための作戦」を実行するとして市民に大規模な動員をかけるとともに、マドゥロ政権を支えている国家警備軍や国軍の兵士に対して、マドゥロから離反して「民主主義の側につくよう」呼びかけた。

予定日前日の四月三〇日未明、グアイドはSNSを使って、国家警備軍がマドゥロから離反して民主主義の側についたとして「自由のための作戦」を一日前倒しで実行し、より多くの軍人らに合流するよう呼びかけた。SNSで拡散された動画には、五年前に逮捕され、自宅監禁状態にあった反チャベス派の最有力リーダーのひとり、レオポルド・ロペスがグアイドのそばに立ち、離反した国家警備軍兵士らに守られている様子が写っていた。ロペスの自宅は国家警備軍および国家情報部（SEBIN）が包囲して外出できないはずであり、ロペスがグアイドのそばに立っているということは、それらから離反者が出たことを示していた。

SNSの動画を見た多くの市民が、グアイドらが立つ空軍基地近くに集結しはじめた。そこへ国家警備軍が到着し、丸腰の市民に対して暴力で抑圧しようとした。彼らが市民に対して発砲し、装甲車が市民に向かって突進していく様子は、市民が撮影した動画によってSNSで国内外に一気に拡散した。

しかし、軍人の離反は広がりをみせず、グアイドらによる「自由のための作戦」が失敗に終わったことは、午後には明らかになった。マドゥロはその間終日行方がわからず、すでに国外に脱出したとのうわさも流れていたが、夜になってようやく姿を現し、すべてはコントロール下にあると発表した。
いったい何が起こったのか情報が錯綜するなか、最初に情報を出したのは米国だった。米国は、ブラディミール・パドリーノ・ロペス国防大臣、マイケル・モレノ最高裁裁判長、国家情報部（SEBIN）トップのマヌエル・クリストファー・フィゲラ将軍らがマドゥロの背後でグアイド側と内通し、マドゥロの退陣と出国に向けての交渉を進めていたこと、しかし直前にロシアがマドゥロに国内にとどまるよう説得したため計画が失敗した、と暴露したのだ。米国の発表を受けてグアイドもそれを認めたが、マドゥロ側がそれを認めたのは数日遅れてからだった。

反チャベス派および国外メディアでおおよそ共有されている事実認識としては、グアイド側とパドリーノ国防大臣やモレノ最高裁裁判長との間で、マドゥロ退陣についての交渉が進められていたが、最終段階で合意に達せず、パドリーノ国防大臣らが交渉から手を引いたということのようだ。ロシアは米国の発表直後に、ロシアがマドゥロを引き留めたというのは事実に反するとの声明を発表した。

ただ、軍人の離反が広がらなかったにもかかわらず、マ

グアイド支持の兵士のそばに立つレオポルド・ロペス（左）、2019年4月30日（Wikimedia Commons, author: Voice of America）

ドゥロが未明から夜まで姿を見せなかったことや、政府による発表が数日遅れたことなどからは、実際にはマドゥロの背後で国防大臣らによるマドゥロ退陣に向けての動きがあったことや、一時はマドゥロの国外脱出の準備が始まっていた可能性はあると考えられる。パドリーノ国防大臣がマドゥロの横で「彼らは私たちを買収しようとしたが、その話にのらなかった」と発言した動画がインターネットで流れているが、緊張して落ち着かないマドゥロの様子が見てとれる。[*21]

グアイドの求心力低下

二〇一九年一月にグアイドという新たなリーダーを得て反チャベス派は力強く息を吹き返したものの、国際支援物資の持ち込みや「自由のための作戦」の失敗で、反チャベス派市民はふたたび大きく落胆した。その後、ノルウェーをはじめ国際社会の仲介で両者間の交渉の場が設けられたが、それも失敗に終わった。それまでも政治対立が先鋭化するたびに、諸外国の仲介で両者間の交渉の場が設定されてきた。反チャベス派は政治犯の釈放とマドゥロ退陣、あるいは大統領選挙の実施を求めてきたが、マドゥロ政権はいっさい譲歩しなかった。

マドゥロ側にとっては、交渉に参加することで政権の危機的状況をやり過ごすための時間稼ぎができるうえ、交渉参加の是非をめぐって反チャベス派陣営が内部で対立し、弱体化するという二重のメリットがある。また、話し合いによる解決を求めているという民主的姿勢を示せるうえ、それを拒否する反チャベス派のほうこそ非民主的であるという国内外へのアピールにもなる。交渉の結果双方の妥協で解決の糸口を探るというよりも、政権延命の戦術として使われてきた。そのため反チャベス派の間では、マドゥロ政権との交渉参加の是非をめぐっては毎回内部対立が生じる。「自由のための作戦」の失敗のあと、ノルウェー仲裁による交渉の働きかけに対してグアイドは代表を送ることを選択した。それは反チャベス派市民や政治家から、またしてもマドゥロ側の時間稼ぎの戦略に乗せられているとして、厳しい批判を招いた。グアイドの求心力は弱まり、反チャベス派内ではふたたび内部割れが始まった。マドゥロは、「グアイド側の代表とは良い交渉ができた」と発言し、それが反チャベス派の内部対立を煽った。

国会議長の任期は一年で、毎年一月に国会において新議長が選出される。反チャベス派の政党連合、民主統一会議（MUD）は議長ポストを政党間で輪番にしてきたが、求心力が低下したとはいえグアイド以上に反チャベス派内で支持を集められるリーダーが不在のため、グアイドが国会議長として、すなわち暫定大統領として続投することが決まった。

しかし国会の二〇二〇年度会期初日の一月一〇日前夜から当日にかけて、グアイドをはじめとする反チャベス派国会議員に対して、国家警備軍がさまざまな妨害行為を行った。国家警備軍は議事堂の門を閉鎖し、チャベス派の国会議員のみ入構を許し、グアイドら反チャベス派議員が議事堂に入るのを力づくで阻止した。

そのためグアイドら反チャベス派国会議員は場所を変更し、別の場所で新会期初日の国会を開催して、二〇二〇年度議長としてグアイドを再選した。一方、国家警備軍が国会議事堂へ入ることを認めたチャベス派議員およびグアイドから離反したもと反チャベス派議員らは、国会議事堂内で同様に国会を開催し、グアイドから離反したルイス・パーラ議員が新議長に選出された。

反政府派の国会議員が治安当局によって国会議事堂への入構を暴力的に阻止されるという異例の事態の結果、二〇二〇年のベネズエラは、国会の多数派である反チャベス派から引き続き議長に選出されたグアイドと、数でいえば少数派でありながら力づくで国会議事堂を占拠して国会議長に選出されたパーラと、ふたりの国会議長が並び立つこととなった。とはいえ実際には、チャベス派内ではパーラの国会ではなく制憲議会が引き続き権力を保持し、マドゥロ政権を支えている。

また近年マドゥロ政権は、多くの反チャベス派国会議員に対して、憲法が認める国会議員の不逮捕特権を剝奪してきた。実際に逮捕され、または逮捕状の発出や国家ボリバル情報部による威嚇などによって亡命を余儀なくされた反チャベス派の議員は多く、反チャベス派国会の政治的抵抗力をさらに弱めている。マドゥロ政権による反チャベス派国会への弾圧はますます強まっており、権威主義化は強まっている。

第3章　革命の主人公たち

チャベス大統領は、みずから推し進める政治経済変革を「ボリバル革命」と呼んだ。これは、第1章で触れたように、一九世紀初頭にベネズエラだけでなく南米各国を宗主国スペインからの独立に導いた英雄シモン・ボリバルの名を冠したものだ。しかし、ボリバル革命がどのような政治理念にもとづき、どのような国家ビジョンを掲げたものであるかについては、チャベス大統領は就任から数年間は明確にせず、のちに「二一世紀の社会主義」をめざすと宣言している。

ボリバル革命とは社会主義革命なのか。チャベスは社会主義者だったのか。この章では、チャベスとマドゥロの思想的背景と人となりについてみていこう。

1　チャベスの政治思想の源泉

ボリバル革命とは？

チャベス大統領は、ベネズエラ人にとって絶対的英雄であるシモン・ボリバルの名を冠することで、みずからが進める政治経済変革に対して国民の支持をとりつける一方、その具体的内容についての説明を避けていた。のちに「二一世紀の社会主義」を標榜するようになるが、先述したように、二〇〇五年までは社会主義という言葉を公言したことはなく、また政権初年に制定された一九九九年憲法にもその言葉は存在しない。

チャベス大統領が、ボリバル革命が社会主義国家建設をめざすものであると明言するようになったのは、ソヴィエト連邦が崩壊し、中国が改革開放路線に舵を切ったのがすでに前世紀の歴史上の出来事となった二〇〇五年のことで、チャベスはつぎのように宣言した。「ソヴィエト連邦と東欧の社会主義体制が崩壊した一四年後、われわれは戦いのど真ん中にいる。社会主義が復活したのだ。マルクスとともに亡霊が世界をふたたびかけめぐる」[*1]。

とはいえ、チャベスの政治理念や政策は、マルクス主義を思想的核とした社会主義思想であったとは言いがたい。チャベス自身、社会主義国家建設をめざすと宣言して以降も、マルクス主義については言明しなかった。二〇一〇年の国会において、チャベスは「初めてマルクス主義を受け入れる」と発言するも、「キリスト教主義者であり、ボリバル主義者であり、マルティ主義者であり、スクレ主義者であり、ミランダ主義者でもある」と続けた。またマルクスの『資本論』を読んでいないことを認めている[*2]。ベネズエラの著名な社会主義者テオドロ・ペトコフは、「チャベスにとってのマルクス主義は、実際には個人独裁主義、軍人政治、典型的な権威主義であることに対しての、イデオロギーの隠れみのにすぎない」と批判する[*3]。

チャベスの政治思想は、社会主義やマルクス主義を軸として理論づけられたというよりも、むしろ一九世紀はじめの独立戦争時の宗主国スペインや欧米列強との闘いに根ざす、強烈な愛国精神と反帝国主義、そして軍人が国民、とくに貧しい大衆の救世主となるヒロイズムが、その核にあった。先述のチャベスの言葉でも、ボリバル以外に、アントニオ・ホセ・デ・スクレ、フランシスコ・デ・ミランダといったベネズエラ独立の英雄があげられていることが、それを物語る。

さまざまな思想の影響を受けながら、パッチワークのように重ね合わせて形成されたのが、チャベスの政治思想だといえる。そのため、政治思想に関する彼の発言は、時とともに変化した。大統領就任当初は、「自分はマルキストではないが反マルキストでもない、共産主義者ではないが反共産主義者でもない」と発言し、またイギリスの社会学者アンソニー・ギデンズやトニー・ブレア元首相の「第三の道」への傾倒を口にしたこともあるが、のちにそれを否定している。[*4]

チャベスについては、自身の日記やインタビューからまとめられた複数の本が出版されており、それらから彼が政治の舞台に躍り出る前の、一〇代から若手将校時代の言説を知ることができる。彼はそのころから、軍内部でひそかに政治社会体制の変革をもたらす主人公となることを夢見て準備をしていた。一九七四年、カルロス・アンドレス・ペレス大統領の閲兵式に臨んだ士官学校生チャベスは、「いつかは私が祖国の責務を一身に担いたいものだ」と、その日の日記に書いている。友人も、「いつか大統領になる」と語っていたと証言している。[*5] チャベスにとって将来国を率いる存在になることは、青年時代から彼の個人的な夢であり人生のプロジェクトだった。

左翼思想との接点――D・ブラーボの影響

チャベスが左翼思想の洗礼を受けたのは、中学生のころ、近所に住んでいた共産主義者ルイス・ゲバラの息子たちと同級生だったことに始まる。チャベスは彼らの家に出入りし、ともにゲバラの書斎でマルクスをはじめとする左翼思想や、シモン・ボリバルらベネズエラの政治思想や歴史に関する薫陶を受けた。

士官学校卒業後の若手将校時代のチャベスは、一九六〇年代の左翼ゲリラ闘争の元指揮官らと接触をもつようになり、彼らから多くの知識と刺激を受けた。ベネズエラには、一九五九年キューバ革命後の一九六〇年代に、キューバ革命政権から人・物資両面で支援を受けて左翼ゲリラ活動が活発化した歴史がある。[*6] 左翼ゲリラ勢力が各地で暴力闘争を展開したが、一九六〇年代末には制圧されて弱体化し、その大半は一九六九年に就任したラファエル・カルデラ大統領の宥和策を受け入れて武力闘争に終止符を打ち、政党に転じた。一九七五年に士官学校を卒業したチャベスは、それらの元ゲリラ指揮官や急進左派政党のリーダーらとコンタクトを取りはじめた。

ひとりは、急進正義党（LCR）の創設者アルフレド・マネイロだ。チャベスは元ゲリラ指揮官のマネイロとの間で革命闘争の戦略を秘密裡に温めていた。[*7] マネイロ死去後には同党書記長パブロ・メディナにも接近し、メディナはチャベスの革命に向けた準備に加わるようになる。[*8]

そして、チャベスにもっとも大きな影響を与えたのが、ベネズエラの左翼活動家で一九六〇年代の左翼ゲリラ組織、国家解放軍（FALN）の元指揮官であり、のちに共産党から離れてベネズエラ革命党（PRV）を設立したドゥグラス・ブラーボである。ブラーボはキューバ革命直後にハバナを訪ねてチェ・ゲバラらと会合をもち、彼らの支援を受けながら武装闘争を展開した。一九六九年に大半のゲリラ・グループが有和策を受け入れて政党へと転換したなか、それを受け入れずに武力闘争の継続を模索した人物だ。[*9]

チャベスの実兄アダンがブラーボのベネズエラ革命党で活動していたことから、兄の紹介でチャベスはブラーボと出会った。ブラーボの政治理念のふたつの核が、チャベスに大きな影響を与えた。ひとつは、ブラーボが、ソ連の社会主義路線から離れ、シモン・ボリバルなどベネズエラの独立の英雄や政治思想家の理念を取り入れた、ベネズエラ独自の社会主義理論をつくりあげた点だ。もうひとつは、革命政権樹立のための武装闘争戦略として、軍民共闘あるいは革命ゲリラ勢力と国軍の共闘を模索していたことだ。[*10]チャベスのボリバル革命の構想の多くがブラーボの理念に根ざしていることは、明らかである。

一方、軍人ではないブラーボにとって、現役軍人のチャベスは、軍民共闘革命というブラーボ自身の三〇年来の構想を仕上げるための最後の重要なピースだったといえる。一九九二年のチャベス主導のクーデターの準備にはブラーボも秘密裡に参画していたが、最後はチャベスがブラーボに告げずにクーデターを実行し失敗したことで、ふたりは決裂した。

人材を供給した「皆の祖国党」

政権奪取の戦略ではなく、政権をとったあとにチャベスに大きな影響を与え、人材や行政のノウハウ面で大きく支えたのが、先述の急進正義党（ＬＣＲ）から分離した「皆の祖国党」（ＰＰＴ）である。「皆の祖国党」は一九九七年に急進正義党から分裂した急進派グループで、彼らは一年後の大統領選でチャベス支持に回り、その後もチャベス派政党連合「愛国軸」の一翼を担っていた。[*11] 一方、穏健派は急進正義党の名を残し、反チャベス派のスタンスを維持してきた。

急進正義党は労働組合や住民組織といった市民運動を基盤とする社会主義を実践し、一九九〇年代には国会に議席を獲得するとともに、首都圏知事をはじめいくつかの地方首長ポストを獲得していた。そして地方行政レベルで、予算編成に市民の意見を反映させたり市民が部分的に意思決定に直接参画する、「参加型予算」の試みを始めていた。[*12] 住民組織などの市民社会組織と協働する行政経験は、チャベスの「国民が主人公の参加民主主義」概念に反映されている。

急進正義党から分離した「皆の祖国党」は、そのような政治行政の経験のある人物をチャベス政権に多く送り込んだ。チャベス政権誕生以前に首都圏知事をつとめていたアリストーブロ・イストゥリスは、教育大臣、のちにマドゥロ政権で副大統領などを歴任した。石油鉱業大臣やベネズエラ国営石油会社（PDVSA）総裁を務めたアリ・ロドリゲス、労働社会保障大臣や商業大臣をつとめたマリア・クリスティナ・イグレシアスなどが「皆の祖国党」の出身だ。

政権の座に就いてからも、多くの老齢の急進左翼活動家や元ゲリラ指揮官が、息子ほど年の離れたチャベスを支えた。チャベス政権初期にもっとも重要なメンターとなったのはルイス・ミキレナである。一九四〇～六〇年代に共産党などで政治活動をしたが、ゲリラ武装闘争に反対のミキレナは、その後三〇年間政治から遠ざかっていた。クーデター後、獄中のチャベスを訪ね、一九九八年大統領選挙キャンペーンから二〇〇二年まで、チャベスにとって最大の支援者かつアドバイザーとなった。ミキレナは、チャベス政権初年度から内務司法大臣や制憲議会議長、国家立法評議会「コングレシージョ」議長などを歴任したが、二〇〇二年にチャベスの独裁的政治運営などに反対して離反し、チャベスを厳しく糾弾するようになる。

左翼経済学者で大学教授だったホルヘ・ジオルダーニは、チャベス政権のほぼすべての期間において経済企画大臣をつとめた。チャベスは一九八九年に国立シモン・ボリバル大学大学院政治学部に入学していたが、クーデター後獄中のチャベスのもとに通って勉学を支えたのが、ジオルダーニ教授だった。ジオルダーニは、価格統制、為替統制に始まり経済活動に国家が広く介入するチャベスの経済政策の責任者であった。

左派ジャーナリストで、一九七〇年代以降、左派政党から三度大統領選に立候補したこともあるホセ・ビセンテ・ランヘルは、チャベス政権下で副大統領、外務大臣、国防大臣などを歴任した。ブラーボとともに戦った元ゲリラ戦士で、一九七〇年代以降は急進正義党（分離後は「皆の祖国党」）で政治活動を続けた。同様に元左翼ゲリラで、一九九〇年代には下院議員をつとめたアリ・ロドリゲスは、チャベス、マドゥロ両政権下で鉱業石油大臣やPDVSA総裁、外務大臣、電力大臣、キューバ大使などを歴任した。このように、一九六〇年代に革命の夢破れた老齢の元左翼ゲリラや左翼知識人が、チャベスによって革命の夢を実現させるべく返り咲いた。

また、チャベス期後期からマドゥロ期にかけては、その世代の左翼活動家らの息子、娘たちが政権を支えている。外務大臣から副大統領に昇進してマドゥロ政権を支えるデルシー・ロドリゲスと、チャベス期の国家選挙管理委員長、副大統領、マドゥロ期の広報大臣などを務めるホルヘへの父親、ホルヘ・ロドリゲス（父）は、マルクス主義組織「社会主義同盟」の創設者だった。一九七六年に米国人ビジネスマンを誘拐した容疑で逮捕され、拷問死している。[13] 一九六〇年代末以降、左翼ゲリラとの和平や政党への転向で、表面的には終わりを迎えた急進左翼の闘いは、実は三〇年近くものあいだ種火としてくすぶり続け、チャベスの登場によって復活したのだ。

カストロへの依存

このようにチャベスは国内の元左翼ゲリラや左翼活動家らと交流し、多くの影響を受け、政権をとったのち、その多くを要職に登用した。しかしチャベスにとってもっとも重要なメンターとなったのは、キューバのフィデル・カストロ国家評議会議長といっていいだろう。チャベスが初めてフィデルに会ったのは、一九九四年一二月一三日、クーデター事件後に収監されていた刑務所から恩赦を受けて釈放された九ヵ月後のことだ。クーデターに失敗した若い元軍人にすぎないチャベスを、フィデル・カストロは空港まで出迎えるほど歓待し、三日間の滞在中多くの時間をともに過ごし、議論した。[14]

政権に就いたのちは、チャベスにとってフィデルは政治思想と政権運営の最大のアドバイザーとなった。年がたつにつれ、チャベスのフィデルへの依存は強くなり、数ヵ月ごとにキューバに通うようになる。あるベネズエラの情報部員は、とりわけ二〇〇二年四月に政権を二日追われた政変以降、キューバから諜報部員（「G2クバーノ」と呼ばれる）がベネズエラに送り込まれ、ベネズエラの情報部門を支配するようになるなど、政権維持のためのカストロ依存が高まったと証言している。[15]

チャベスは、政治、社会開発（医療、教育）、治安（警察）、軍、インテリジェンス活動など多くの面で、カストロ政権から数万人単位でアドバイザーや人材を受け入れている。最後には自身のがん治療についても、チャベスはほぼすべての治療をキューバで受けることを選んだ。カストロ兄弟やチェ・ゲバラは一九六〇年代にベネズエラの革命闘争を支援したが、それは失敗に終わった。カストロにとってチャベスの登場は、ベネズエラにおいてキューバの息がかかった革命を実現するための、絶好のチャンスだったといえる。

独立の英雄への憧憬

左翼思想とともにチャベスに大きな影響を与えたのが、シモン・ボリバルやシモン・ロドリゲス、エセキエル・サモラなど、一九世紀に活躍したベネズエラの独立の英雄や歴史的政治思想家たちである。シモン・ボリバルはベネズエラのみならず南米諸国を宗主国スペインからの独立に導いた英雄であり、シモン・ロドリゲスはそのボリバルの師だった。一方、エセキエル・サモラは一九世紀半ばの「連邦戦争」（一八五九〜六三年）の指導者で、「土地と人民に自由を、寡頭支配者に恐怖を」をかかげ、寡頭支配層から奪った土地を農民に与えた人物であった。

チャベスがベネズエラの独立の英雄や歴史について初めて興味をもったのは、同級生の父である共産主義者ルイス・ゲバラの書斎で過ごした一〇代の日々だったが、それが決定的なかたちでチャベスのボリバル革命の理念に影響を与えたのは、先述した元ゲリラ指揮官ブラーボの影響だった。ブラーボは、ソ連型の社会主義路線から訣別し、ベネズエラの独立の英雄らの思想に基盤を置く独

シモン・ボリバルの肖像画（Wikimedia Commons, author: Neuralia）

自の社会主義革命をめざしていた。ブラーボはそれを、ボリバル、ロドリゲス、サモラの三人の独立の英雄の思想に根ざすという意味で、「三本の根を持つ木」と呼んだ。

それが、軍内部でチャベスが秘密裡に組織した「ボリバル革命軍二〇〇」（EBR-200）、そしてそれに民間人も加わり軍民共闘体となった「ボリバル革命運動二〇〇」（MBR-200）の思想的核となっていく。[*16] この組織が一九九二年にクーデターを起こすことになる。そしてボリバル革命運動二〇〇（MBR-200）は、一九九〇年代後半にチャベスが大統領選挙に立候補する際に政党へと転換し、第五次共和国運動党（MVR）となった。

「三本の根」のなかでもチャベスがみずからの政治社会変革の名前に掲げるボリバルは、もっとも重要な人物だ。ボリバルは、スペインから独立したばかりの貧しい南米諸国が、スペインのみならず欧米列強の帝国主義に飲み込まれずに独立を維持するためには、南米諸国が統合してひとつの大きな国になることが重要であると考えていた。その考えは、チャベスが反米帝国主義を掲げ、二一世紀初頭に米国のイニシアティブで進められていた米州自由貿易構想（FTAA）の実現をブラジルとともに阻止し、米国抜きのラテンアメリカ諸国（あるいはそのなかのサブリージョン）での新たな地域協力の枠組みをつぎつぎと構築したことに反映されている。

さらにボリバルは、独立直後の南米諸国が欧米列強に対抗して生き残るためには、大統領に強い権力を集中させた政治体制が必要であると主張し、そのためには終身大統領制まで提案していた。[*17]これは、チャベス大統領がみずからに権力を集中させ、また再選回数制限撤廃を主張し、獲得したことに反映されているといえるだろう。

軍人と革命

これら独立時の英雄軍人たちの物語は、祖国を守り発展させるためには軍人が中心的な役割を担うべきであるという、チャベスの考えの基礎となっている。一方、チャベスの青年期にあたる一九七〇年代には、ラテンアメリカの多くの国は軍事政権のもとにあった。なかでもペルーのファン・ベラスコ将軍とパナマのオマル・トリホス最高司令官は、愛国主義、反米主義、反資本主義、そして反エリート支配という共通項をもつ、新しいタイプの軍人政治を展開した。

ペルーのベラスコ将軍は、クーデターで政権に就いた（一九六八〜七五年）。愛国主義と諸外国からの経済的独立をかかげ、外資企業の国有化、農地の小作農への分配、第三世界外交などを展開する革命軍事政権だった。チャベスは、一九七四年にペルー独立を決定づけた「アヤクチョの戦い」一五〇周年記念式典に参加するため、仲間とともにペルーを訪れた。チャベスらベネズエラ人士官学校生はベラスコ将軍に大統領府に招かれ、自書『ペルーの国家主義革命』を贈られたが、チャベスはこれをいつも手元に置き、繰り返し読んだという。[*18]

パナマのトリホス最高司令官（一九六八〜八一年）も、同様にクーデターによって権力の座に就いた。トリホス最高司令官の最大の功績は、二〇世紀初頭から米国が支配してきたパナマ運河を、将来的に米国から奪還するための道筋をつけたことだ。ラテンアメリカにおける米国帝国主義の象徴ともいえるパナマ運河の支配を終わらせたトリホス将軍は、チャベスを大いにひきつけた。ベラスコ将軍とトリホス最高司令官は、ボリバルらが示した軍人の政治的役割が、歴史にとどまらず現代においても重要な政治変革を起こしうることをチャベスに示した。

このように、軍人が反米帝国主義と愛国主義、社会的公正のための国家変革の担い手となるべきという構想は、一九七〇〜八〇年代のベネズエラの士官学校や若手軍人のなかで、チャベスのほかにも複数の人物がひそかに温めていた。ひとりは空軍司令官のウィリアム・イサーラで、もうひとりはチャベス同様陸軍のフランシスコ・アリアス・カルデナスだ。一九八〇年代にはイサーラ、アリアス・カルデナス、チャベスは地下でひそかにつながっていった。

彼らは一九八七年ごろには、一九八九年に就任予定の次期政権の二〜三年目、つまり一九九一年か九二年に革命を実行に移すべく、準備を進めていた。[*19] そして、予定どおり一九九二年二月にクーデターを実行したものの、失敗に終わった。つまり、チャベスのクーデターは、ネオリベラル経済改革が一九八九年に開始された二年前から計画されていたのであり、「ネオリベラル経済改革を推進したペレス政権」の打倒が目的だったという通説は、事実ではない。

空軍司令官のイサーラは、クーデターにより軍事独裁政権の樹立を構想し、社会主義体制の定着を志向する秘密組織を作っていた。そしてイサーラは、ベネズエラにおける軍事革命に対して国際的支援をとりつけるため、また各国の経験から学ぶために、一九八〇年代にはキューバ、イラク、リビアを訪問し、リビアではカダフィ大佐と会っている。アリアス・カルデナスもカダフィの経験を学ぶためにラテンアメリカの兵士数人とともにリビアにわたる計画があったが、実現しなかったと語っている。彼らの間では、リビアの指導者カダフィ大佐がみずからの政治理念や国家ビジョンを記した『緑の書』(*Green Book*)が参考文献になっていたという。[*20]

イスラムやアラブ民族主義といった文脈でリビア独自の社会主義を確立し、クーデターによって政権を掌握して四〇年の長きにわたり政権の座に座ったカダフィ大佐の経験は、シモン・ボリバルらベネズエラ独自の政治思想と社会主義を組み合わせた「ボリバル革命」をかかげるチャベスにとっても、興味深い先例だっただろう。ゆたかな石油資源をもつOPECメンバーであり、反米帝国主義をかかげるカダフィ大佐とは、共通点も多い。

カダフィ大佐が一九七〇年代に記した『緑の書』には、チャベスのボリバル革命と類似の内容が多く散見される。たとえば同書のなかでカダフィ大佐は、代表制民主主義はまやかしであり、政党は現代の独裁制であると批判する。そして議会にかわって、人民委員会、人民会議、人民総会を通して直接民主主義を実践することをうたっている。[*21] チャベスの参加民主主義やコミューン国家構想と、地域住民委員会など、それらを実践するためにチャベスが設立した組織は、これらと概念が似ている。実際、チャベスの政治理念をまとめた本は、『青の書』というタイトルが付けられており、[*22] カダフィへのオマージュとも考えられる。

チャベスが政権に就いたのちには、カダフィ大佐とは相互に訪問しあうなど交流を深めた。リビアにはチャベスの名を冠したスタジアムが建設され、カダフィ大佐が政権末期に反カダフィ派によって追いつめられた際には、チャベスは最後までカダフィを擁護し、仲裁も申し出ていた。[*23]

現代ラテンアメリカの急進左派知識人

最後に、政権初期にチャベスのアドバイザーとなった南米の急進左派知識人ふたりをあげておこう。ひとりは、アルゼンチン人の左派社会学者ノルベルト・セレソーレだ。彼はアルゼンチンのポピュリスト軍人大統領フアン・ペロンを信奉し、また先述のペルーのベラスコ軍事政権のアドバイザーでもあった。ペロンは第二次世界大戦期前後のアルゼンチンにおいて、大土地所有制をベースにした既存の政治経済エリート層と敵対し、労働者階級の政治参加や彼らへの社会福祉を拡大することで、絶大なる支持を獲得したポピュリスト軍人大統領である。セレソーレを通じて、チャベスがペロン大統領やベラスコ軍事革命政権の影響を受けたことは間違いないだろう。

もうひとりは、メキシコ在住のドイツ人急進左翼社会学者のハインス・ディートリヒだ。「二一世紀の社会主義」というのは彼の著書タイトルでもあり、参加民主主義をその核とするなど、その多くの概念がチャベスのボリバル革命に反映されている。ディートリヒは、チャベスのアドバイザーとしてもベネズエラに深くかかわった。

ベネズエラ国内の元左翼ゲリラや老齢の左翼活動家が、チャベス政権で昔の夢を実現しようとふたたび政治の舞台に登場したのと同様、これら南米の急進左翼政治思想家ふたりも、みずからの理想を実現する役者としてチャベス大統領を強力に支援した。だが、ふたりとも時間の経過とともにチャベスから離反していった。

2　チャベスの人物像

少年時代から若手将校時代

チャベスは、一九五四年にベネズエラの内陸部バリナス州で六人兄弟の次男として誕生した。子ども時代には両親と離れて、兄アダンとともに祖母に育てられた。貧しい小屋に暮らし、祖母が作る手作りの菓子を売り歩いて家計を助けたとみずからよく語っていた。[*24] 豊かでないながらも、チャベス家の六人の息子はみな、無償の公的教育システムのおかげで高等教育を受け、大学教員やエンジニアといった職業に就くことができた。

教師だった父親は、中道右派の伝統的政党、キリスト教社会党（COPEI）の熱心な党員だった。同党の創設者はラファエル・カルデラだが、一九九二年のクーデター後、獄中にいるチャベスに恩赦を与えて自由の身にし、その後に大統領への道を開いたのは、当時二回目の大統領職にあったカルデラであった。また、チャベスが一九九九年二月に大統領に初就任した際に政権を引き継いだのも、前任者カルデラ大統領からだったという因縁もある。

チャベスは中学卒業後の一九七一年に首都カラカスの陸軍士官学校に入学した。ちょうどそのころベネズエラでは軍人の専門化が進められており、士官学校が軍人養成課程において大学に相当する高等教育も始めたころだった。チャベスは軍事学とともに政治学も学び、一九七五年に卒業している。卒業時には、チャベスを含む卒業生に対して、当時のカルロス・アンドレス・ペレス大統領がサーベルを授与している。ペレスは一九八九年に二回目の大統領職を務めることになるが、若きチャベスにサーベルを授けた一七年後の一九九二年に、そのチャベスによってクーデターで政権を追われそうになっている。[*25]なんとも皮肉なめぐりあわせだ。

士官学校時代から若手将校時代のチャベスは、先述のようにイサーラやアリアス・カルデナスといった軍内部の同志、ブラーボなど民間人の左翼活動家らと秘密裡にネットワークを作り、将来の革命の準備を進めていった。士官学校卒業後は士官学校で教官として教壇に立つこともあり、そこで同志をリクルートし、のちの「ボリバル革命軍二〇〇」(EBR-200)や「ボリバル革命運動二〇〇」(MBR-200)の前身となる小さなグループを形成していった。一九九二年にクーデターを首謀して失敗したのち、チャベスは二年間を獄中で過ごした。一九九四年にカルデラ大統領から恩赦を受けて自由の身になってからは、軍事闘争ではなく、選挙で政権をとることに戦略転換をする。その後の展開は、第1章で述べたとおりである。

チャベスは二度結婚、離婚し、四人の子どもがいる。最初の結婚は、若手将校時代に出身地サバネータの女性とで、ふたりの娘と息子ひとりをもうけたが、一九九二年に離婚している。一九九九年には、ジャーナリストだったマリサベル・ロドリゲスと二度目の結婚をした。

チャベスとひとりめの妻は、大半のベネズエラ人がそうであるように、長い歴史を通して先住民や黒人と白人の血が混ざりあった、褐色の肌をもつ混血の面立ちだ。一方、ふたりめの妻マリサベルは若い白人女性で、ファースト・レディとしてチャベスの横に立つ彼女は、ベネズエラの「エビータ」になることが期待された。エビータは、二〇世紀半ばのアルゼンチンのポピュリスト軍人大統領フアン・ペロンの妻として国民の熱狂的な支持を集め、政治活動も行い、ペロン人気を支えた。マリサベルもチャベス政権の初年度に制憲議会議員に名を連ね、いくつかの政治ポストにも就いた。だが、娘をひとりもうけたのち、ふたりは二〇〇四年に離婚している。

二度目の離婚後は、最初の結婚でもうけた娘ふたりがチャベスのファースト・レディ代わりに寄り添った。長女ロサ・ビルヒニアは二〇〇七年にチャベス派の若手政治家ホルヘ・アレアサと結婚したが、彼はそののちチャベス、マドゥロ両政権下で外務大臣や副大統領を歴任している。次女マリア・ガブリエラは、マドゥロ大統領によって国連大使（代理）に任命されている。

チャベスの父や兄弟も、出身地バリナス州の政治ポストに就いている。父と長兄アダン、弟アルヘニスが、州知事ポストを三人あわせて二〇年以上務めている。長兄アダンはチャベスを急進左翼運動へと引き込んだ人物であり、幼少期にふたりだけ祖母のもとで育てられたことから、チャベスがもっとも信頼する兄弟だった。アダンはチャベス政権下では、キューバ大使、教育大臣、出身地のバリナス州知事などを歴任している。それ以外の弟三人も父や兄が知事ポストにあるなかで、同州政府にポストを得ている。出身地サバネータの市長を一二年務めた弟もいる。チャベスは大土地所有者を敵視し社会主義革命を標榜するが、チャベス一族は地元バリナスで広大な土地を購入し、複数の汚職の疑いがもたれている。彼らは、それは反チャベス派によるでっちあげだと主張する。[*26]

大衆との直接的な結びつき

チャベスが大衆の支持を一気に獲得したのには、いままで政治や石油収入の恩恵から排除されていると感じてきた大衆層に対して、彼らにも政治参加の権利や石油収入の分け前を受け取る権利があるということを訴え、実感させたことが大きいだろう。国民を貧しい大衆とそれ以外に分け、大衆が貧しいのは利己的な政治経済エリートが政治権力や石油利益を独占しているからだと訴えた。そして、みずからをその大衆の代表として位置づけ、いままで国家から十分な保護を受けた実感がない大衆層に対して、住宅、医療、教育、職場などを与えた。チャベスは典型的なポピュリストであり、家父長的リーダーだった。

チャベスは、政党や組織を通じてではなく、直接的に大衆とつながるスタイルを実践した。毎週日曜日には、みずからホストをつとめ、視聴者が電話で参加できる「もしもし大統領」という番組を国営テレビ・ラジオ局で放送していた。全国各地に設営される会場に支持者を集めてチャベス大統領は壇上で話し続けるが、それは五時間を超えることも珍しくなかった。支持者から直接電話を受け、彼らの要望を聞き、それに対応するよう、その場で担当大臣に指示を出したり、低所得者用住宅が完成して引き渡されたと発表し、会場の支持者は拍手でそれを祝福する。時にはチャベスはカメラを引き連れて街角に出て、「この建物の所有者は？　接収せよ！」と命令する様子が映された。ちなみに、チャベス亡きあと、このような手法はチャベス派内で引き継がれ、マドゥロおよびチャベス派のナンバー・ツーといわれるカベージョが、それぞれみずからがホストを務める番組を通して、有権者とのつながりを広げようとしている。

また、現在は米国のドナルド・トランプ大統領も多用する「ツイッター政治」を、チャベス大統領はいちはやく、重要な政治ツールとして使っていた。チャベス大統領は、二〇一〇年にはツイッターでの投稿に応えるチームを作り、国民に対して直接ツイートで語りかけると同時に、国民の要望を広く集めた。二〇一〇年の報道によると、ツイッターで二九万件近い要望が届いていること、そのうち雇用を求めるものが一万九〇〇〇件、住宅を求めるものが一万七〇〇〇件、融資を求めるものが一万二〇〇〇件、法的支援を求めるものが七〇〇〇件含まれると、チャベスは発言している。[*27]

それ以前は、チャベスの支持者らは、みずからの要求や問題解決を求める「パペリート」（紙片）と呼ばれるメモを、チャベス大統領やその周辺の人びとに手渡すことが広く行われていた。ツイッターはそのSNS版といえる。ツイッターやパペリートは、支持者が何を求めているのか、何に不満を抱いているのかを政権が知るツールともなり、また「もしもし大統領」では、それに応える大統領の姿を見せることで、有権者に「今はまだだが、そのうちに大統領は私にも応えてくれる」という期待を抱かせた。

チャベスの人がら

チャベスは人なつこく、エネルギッシュで、独創性にあふれる政治家だった。時には、品がないと反政府派の人びとが眉をひそめる言動もあったが、大衆層にとってはそれはむしろ魅力的に映ったことだろう。大学教育を受けた白人の歴代大統領とは異なり、エリートくささがない。自分たちと同じ浅黒い肌をもち、自分たちと同じく貧しい幼少時代を過ごし、ゴルフではなく大衆スポーツの野球に興じ、品のない俗語で人を笑わせ、歌を唄う。大衆層が身近に感じられる初めての大統領だったのだろう。

チャベスは根っからの野球好きで知られる。子ども時代はプロ野球選手をめざしていたという。政権初年度の一九九九年には、訪問先のキューバで、フィデル・カストロが監督を務めるチームと対戦してピッチャーをつとめた。[*28] 音楽も好きで、彼の出身地ジャノス（内陸の平野部）の伝統的音楽ホローポなどを、よく公の場でも歌っていた。

チャベスはしばしば、意図的に下品な言動や子どもじみた行動をすることもあった。中国製の携帯電話を、補助金をつけて一五ドルの安値で低所得者層向けに販売した際には、携帯電話の商品名に卑猥な言葉を連想させる名前をつけた。[*29] 反チャベス派の人びとが品がないとして強い嫌悪感を抱く一方、大衆層の人びとは、日常会話でよく使うその俗語を商品名にするというチャベスに親近感を感じたことだろう。

国際社会でも同様のエピソードは多い。二〇〇六年九月、チャベスが国連総会の演説で、前日に登壇した米国のジョージ・W・ブッシュ大統領を揶揄したことは、その一例である。[*30] 国際社会の公的な場での言動として礼節に欠くと嫌悪感を抱く人が多い一方で、大国トップに啖呵をきったチャベス大統領は、国際メディアでも大きく取り上げられ、痛快に感じた人びとも少なくなかった。

国際社会で儀礼を必ずしも重んじない姿勢は、ひんしゅくを買うこともある。二〇〇七年チリで開催されたイベロアメリカ・サミットで、スペインのホセ・ルイス・ロドリゲス・サパテロ首相の演説のさなかに、それを妨害しようとチャベス大統領が大声で話し続けた際に、臨席していたスペイン国王フアン・カルロス一世がチャベスに対して「だまらないか！」と一喝したこともある。[*31] その後、この国王の一喝がメロディにのり携帯電話の着信音として人気を集めたり、国王の言葉をプリントしたマグカップやTシャツが売られたり、ベネズエラのみならずスペインでもブームとなった。

また、国連の制裁下にあるイラクのサダム・フセイン大統領を訪ね、フセイン大統領みずから運転する車の助手席に座り、談笑する様子の写真が海外に配信されたこともある。[*32] ワシントンを刺激することにかけては、卓越していた。二〇一一年には国際的衣料品メーカーが、国や宗教の融和をテーマに、世界の対立するリーダーがキスする合成写真をシリーズで広告に採用したことがある。そのなかに、米国のバラク・オバマ大統領とチャベス大統領がキスをする合成写真もあった。チャベスは「オバマは目を閉じてるな（うっとりしている）。あ、俺も閉じてるな」と大笑いをし、記者会見場を笑いの渦に巻き込んだこともある。[*33] 人の心をつかむのがうまい、魅力的な人物だったことは間違いない。

3　ニコラス・マドゥロの人物像

出生の謎

ニコラス・マドゥロは、公式発表によると、一九六二年にカラカスで生まれ、首都カラカス市内の労働者階級の人びとが多く住むエル・バジェ地区で育った。しかし、マドゥロがコロンビア国籍をもつ二重国籍者であるという疑惑が、二〇一三年の大統領就任直後に持ち上がった。憲法第四一条および二二七条は、大統領として選出されるための条件として、出生によるベネズエラ人であることと、他国の国籍をもたないことを規定している。そのため、もしコロンビア国籍を有しているとすれば、マドゥロは大統領に選出される条件を満たしておらず、大統領に就任できないことになる。

マドゥロの出生地は、公式にはカラカスのカンデラリア地区と発表されたものの、コロンビアのボゴタやベネズエラとの国境の街ククタで出生したとの情報もある。母方の親族がいるコロンビア側で、幼少期のマドゥロを知る人びとの証言もある。出生証明書を出せばすみやかに疑惑を晴らすことができる問題であるにもかかわらず、マドゥロ側はそれをせず、大統領就任半年後にようやくチャベス派の国家選挙管理委員長がカラカス出生の出生証明書を公表した。しかし、それはテレビカメラの前で数秒間見せただけで、内容を読み取ることは不可能だった。

チャベスの生い立ちについてはさまざまなエピソードや情報が公表されてきたが、マドゥロについては、カラカスのリセオ（公立の中学・高校）以降の情報しかなく、幼少期は謎に包まれている。ベネズエラとコロンビアの双方で大量の公文書を分析した、歴史学者で反チャベス派政治家のウォルター・マルケスは、選挙管理委員長が公表したマドゥロの出生証明書は信憑性が低く、マドゥロはコロンビアの首都ボゴタで生まれ、幼少期にカラカスに移った可能性が高いと結論づけている。[*34]

マドゥロ自身の出生地については疑問が残るとはいえ、彼の母親がコロンビア生まれのコロンビア人であることは、コロンビア側の出生証明書をはじめ複数の公文書で確認されている。そのため、マドゥロ自身の出生地がどこであれ、マドゥロはコロンビア国籍をもつことになる。というのも、コロンビア憲法は、両親のいずれかがコロンビア人の場合はコロンビア国籍をもつと規定しているからだ。ベネズエラが二重国籍を認めているため、マドゥロがベネズエラ国籍を獲得したとしてもコロンビア国籍は消滅せず、双方の国籍をもつことになる。

二〇一七年一二月に、チャベス派が支配する最高裁憲法法廷は、大統領に選出されるための条件として二重国籍でないことと定める憲法第二二七条に関して、二重国籍者は事前に外国籍を放棄することで大統領に選出できるとの解釈を決議した。[*35] 最高裁が後付けの憲法解釈をしたことは、むしろ大統領選出時にマドゥロが二重国籍者であり、憲法が定める条件を満たしていなかったからであろうとの疑いを強める。一方、コロンビアの国籍法は、国籍の放棄には法律にもとづく手続きが必要であると規定しているため、最高裁が後付け解釈をしたとしても、大統領選挙時までにその手続きが完了していない場合、マドゥロはコロンビア国籍を放棄したことにならず、二重国籍状態を解消できていなかったと考えられる。

社会主義思想への傾倒

マドゥロは左翼活動家の父親の影響もあり、一〇代から政治活動に参加していた。[*36] 父がメンバーだった急進左派政党、大衆選挙運動党（ＭＥＰ）に出入りし、中学・高校時代からすでに政治活動を始めていた。当時の同級生は、高校生のマドゥロが、ドゥグラス・ブラーボが設立した極左政治組織「断絶」（Ruptura）に関心をもっていたと証言している。[*37] ブラーボは先述のとおり、チャベス

デルシー・ロドリゲス外務大臣。エクアドルの首都キトのUNASUR外相特別会合で、2017年1月31日（Wikimedia Commons, author: Agencia de Noticias ANDES）

に多大な影響を与え、一九九二年クーデターをともに準備した元共産党ゲリラだ。マドゥロはのちに極左組織「社会主義同盟」でも活動していたが、その創設者ホルヘ・ロドリゲスは、マドゥロが絶大な信頼をおき、外務大臣や制憲議会議長、副大統領に任命してきたデルシーおよび同じくチャベス政権で副大統領などを歴任したホルヘ・ロドリゲスの父親だ。

マドゥロは一九八六年、二四歳のときに、社会主義同盟からキューバ共産党のイデオロギー教育機関「ニコ・ロペス」に送られ、一年間の政治思想教育を受けている。ニコ・ロペスには、中南米やアフリカからキューバ革命思想を学ぶための若者が集められていた。マドゥロはハバナでキューバ革命に対する強い忠誠心をみせ、カストロ兄弟、とくにフィデルの信頼を得た[*38]。つまりマドゥロは、チャベスより一〇年早くキューバの革命政権と信頼関係を築いていたのだ。

マドゥロは二九歳でカラカス市バス運転手の職を得、市バス労働組合を設立している。そして一九九二年一一月には、同年二月のチャベスが首謀したクーデターに続き発生した、ペレス政権打倒をめざすふたつめの軍事クーデターに民間人ながら参加している。*39

チャベスとの出会いから大統領へ

マドゥロがチャベスと出会ったのは、チャベスが一九九二年二月の軍事クーデターに失敗して獄中にいたのを、マドゥロが訪ねたときだ。マドゥロはチャベスの政治運動、「ボリバル革命運動党二〇〇」(MBR-200)に入り、チャベスが一九九四年に恩赦を受けて自由の身になって以降は、チャベスとともにその活動を広げていく。獄中のチャベスを訪問するなかで、彼の弁護士シリア・フローレスと出会った。その後、ふたりは長年事実婚状態にあったが、マドゥロが大統領に就任した際に結婚している(ふたりとも再婚)。

チャベス(中央)とニコラス・マドゥロ(左端)。1997年のMBR-200の会合で(Wikimedia Commons, author: ZiaLater)

チャベスが初めて戦った一九九八年一二月の大統領選挙の一ヵ月前に実施された国会議員選挙で、マドゥロは下院議員に選出され、初めて政治の舞台に登場した。その数ヵ月後にチャベスが新憲法制定のための制憲議会選挙を実施した際にはそれに立候補し、制憲議会議員となった。新憲法下で二〇〇〇年七月に実施された国会議員

マドゥロ（中央）と妻シリア・フローレス、左はディオスダード・カベージョ国会議長（当時）、2013年4月19日（Wikimedia Commons, author: Cancillería del Ecuador）

選挙でマドゥロは国会議員に選出され、二〇〇五年には国会議長を務めたが、翌二〇〇六年にはチャベス大統領によって外務大臣に任命され、二〇一三年に副大統領に任命されるまでその職にあった。

　マドゥロは、外務大臣としてチャベスの外交構想を忠実に実行し、信頼を獲得した。中米カリブ諸国との間では、優遇的な支払い条件（人材や食料などの物資とのバーター取引も含め）で石油を輸出する「ペトロカリベ」協定を結び、それらの国々のチャベス政権への支持をとりつけた。また、ボリビアのエボ・モラレス政権、エクアドルのラファエル・コレア政権、ニカラグアのダニエル・オルテガ政権といったラテンアメリカの急進左派政権との間の協力枠組み、中南米・カリブ海諸国の相互支援と協力、連帯、社会開発などを目的とした米州ボリバル同盟（ALBA）の協力関係を強化した。

　二〇一二年一〇月にがんとの闘いを続けながら大統領選に勝利したチャベスは、それまで七年間外政に専念させてきたマドゥロを副大統領に任命した。そしてそのわずか二ヵ月後に、がんの再発とキューバでの再手術を発表したチャベスによって、マドゥロは後継者に指名されたのである。

マドゥロは、前妻との間に一人息子、ニコラス（「ニコラシート」）がいる。また妻のフローレスは、先述したように獄中にいたチャベスの弁護士であり、マドゥロ同様にチャベスの信頼を得たチャベス派の有力幹部のひとりだ。二〇〇〇年の制憲議会議員、国会議員、検察庁長官、さらにマドゥロが外務大臣に任命され国会議長のポストを離れた際に、その後任として国会議長などを歴任している。

チャベス一族も多くの政治ポストを身内につける縁故主義《ネポティズム》がみられたが、マドゥロ政権下ではそれがさらに広がっている。とくに妻フローレスは、チャベス派のなかでももっとも多く親族に政治・行政ポストを与えてきた。[*40]数ではフローレスには及ばないが、マドゥロも大統領に就任して以降、政治経験がない息子のニコラシートにいくつかの公的ポストを与えてきた。ニコラシートは二〇一七年には制憲議会議員に立候補し、選出されている。マドゥロ政権は米国と対立する北朝鮮との関係も深めようとしているが、二〇一九年八月にはニコラシートが若手制憲議会メンバーとともに北朝鮮を訪れ、金正恩総書記の式典に参加している。[*41]

マドゥロ夫妻およびその親族には、汚職、マネーロンダリング、麻薬取引などの嫌疑がかけられ、夫妻や息子たちなどが米国やEUからの制裁対象となっている。制裁は、当該国への渡航禁止と、当該国内の彼らの資産凍結だ。国内では検察や司法をチャベス派が支配しているため訴追されないが、海外の司法当局の調査によって多くの疑惑が浮上している。

たとえば、二〇一五年には、フローレスの甥ふたりがカラカスから八〇〇キロのコカインをホンジュラス経由で米国に持ち込もうとした容疑で逮捕され、二〇一七年に米国で一八年の有罪判決を受けている。また、食料難を緩和するための輸入食料の配給制度（CLAP、第5章、第7章参照）をめぐり、マドゥロ一族の汚職疑惑に関する捜査がメキシコ、コロンビア、米国で進んでいる。コロンビア人企業家が、ニコラシートおよびシリア・フローレスやその三人の息子らを通してマドゥロ政権に近づき、CLAP用の食料の輸入契約をコロンビア人企業家に融通し、賄賂を受け取った容疑だ。[*42] また、ニコラシートは、米国による経済制裁で外貨が欠乏するなか、内陸部金鉱から金が違法に採掘され海外に売却されているスキャンダルの中心人物であるとの容疑もかかっている。[*43]

第4章　ボリバル革命と民主主義

第1章から第2章では、チャベスおよびマドゥロ両政権期の二二年を振り返り、第3章では、その背景にあるチャベスの政治思想やチャベスとマドゥロの人となりについてみてきた。本章以下では、チャベス、マドゥロ両政権期の経験について、政治や経済、社会などの諸側面からフォーカスをあて、さまざまな問いやテーマについて考えていく。

本章で取り上げるのは、以下のような問いだ。チャベス政権はいったいどのような背景で誕生したのか。チャベス、マドゥロ両政権はどのような特徴があったのか。そして、チャベス、マドゥロ両政権を通してどのように民主主義は溶解し、権威主義化していったのか、である。

1　なぜチャベス政権は誕生したのか

ネオリベラル改革への反動？

二一世紀初頭のラテンアメリカを見わたすと、一九九九年に誕生したベネズエラのチャベス政権に続き、メキシコやコロンビアをのぞく域内ほぼすべての国で左派政権が誕生した。その理由として、一九八〇年代から九〇年代にかけてラテンアメリカ諸国で広く採用された、ネオリベラル経済改革への反動との説明がしばしばなされる。

とくに急進左派政権の急先鋒だったチャベス政権の誕生は、そのような反ネオリベラル言説のなかで語られることが多い。ベネズエラでは一九八九年にネオリベラル経済改革が実施された直後に、それに反発した市民の抗議や略奪行為から、先の章でも触れた「カラカソ」と呼ばれる大暴動が発生し、数百人の犠牲者を出した。このことも、ネオリベラル経済改革に対して強い反発があったという印象を残している。

しかし、チャベス政権誕生をもたらした最大の要因は、ネオリベラル経済改革への反発や左派イデオロギーへの支持ではない。既存の政治制度がもたらす政治的閉塞感、伝統的政党や政治家に対する有権者の強い不満、そして政治変革への期待がチャベスを政権に押し上げたことは、一九九〇年代のベネズエラの状況が示している。三〇年以上政治を支配してきた二大政党やそれに属する政治家に対して、国民がノーをつきつけたことで政治的空白が生まれ、そこに既存の政治勢力とは無関係のアウトサイダー政治家が台頭する余地が生まれたのだ。

一九九〇年代に台頭した新しい政治リーダーはいずれも既存の政党に属さない独立系のアウトサイダーだったが、なかでも政治変革とそれを実現するための新憲法制定を公約に掲げ、国民の期待を集めて台頭したのが、チャベスだった。

なぜ一九九〇年代に国民が既存の政治に大きな不満を抱いていたかは後述する。その前に経済改革に対する国民の反発について確認してみよう。一九八九年のカラカソ大暴動に始まり、一九九〇年代前半までは、国民の間でネオリベラル経済改革に反対する抗議行動が頻発するなど、強い反発があった。しかし一九九〇年代後半には、そういった動きはあまりみられなくなっていた。一九九六年にはマクロ経済状況が悪化して、ふたたび経済改革が実施され、国内ガソリン価格が大幅に引き上げられたが、抗議デモや暴動はほとんど起きていない。

図4-1 ベネズエラ人のイデオロギーに関する自己認識（1998年）

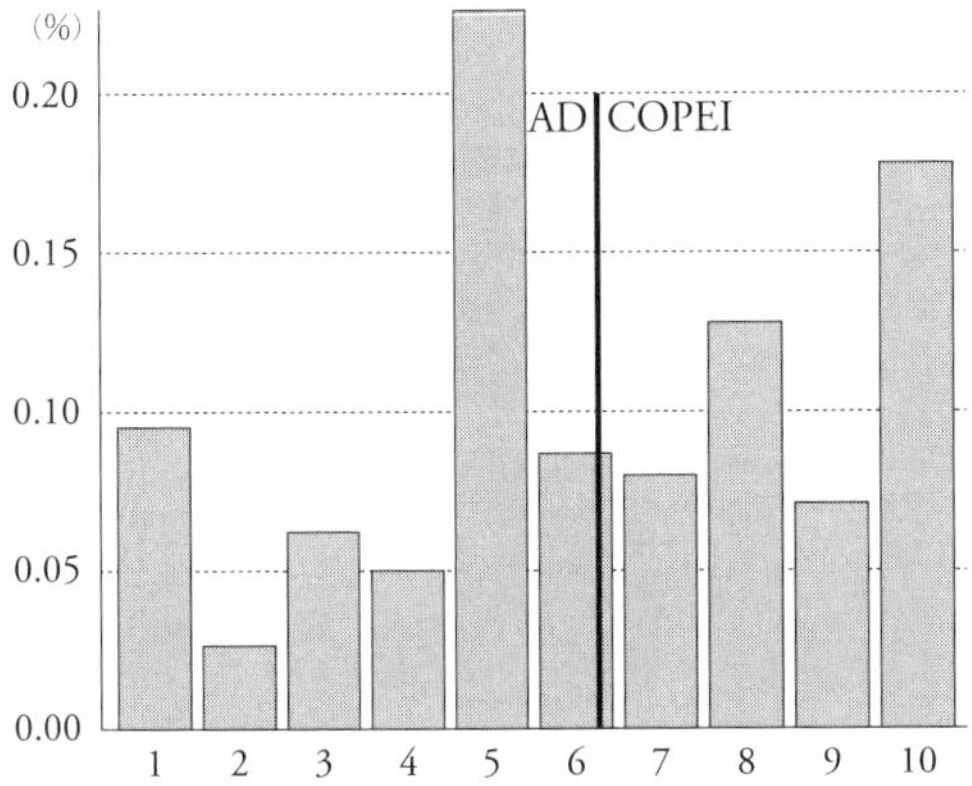

（注）１が極左、10が極右。ADとCOPEI党員の平均値は縦線だが、２本がきわめて近く、ほぼ１本の線となっている

（出所）Seawright（2012: 115）, Figure 5.1

また、この時期に実施された世論調査や国会議員選挙の得票率からも、チャベス大統領の初勝利の背景に国民の左傾化があったわけではないことが読みとれる。図4-1は、チャベス大統領が初選出された一九九八年に、市民に対してみずからのイデオロギー認識をたずねた調査の結果だが、国民の多くは中道で、全体的には左よりも右の方が若干多く、決して左傾化していたとはいえない。また大統領選挙の一ヵ月前の一九九八年一一月には国会議員選挙も実施されたが、下院選挙の結果をみると、中道から右派の諸政党の得票率の合計は六一％、チャベスを支持した左派政

党の得票率の合計は三七％となっている。これらからは、チャベス政権誕生の主因として、ネオリベラル経済改革に対する反動や国民の左派イデオロギー選好をあげることは難しい。

一九九八年大統領選挙の年の前半、チャベスがいまだ泡沫候補にすぎなかった時期に圧倒的支持を集め、当選間違いなしと見られていたのは、若き女性候補、イレーネ・サエスだった。サエスは伝統的政党と距離を置いたアウトサイダー政治家で、中道右派寄りの経済政策をとるとみられていた。カラカス首都圏のチャカオ市長を二期務めた実績と、ミスユニバース世界大会優勝者としての知名度で圧倒的支持を集めたサエスが一気に失速したのは、伝統的政党のひとつ、キリスト教社会党（COPEI）がサエス支持に回ったときからだった。それほど国民の伝統的政党に対する不信感は強かったのだ。また、中道右派のサエスが選挙戦前半で圧倒的だったことは、当時有権者が左傾化していたとはいえないことも示唆している。

サエス失速後の選挙戦終盤は、チャベスと中道右派候補のエンリケ・サラス・ロメルとの一騎打ちとなったが、そこでもうひとつの伝統的政党、民主行動党（AD）が同じ間違いを犯した。選挙のわずか数日前に、苦戦する自党候補を降ろして、チャベスの対抗馬サラス・ロメルを支持すると表明したのだ。これがサエスのときと同様に有権者の怒りを買い、チャベスへの決定的な追い風となった。

一九九八年大統領選挙の主要候補者、サエス、サラス・ロメル、チャベスの三人は、いずれも二大政党ではなく、個人政党から立候補した独立系候補だった。一方、一九八〇年代末まではあわせて九割の得票率を得ていた民主行動党（AD）とキリスト教社会党（COPEI）の二大政党は、大統領選での党の候補者の得票率がそれぞれ四%、〇・六%という無残な結果となった。[*1] つまり一九九八年大統領選挙の結果は、有権者による二大政党への強い拒否と、二大政党制崩壊が生んだ政治的空白に登場したアウトサイダー政治家への、政治変革の期待のあらわれだったといえる。

既存政治への不満

では、なぜ有権者はそこまで伝統的政党や政治家への怒りを募らせたのだろうか。ここでチャベス政権誕生前の政治状況を振り返ってみよう。

ベネズエラは、一九五八年の民主化以降三〇年以上、定期的に実施される比較的公正で透明な選挙によって、二大政党が政権交代を行う成熟した政党制民主主義を維持していた。その基礎となったのが、一九五八年の民主化時に取り交わされた「プント・フィホ協定」と呼ばれる政党間協定である。二〇世紀前半の長くて厳しい民主化闘争ののちにようやく実現した民主体制を維持するために、民主化運動を主導してきた三政党間(のちに一党が離脱)で、選挙結果の遵守やコンセンサス政治の実現、政治ポストのシェアなどについて合意された。

また、労使闘争の激化による社会の不安定化を避けるために、政労使間でも同時期に協定が結ばれた。国会の議席や中央銀行などのポスト、政治経済の意思決定へのアクセスを業界団体代表(Fedecámaras)と労組代表の労働総同盟(CTV)がシェアしたのだ。この政労使の三者協議体制は、選挙になれば得票マシーンの役割を果たすとともに、石油収入が企業や労働者に配られるチャンネルとしても機能していた。これらの団体は二大政党と関係が深く、政党間協定と政労使の三者協議体制が密接に重なりあうことで、ベネズエラ社会は「プント・フィホ体制」と呼ばれる強固な体制が築かれていた。

石油収入が拡大基調にあるときは、このシステムは政治社会を安定させるのにうまく作用した。しかし一九八〇年代以降の経済低迷期には、このシステムは強固だからこそ柔軟性に欠き、社会の変化に対応できず、徐々に排他性を孕むようになる。それまでのベネズエラは、ラテンアメリカのなかでは所得格差が相対的に小さく、分厚い中間層が存在していた。だが一九八〇年代以降二〇年にわたる経済停滞で、中間層が没落して貧困層が拡大した。雇用機会が減少するなかで就職できず、生活の糧を得るために道端で物売りをしたり家事手伝い、日雇い仕事を請け負うなど、雇用契約をもたない労働者、いわゆる「インフォーマル部門労働者」が増え、全労働者数の半分を超すほどになった。正規雇用労働者、とりわけ労組幹部は、政治と結びつくことで恩恵を得る一方、インフォーマル部門労働者は最低賃金や休暇などの法的保護をもたない。チャベスが最大の支持基盤としたのが、経済社会的にもっとも脆弱なこれらインフォーマル部門労働者だった。

一九八〇年代以降、石油収入の縮小と経済停滞のなかで、二大政党の「コゴジョ」と呼ばれる中央執行部の幹部たちは、有権者の利益を代表することなく、政党やその幹部の利益を守ることに終始したため、国民の間で政治的閉塞感が高まっていた。それを打破することをめざして、一九八〇年代末以降、政治制度改革や憲法改正を求める声が高まる。そのような時期に、大統領経験者を筆頭に二大政党の政治家や官僚の汚職がつぎつぎと明るみに出た。石油収入がしぼみ国民が貧困に陥る一方で、二大政党の政治家らが汚職で私腹を肥やしていることに国民は怒りを爆発させ、プント・フィホ体制の終焉と政治の刷新を求める声が高まった。

チャベスは、プント・フィホ体制へのアンチテーゼとして登場した。チャベスは、政党や議会を通して有権者が間接的に、そして選挙時のみ政治参加する代表制民主主義は、エリートによる政治支配のためのツールであるとして批判した。そして、それにかわり、有権者がそのような組織を介さずに直接的に政治に参加する「国民が主人公の参加民主主義」が真の民主主義であると訴えた。彼はプント・フィホ体制を、スペインからの独立より数えて歴史的に四つめの共和国（「第四次共和国」）と呼び、それを破壊して新たな政治体制「第五次共和国」をつくりあげることを公約にかかげた。彼の政党、第五次共和国運動党（MVR）の名称はこれに由来する。

ラテンアメリカでは、歴史的に「カウディージョ」と呼ばれる強い政治リーダーによるパターナリスト的支配（家父長による保護者的支配）の伝統がある。強いリーダーが父親のように支持者を保護して諸問題を解決する一方、支持者らはリーダーに従属する。ベネズエラでも一九九〇年代後半には、山積する問題を解決してくれる救世主の誕生を求める声が高まっていた。

選挙前の一九九七年に実施された調査では、どのようなタイプの大統領が望ましいかという問いに対して、四三％ともっとも支持を集めたのが、ペルーのフジモリ大統領だった[*2]。当時フジモリ大統領は、ハイパーインフレを収束させることに成功するとともに、左翼ゲリラを掃討し、日本大使公邸人質事件を解決に導くなど、数多くの政治経済的課題を解決していた。フジモリ大統領はチャベスと同じく伝統的政党出身ではないアウトサイダー政治家で、既存勢力にしがらみもなく、強権的と批判されながら改革を推し進めた。フジモリのようなアウトサイダーのストロングマン、救世主を求める声が、チャベスへの支持となった。

2 チャベス、マドゥロ両政権の特徴

大統領への権力集中

チャベス政権の最大の特徴は、大統領の権力強化と意思決定の集中である。それを可能にしたのは、新憲法の規定、国会の圧倒的多数派支配、そして選挙管理委員会や最高裁などあらゆる国家権力の掌握だった。チャベス政権初年度に制定された一九九九年憲法は、第1章でも触れたが、旧憲法と比べて大統領の権限が強化されている。旧憲法にはなかった副大統領ポストを新設して行政府を強化する一方で、旧憲法下では二院制だった国会を一院制に変更し、国会議員の数は上下院あわせて二六一人から一六五人[*3]へと減らした。

また旧憲法下では大統領および国会議員の任期はいずれも五年で、同時に選挙が実施されていたが、新憲法では大統領のみ任期が六年となり、旧憲法では禁止されていた連続再選も一度限り可能となった[*4]。その再選回数制限の撤廃も、一度は国民投票で否決されながら二度めの国民投票で承認を勝ちとったのは、第1章でみたとおりだ。

類いまれなカリスマと強いリーダーシップをあわせもつチャベス大統領は、政治・行政ポストや経済的恩恵の分配と引き換えに、みずからへの従属を求めた。チャベス大統領の意向に忠実な人物には、昇進や経済的恩恵が期待できるポスト（給与のみならず職責にかかわる不正で大きな収入が見

込めるものも含む）が与えられる。一方、チャベス大統領の意向に沿わないものは厳しく糾弾され、ポストを追われ、時には逮捕される。それらは大いに見せしめ効果をもった。その結果、政府、司法、検察、選挙管理委員会、軍、警察などあらゆる国家権力において、チャベス政権への忠誠や支持が人事における最重要の基準となった。

国会の支配

大統領への権力集中を可能にしたもっとも重要な要素は、国会におけるチャベス派支配の確立である。新憲法下で初めて実施された二〇〇〇年の国会議員選挙以降、「愛国軸」と呼ばれるチャベス派陣営は、三回の選挙で圧倒的多数を獲得した。第1章でもみたように、自動投票機と指紋スキャナーが導入された二〇〇五年国会議員選挙では、プログラム操作や秘密投票の原則が守られないのではとの懸念から、反政府派が国会議員選挙をボイコットし、チャベス派は全議席を獲得した。二〇〇〇年、二〇一〇年の国会議員選挙には反政府派は参加したが、チャベス派はあわせて五分の三以上の議席を獲得した。

五分の三以上の賛成票があれば、国会は大統領に対して一時的に立法権限を付与する、大統領授権法を成立させることができる。大統領は、国会での審議を経ずに法律を制定することができるため、ワンマン政治の最強のツールとなった。チャベス、マドゥロ両政権は、これを多用することで強力に政治経済変革を実現していった。

表4－1は大統領授権法が付与された期間とそれによって成立した法律の数を示したものである。

表4-1　大統領授権法により成立した法律

開始時期	期　間	成立した法律
チャベス期	72ヵ月	261
1999年	6ヵ月	53
2000年	12ヵ月	49
2007年	18ヵ月	59
2010年	18ヵ月	54
2012年	18ヵ月	46
マドゥロ期	21ヵ月	70
2013年	12ヵ月	44
2015年	9ヵ月	26
合　計	93ヵ月	331

（出所）Tosta（2015）、Da Corte（2012）より筆者作成

これをみると、チャベス期には一三年の任期のうち六年間にわたりチャベスにその権限が付与され、二六〇を超える法律が大統領の一存で成立している。マドゥロ期には、チャベス派が国会で過半数を失った二〇一六年までの三三ヵ月のうち二一ヵ月と、ほぼ三分の二の期間にわたり授権法が付与された。これだけの法律が、国会審議や公の議論なく大統領の一存で成立することで、立法過程はブラックボックスと化した。

チャベス派による国会の圧倒的支配は、最高裁や選挙管理委員会、検察などほかの国家権力に対する支配も強固なものとした。というのも、憲法ではそれらの組織のトップの任命権を、国会がもつからだ。憲法はそれら国家権力の独立性、公平性、政治的中立性を明記しているが、実際にはチャベス派が支配する国会によって、それらのポストはすべてチャベス派の人物が任命されてきた。また、それらの代表を選ぶには、それぞれ幅広い社会セクターが参加する候補者選出委員会の設置が憲法に明記されているが、ほとんどの場合そのプロセスも踏まれていない。

二〇一五年末の国会議員選挙で、チャベス派は初めて国会支配を反チャベス派に奪われた。憲法は国会に選挙管理委員会や最高裁メンバーの任命・罷免権を付与しているため、選挙管理委員会や最高裁のチャベス派支配も揺らぐ可能性が出てきた。そのふたつを失うと、チャベス派政権の継続

は困難になる。そのためマドゥロ政権は、反チャベス派に過半数支配を奪われた国会の立法権限を無効化するために、憲法秩序や民主主義の原則をいままで以上にあからさまに無視するようになり、権威主義化を一気に加速させた。

選挙管理委員会の支配

チャベス派政権の長期化を可能にした最大の理由は、選挙管理委員会をチャベス派が支配し、偏向した運営・決定をしてきたことである。選挙管理委員会の定員は五人だが、委員長を含め四人はチャベス派の人物が任命されてきた。たとえば、選挙管理委員長ポストを務めたホルヘ・ロドリゲスは、同ポストを離れたわずか数ヵ月後にチャベス大統領により副大統領に任命されている。政権与党選出の国会議員を九年務め、議員辞職して選挙管理委員に任命された者もいる。

チャベス派が支配する選挙管理委員会は、チャベス派有利となるように選挙区や選挙の時期を設定・変更してきた。二〇一〇年国会議員選挙の八ヵ月前には、全国二四州のうち八州で選挙区割りが突如として変更されたが、それは反チャベス派が優勢な州に偏重していた。当時、反チャベス派は六州で知事ポストを獲得していたが、選挙区割り変更の対象となった八州のうち六州、すなわち反チャベス派優勢の州はすべて選挙区割りが変更された。[*5]

また、二〇一五年国会議員選挙では、選挙管理委員会は選挙まで六ヵ月に満たない時期に突如として、ジェンダークオータ制の適用を発表した。これは各陣営ともに候補者数に対して男女いずれも四〇%以上でなければならないというものだ。反チャベス派の連合組織、民主統一会議（MU

D）は多数の政党から形成されているため、内輪もめを起こさずに選挙区ごとに統一選挙を決定するのは容易な作業ではない。二〇一五年国会議員選挙では、反政府派の民主統一会議は、一部は政党間の交渉により、一部は各選挙区での予備選挙で統一候補を決定していた。

選挙管理委員会は、民主統一会議が統一候補を決定したあとにジェンダークオータ制の適用を発表し、反チャベス派陣営を大きく混乱させた。反チャベス派陣営は、すでに決定していた各選挙区の男性候補を取り下げ、新たな女性候補を探すという、困難な課題に短期間で対応することを余儀なくされた。一方、与党ベネズエラ統合社会主義党（PSUV）は、もともと男女同数の候補を予定していたため、影響を受けなかった。[*6]

反チャベス派が国会で圧倒的多数派を獲得した二〇一六年以降は、選挙管理委員会は、よりあからさまに政治的中立性や公平性原則を無視するようになっていった。二〇一六年一〇月には、反チャベス派がマドゥロ大統領に対する不信任投票の実施を求めて署名集めを全国で行う準備をしていたところ、選挙管理委員会は地方裁判所の求めに応じて実施予定日のわずか六日前に署名集めを中止させた。[*7]

二〇一七年の制憲議会選挙では、一人一票の原則が崩された。選挙区ごとの投票で選出される三六四議席に加え、マドゥロ政権が選んだ市民社会組織などの代表に一七三議席が加えられる異例の選挙だった。[*8]そして二〇一八年の大統領選挙に向けては、反チャベス派の統一候補となることが目された主要リーダーのほぼ全員が、逮捕、亡命など立候補できない状況に追い込まれていた（前掲、表2－1）。くわえて、選挙管理委員会は、主要な反チャベス派政党を選挙に参加できない状況に追い込んだうえで、大統領選挙を実施しようとした。

反チャベス派陣営は、この二つの選挙は公平性や中立性を大いに欠き、非民主的であるとしてボイコットした。欧米や日本、大半のラテンアメリカ諸国も、このふたつの選挙は民主的選挙の基準を満たしていないとして、両選挙とも実施しないよう求めていた。しかし選挙管理委員会は国内外の批判に耳を貸さず、これらの選挙を強行した。

司法の支配

選挙管理委員会と同様、最高裁もチャベス派のメンバーが任命され、司法の独立性は消滅していた。それを象徴するのが、ルイサ・エステラ・モラレス最高裁裁判長の言葉である。彼女は「権力分立は国家を弱体化させる」[*9]と語り、国家的問題を解決するために国家権力間で協調すべきと呼びかける。また、エラディオ・アポンテ・アポンテ最高裁裁判官は、毎週金曜日に最高裁裁判長、検察庁長官、国会議長などが副大統領府に集まり、裁判の方向性が決められていたと告白している。[*10]

また、チャベス大統領が直接司法判断に介入したこともある。マリア・ルルデス・アフィウニ裁判官のケースである。二〇〇九年にアフィウニ裁判官は、裁判を受けることなく長期間拘留されていた被告を、法律にもとづき条件付きで釈放したところ、それがチャベス大統領の逆鱗にふれた。チャベス大統領は、「アフィウニ裁判官には三〇年の有罪判決を出すべき」と発言し、それを受けて彼女は逮捕された。[*11]逮捕の法的根拠がないにもかかわらず、アフィウニ裁判官は一〇年間拘留されたあげく、「精神的汚職」という、法律にない罪状で有罪判決を受けている。[*12]アフィウニ裁判官は、チャベス大統領の意に沿わない判決をくだすと逮捕され長期間拘束されるということを、すべての裁判官や検察官に示す見せしめとなった。

二〇一六年一月に反チャベス派が過半数を支配する国会が成立して以降は、第2章でも述べたように、最高裁はマドゥロ大統領とともに国会の立法活動をあからさまに妨害するようになった。二〇一六年一月から四月に国会が成立させた法律を、マドゥロ大統領はすべて最高裁に送り、最高裁はひとつを除く残りすべてに対して違憲との判断をくだして法律を成立させなかった。[*13] 二〇一七年三月には最高裁はさらに踏み込み、国会の立法権限を剝奪するとの決定をくだした。これは国内外からの強い批判を受け、数日で撤回せざるをえなくなったものの、二〇一七年八月にマドゥロ政権は制憲議会を設置し、それが国会にかわって立法権限を担うとした。

最高裁は、多くの反チャベス派国会議員に対して、議員の不逮捕特権を剝奪し、逮捕あるいは亡命に追い込んできた。二〇二〇年一月には、国会の少数派であるチャベス派および反チャベス派から離反した数名の国会議員らが、二〇二〇年度の国会議長としてルイス・パーラを選出した。一方、グアイドら議会で多数派を占める反チャベス派は、グアイドの国会議長再選と暫定大統領の再任を決定した。これについて最高裁は、議会内少数派であるチャベス派が選出したパーラが正統な国会議長であるとの決定をくだすとともに、これ以外の別の国会を設置することは禁止すると宣言した。[*14]

二〇二〇年一二月には国会議員選挙が予定され、チャベス派は国会支配の奪還をめざしている。反チャベス派や欧米をはじめとする国際社会は、選挙の透明性を確保するために、チャベス派が支配する選挙管理委員会の一掃を求めていたところ、二〇二〇年六月に最高裁が選挙管理委員会のメンバーを入れ替えた。憲法は、選挙管理委員会メンバーの任命権は国会にあると規定している。にもかかわらず、最高裁は国会の権限をふたたび奪い取り、また憲法が定める選挙管理委員会メンバーの選出委員会の設置などのプロセスを無視した。

最高裁はまた、反チャベス派政党の内部人事に対しても、不当な介入を繰り返してきた。[*15] 最高裁は、反政府派政党がみずから選出した党執行部の正統性を否定し、新たな党執行部メンバーを最高裁が決定するということを、二〇一一年以降八件も繰り返してきた。おもにそれらの政党から離反した者をその政党の新たな執行部メンバーとすることで、政党を分裂させたり、一部をチャベス派に取りこんできた。いうまでもなく最高裁にそのような権限はなく、政党の自由な政治活動と独立性に対する不当介入にほかならない。

二〇二〇年六月から七月にかけて、最高裁は反チャベス派の中核を担う第一義正義党（PJ）と民主行動党（AD）、そしてグアイドの大衆の意思党（VP）それぞれの執行部に対して同様の介入を行い、新たな執行部を一方的に発表した。三党はむろんそれを受け入れておらず、反チャベス派政党連合である民主統一会議（MUD）は一二月の国会議員選挙をボイコットした。

軍人の政治参加の拡大

チャベス、マドゥロ両政権下の政治の重要な特徴のひとつが、軍人の政治参加の拡大である。チャベスは、士官学校時代から軍人が政治や国家運営において中心的役割を果たすべきであるとの強い思いをもち、そしてみずからがその主人公となることを思い描いていた。その背景には、第3章でみたように、独立の英雄シモン・ボリバルや、ペルーのベラスコ将軍、パナマのトリホス最高司令官などへの傾倒がある。

若手将校チャベスの思いとは裏腹に、ベネズエラでは一九五八年の民主化以降、国軍や軍人の政治活動や政治介入が禁止され、国軍はあくまでも国防と民主主義の擁護者として位置づけられていた。というのも、ベネズエラは一九世紀から一九五八年までの長期にわたり、いくつもの軍事独裁政権の圧政に苦しんだ歴史があるからだ。そのため民主化後の一九六一年に制定された憲法では、軍が非政治的組織であること、国の安全保障とともに民主主義制度の安定を目的とした組織であること、そして共和国に奉仕するものであり決して個人や政治的党派のために仕えるものでないことが明記された。また、軍人には参政権は与えられなかった。

それに対して、チャベス政権初年度につくられた一九九九年憲法では、軍人に対して選挙権が付与された。政治広報活動や政党活動は禁止されている。また、国軍は特定の人物ではなく国家のために奉仕すると明記され、政治的党派性をもつことが禁止されている。

にもかかわらず、チャベス、マドゥロ両政権下では、軍の政治化が進んだ。ここでいう「政治化」はふたつの状態をさす。

ひとつは、憲法の規定とは裏腹に、軍人はチャベス、マドゥロ両大統領やボリバル革命への忠誠が求められるようになったということだ。象徴的なのは、二〇一二年大統領選挙を控えた時期に、ヘンリー・ランヘル・シルバ将軍が、「国軍は完全にチャベス大統領に忠誠を誓っている、軍は革命と結婚している、大統領選挙で反チャベス派の候補が選挙で勝利することを国軍は受け入れない」と発言したことである。[*16] 国軍が政治的党派性をもつことを禁止する憲法に抵触するとして、この発言は反チャベス派陣営から厳しく批判された。しかしチャベス大統領は批判を一蹴し、逆にランヘル・シルバ将軍を国防大臣に昇進させたのだ。これは、すべての軍人にはチャベス政権への忠誠が求められ、軍内部での昇進にも政権への忠誠が何よりも重要だというメッセージとなった。

もうひとつは、多くの軍人がチャベス、マドゥロ両政権下で政治ポストに就いているということである。一九九九〜二〇一三年の集計では、食料、内務、運輸の各省では、大臣経験者の七割前後が、そして工業、インフラ・住宅、通信関連大臣では五割が軍人だ。[*17] 選挙で選出される国会議員や知事ポストに就く軍人も多い。二〇一七年八月の報道では、三二大臣のうち一一人、二三州知事のうち一一人が軍人だ。[*18] また国営石油会社をはじめとする国営企業の経営陣、外貨拠出の許認可権を握る外貨監督局や食料配給制度のトップなど、経済的恩恵の大きい（不正によるものも含む）ポストも軍人に割り当てられてきた。

チャベス政権の初期には、旧憲法のもと国軍内部で育まれた、政治的中立性や民主主義の擁護者としてのアイデンティティを重視する軍人が、多くいた。しかしチャベスが二日間政権を追われた二〇〇二年の政変のあとに、自身を支持しない軍人を一掃したため、国軍はチャベス派で固められていった。みずからに権力を集中させ権威主義化を強めるチャベスに対して、批判に回る軍高官はその後も出たが、彼らは逮捕された。

一九九二年のチャベス主導の軍事クーデターをともに戦った盟友、ラウル・バドゥエル将軍もそのひとりだ。チャベスが二〇〇二年に政権を追われた際に、幽閉先のカリブ海の島からヘリコプターで救出した恩人でもあり、チャベス政権の国防大臣も務めた人物だが、チャベスから離反して、公にチャベスを批判するようになったところ、逮捕された。

軍出身のチャベス大統領と異なり、軍出身ではないため軍内部に支持基盤をもたないマドゥロ大統領は、チャベス以上に軍への依存を強めた。経済破綻と支持率低下で政権維持が困難を極めるなか、それでもマドゥロがかろうじて政権を維持できているのは、軍の支持をとりつけているためだ。そのためにマドゥロは軍高官の昇進人事を政治利用するとともに、政治権力や経済的恩恵を軍高官に分配している。

二〇一六年には、マドゥロ大統領は一九五人を将軍に昇進させ、その結果、ベネズエラはおよそ二〇〇〇人の将軍をかかえる国となった[*19]。また、閣僚ポストや経済的恩恵（不正によるものも含む）が大きいポストにも、さらに多くの軍人を任命している。二〇一七年一一月には、石油産業の経験がないマヌエル・ケベド将軍に石油大臣およびベネズエラ国営石油会社（PDVSA）総裁を兼任させる人事を発表したが、彼のもとでベネズエラの産油量はわずか一年で半減している。

軍の政治化が進んだ背景として、軍と政治に関する新憲法の条項があいまいであることが指摘できる。ひとつには、旧憲法では明確に「国軍は非政治的組織」と明記されていたが、新憲法ではそのかわりに、解釈に幅があり、狭義では「政党メンバーではない」という意味の言葉が使われている[*20]。つまり、政党活動さえ行わなければ国軍は政治的組織でありうるとの解釈も可能だ。

また、両憲法を比べると、もうひとつ旧憲法の重要な文言が新憲法では消えていることがわかる。旧憲法では国軍は「国防と民主的制度の安定を保障するため」に国家によって組織されると規定されていたが、新憲法では「独立と主権を保障し、国土を守るため」としか記載されておらず、「民主的制度の安定の保障」という文言が外されている。

3 民主主義の変質と権威主義化

「国民が主人公の参加民主主義」の変質

チャベス大統領は、有権者が選挙で代表を選出し、彼らを通して政治参加する代表制民主主義を「エリートによる政治支配の道具」として批判し、それにかわり、選挙以外にも日常的に国民が政治参加をする「国民が主人公の参加民主主義」を主張した。二〇〇一年には、カナダで開催された米州サミットで民主主義憲章が採択された際に、チャベス大統領は代表制民主主義に限定されるべきではなく、参加民主主義という文言を宣言に盛り込むよう主張し、宣言の承認を留保した。[*21]

参加民主主義の実践として新憲法下で導入されたのは、国民投票制度、最高裁や選挙管理委員会などのメンバー選出委員会への市民社会の参加、そして市政府における公共政策企画地方評議会（CLPP）および地域住民委員会だ。[*22] CLPPとは、市予算のうちコミュニティ開発にかかる部分の意思決定に、住民代表が参加する制度だ。チャベス大統領は、CLPPに参加する住民組織として、地域住民委員会の設立を国民に強く促し、それに呼応してチャベス支持者が多くの地域住民委員会を設立した。二〇〇八年の調査では、全国で約三万七〇〇〇の地域住民委員会が存在すると発表されている。[*23] とはいえ休眠状態にあるものも多く、実態は明らかでない。

地域住民委員会はコミュニティの自治会に似た組織だ。中央政府管轄の役所に登録する必要がある。登録されれば、市の予算配分を決めるCLPPに参加が許されるとともに、みずからのコミュニティで支出するための予算を中央政府から直接分配される。また、キューバ人医師を派遣する貧困地域に置かれた医療ポスト（第7章参照）の管理や、マドゥロ政権下では食料配給制度CLAP（第5章、第7章参照）の登録、管理なども担う。きわめて党派性の強い組織で、与党の地域支部と密接につながっており、反チャベス派住民による同委員会の登録は事実上閉ざされている。

しかし、この参加民主主義の制度は、チャベス大統領が「コミューン国家」構想を提唱するようになって、大きく変質した。コミューン国家は社会主義実現のための国家体制とされ、地域住民委員会はその末端組織として位置づけられたからだ。社会主義組織とされたことで、これらの制度は政治的に中立な組織ではなく、社会主義やチャベス政権に賛同しない国民が制度的に排除される国家構想であることが明確になった。

その構想では、地域住民委員会の代表が集まってコミューンが形成され、さらにその代表がコミューン市、コミューン国家を形成するとされた。そして、それらが、市・州政府、市・州議会といった、憲法が定める現行の代表制民主主義制度を代替するとされた。つまり、この国家構想が実現すれば、主権者たる市民の政治参加の場は地域住民委員会の役員を選出するコミュニティレベルの選挙に限定されることになる。現行制度では、中央、州、市ともに、首長および議員はすべて有権者による直接投票で選出されているのと比べると、国民の政治参加が事実上閉ざされた国家構想であったといえる。

その後、チャベス大統領の死去やマドゥロ政権期の政治経済的危機下で、コミューン国家構想は事実上頓挫した。とはいえ、チャベス大統領が参加民主主義をこのような性格のものに転換しようとしていたということは、留意すべきだろう。

民主主義の質の議論

政治学の分野では一九九〇年代から二一世紀にかけて、民主主義について再検討する流れがある。単に選挙の実施に注目するのではなく、民主主義の質を分析する議論が高まった。世界各国の民主主義の質については、計量的に比較分析するための指標がいくつか生まれている。選挙の公平性、市民の政治社会的自由、基本的人権の尊重、政治の透明性や説明責任など、さまざまな基準にもとづく指標が作成されている。ベネズエラはそのいずれにおいても、民主主義に関する指標がチャベス、マドゥロ両政権下で大きく低下し、世界で最低水準との評価を受けている。

政治的権利と市民的自由にもとづくフリーダムハウスの総合自由指数（二〇一八年）によると、ベネズエラの同指数は一〇〇点満点中一九と、二〇〇の国・地域のうち一七七番目で、ロシア、イランとほぼ同じ程度だ。ラテンアメリカではキューバに次いで低い。二〇〇二年の同指標は六〇弱で、その後、チャベス、マドゥロ両政権期を通して下がり続けた結果だ。[*24]

一方、世界正義プロジェクト（WJP）は、法の支配に関する六つの基準項目ごとの評価と、それらを組み合わせた全体評価を行っているが（表4-2）、ベネズエラは総合評価で対象国一二八ヵ国中最下位（二〇二〇年）というきわめて厳しい評価を受けている。

表4-2 ベネズエラの法の支配に関する国際比較評価（WJP）

	ベネズエラの指標	全対象国中の順位（128ヵ国）	ラテンアメリカ・カリブ内の順位（30ヵ国）
法による統治指標	0.27	128	30
・為政者の権力に対して法による制限が課されているか	0.17	128	30
・政府内に汚職は存在しないか	0.31	117	28
・政府はオープンか（情報開示、国民への説明責任、市民の政治参加促進など）	0.28	125	30
・基本的人権は尊重されているか	0.31	124	30
・市民と所有権の安全は保証されているか	0.48	123	30
・法律・行政規則などは公正に運用されているか	0.2	128	30

（出所）WJR Rule of Law Index〈https://worldjusticeproject.org/rule-of-law-index/factors/2020/, accessed on June 12, 2020〉より筆者作成

世界各国の民主主義の質を、選挙民主主義、自由民主主義、参加民主主義などの観点から指標化するのがV－Demの民主主義指標である。選挙民主主義とは選挙の公平性や透明性を、自由民主主義は市民の政治社会的自由を、参加民主主義は選挙以外の政治参加の機会も含めて有権者の政治参加を、評価するものだ。そのいずれにおいても、ベネズエラはチャベス政権誕生前の一九九八年以降評価が下がり続けている（図4－2）。V－Demの二〇一九年報告では、ベネズエラは評価対象国一七九ヵ国中一七五番目と、こちらもやはり厳しい評価だ。[*25]

このように民主主義をいくつかの基準に照らし合わせて評価する動きが広がった背景には、選挙は実施しながらも実際の政治運営や社会統治の状況が民主的とはいいがたく、むしろ権威主義的といえる政権が世界各地で見られるようになったことがある。このような政権に関して

政治学では、民主主義と権威主義の「ハイブリッド体制」、あるいは「選挙権威主義」「競争的権威主義」といった概念が使われている。競争的権威主義は、政権の候補者が選挙で敗北する可能性が一定程度ある、つまり競争性が残るという意味で「競争的」という言葉が使われている。[*26] 後述するように、チャベス政権期および二〇一五年末までのマドゥロ政権期は、この競争的権威主義体制とみなすことができるだろう。

図4-2　ベネズエラの民主主義指標の推移（V-Dem）（1998〜2019年）

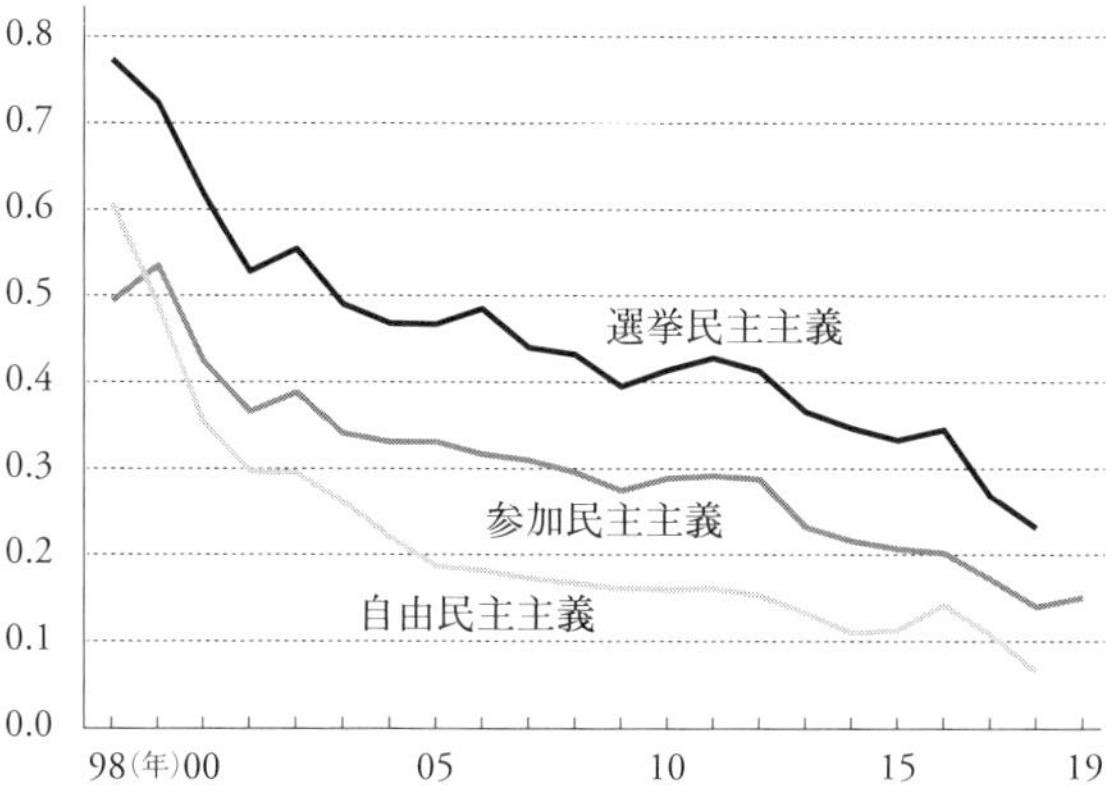

（出所）V-Dem データベース〈https://www.v-dem.net/en/analysis/CountryGraph/, accessed on February 17, 2020〉より筆者作成

選挙と民主主義の後退

二一世紀初め以降世界各地でみられる民主主義の後退について、興味深い点が指摘されている。従来は、選挙で勝ち目がないなど民主体制下では劣勢な政治アクターが、クーデターなど非民主的手段をとることで、民主主義の弱体化や中断が起きていた。しかし、二一世紀の民主主義の後退は、それら歴史的な経験とは様子が異なり、選挙で勝利し政権に就いた政権担当者みずからが民主的制度を攻撃することで、民主主義が後退している。[*27] チャベスが選挙で勝利を重ねながら、国会、選挙

管理委員会、最高裁、検察、マスメディアなど、民主主義を支えるべき国家権力に対する支配を広げて民主主義を侵食していったのは、その好例といえるだろう。

ベネズエラの民主主義の後退をもたらした要因のひとつが、選挙である。国政レベルだけで、チャベス政権期の一三年間には大統領選挙が三回、国会議員選挙が三回、国民投票が六回実施されている。このようにひんぱんに選挙を実施し、そのほぼすべてで勝利を重ねることで、チャベス政権はみずからの政権の民主性を強調してきた。しかし選挙自体が中立でなく、公平性や透明性に欠ける場合、選挙の実施はむしろ民主主義の質を低下させる。

選挙の不正には、二重投票や投票用紙の隠蔽、集票上の不正など、選挙当日の投票・集計に関するものと、選挙のルールや手続きの操作、公金の不正利用やメディアへの露出偏向など、選挙日の前や後に行われるものがある。従来の国際選挙監視団の活動は、前者の監視に集中しており、後者については十分な監視がされてこなかった。近年は、投票・集計など投票日そのものの不正よりも、選挙キャンペーン中や選挙後に選挙の公平性を損なうような行為や操作が増えている。

公正な選挙の実施には、何よりも政治的に中立、公正で透明な選挙管理委員会の選出が不可欠である。ベネズエラでは、選挙管理委員会と司法をチャベス派が支配することで、政権によるそのいずれのタイプの不正や選挙操作も不問に付されてきた。[*28]

たとえば、チャベス派の選挙キャンペーンに公金や国営企業などの公的施設と公務員を大量に動員する。公務員や国営企業従業員にチャベス派候補への投票を強要し、従わない場合は解雇を示唆する。国営放送や、民放にも放送を義務づける「カデナ」と呼ばれる政府放送を選挙前に多用して大統領の露出を増やしたり、政権による食料や住宅の提供プログラム（「ミシオン」、第6章参照）の成果を喧伝する。特定の有権者の投票場所を突然変更し、反チャベス派有権者を混乱させる。チャベス大統領がみずから対抗馬候補に対して、「逮捕する」「戦車を送り込む」など、身の安全を脅かす発言を繰り返す、などである。

ベネズエラでは、投票するためには有権者は事前に選挙登録を済ませる必要がある。反チャベス派は、この選挙登録に大規模な不正があるとみており、その確認を求めてきた。たとえば、チャベス派有権者の二重登録、チャベス政権を支持する外国人をベネズエラ人有権者として登録するなど、チャベス派の登録有権者を水増ししているとの疑惑だ。

また、チャベス、マドゥロ両政権下では、大統領不信任投票を求めた署名者のリスト、すなわち反チャベス派市民のリストである「タスコン・リスト」（第1章参照）と自動投票機、指紋スキャナーの利用などで、秘密投票の原則が守られないとの不安が反チャベス派市民の間で根強い。チャベス、マドゥロ両大統領ともに、タスコン・リストを選挙キャンペーンで利用したことや、みずから に投票しなかった元チャベス派有権者の氏名や身分証明書番号を確保しているなどと、発言している。実際にそれらの投票システムで投票先がわかるかどうかとは別に、政府がそのような不安を反チャベス派に与えること自体が、公正な選挙に対する妨害行為である。

競争的権威主義から権威主義へ

チャベス政権は、選挙や国民投票を多用しながらも、政治意見の多様性を認めず、反チャベス派政治家への抑圧や、タスコン・リストに名前がある反チャベス派市民に対する経済社会的差別、マスメディアへの抑圧など、政権運営は民主的というよりはむしろ権威主義的だった。選挙や国民投票は、チャベス派が支配する選挙管理委員会のもと、中立性、公平性、透明性に欠けるものであったとはいえ、一党支配体制下の国のように一〇〇％与党に勝利がもたらされるというわけではなく、不公平ながらも反チャベス派候補が勝利する余地が残っていた。実際、チャベス政権は二〇〇七年の憲法改正案を国民投票で否決されているし、マドゥロ政権は二〇一五年末に国会議員選挙で大敗を喫している。その意味で、チャベス政権期および二〇一五年末までのマドゥロ政権は、先述のように「競争的権威主義体制」であったといえるだろう。

だが、二〇一五年国会議員選挙で反チャベス派に大敗して国会の支配を失って以降のマドゥロ政権は、競争性を残す余裕を失い、選挙にあたっての不正や操作が大きく増加した。チャベス期一四年間の選挙不正・操作が五六件であるのに対して、マドゥロ政権は当初の五年間だけで、それを上回る六一件が確認されている[*29]。

なかでも、チャベス派政権維持のためにきわめて重要な二〇一七年の制憲議会選挙と二〇一八年の大統領選挙は、以下に述べるように競争性が失われ、チャベス派勝利が確約された出来レースとなった。制憲議会選挙では、選挙区ごとに選出される三六四議席、先住民枠八議席に加えて、マドゥロ政権が指定する市民社会組織の代表に一七三議席が与えられるという、きわめて異例な選挙方式がとられることが事前に公表された。

議席枠を与えられた地域住民委員会や公務員労働者、石油部門労働者の代表枠、チャベスが展開した無料の教育プロジェクト（ミシオン）の学生枠などは、チャベス派候補のために事前に囲い込まれた議席といえる。[*30] 反チャベス派陣営は、不公平な選挙に参加すれば、その結果に正統性を付与することになるとして、この選挙をボイコットし、その結果チャベス派が一〇〇％支配する制憲議会が誕生した。

二〇一八年の大統領選挙は、第2章で述べたように、選挙管理委員会が事前に反チャベス派の政党や有力リーダーを締めだしたうえで実行したものである。選挙管理委員会は、反チャベス派の有力政党および反チャベス派の政党連合「民主統一会議」（MUD）の双方が選挙に出られないように仕向けた。また、反チャベス派の有力政治リーダーの大半が立候補できない状況に置いたうえで選挙を実行した。そのため反チャベス派は、制憲議会選挙同様に大統領選挙をボイコットし、その結果マドゥロが「再選」された。

このように、二〇一七年の制憲議会選挙と二〇一八年の大統領選挙は、いずれも競争性が完全に排除されたチャベス派勝利の出来レースだった。ベネズエラの民主主義は完全に消滅し、競争的権威主義から権威主義に移行した。

人権抑圧の強化

チャベス、マドゥロ両政権下では、政権にくみしない政治家、労組リーダー、一般市民、メディアなどへの抑圧が時間とともに強まった。反チャベス派政党の主要リーダーの多くが逮捕されるか、逮捕を免れて海外に亡命せざるをえない状況に追い込まれている。反チャベス派の抗議行動に参加した非武装の一般市民や学生なども逮捕されている。政治的理由で拘束される政治犯の数は、時によって数百人から一〇〇〇人近くにのぼる。その多くは司法手続きを経ないまま長期間拘束されている。

支持率低下と政治経済危機に直面しているマドゥロ政権下では、政権死守のためにチャベス期以上に、治安や政権維持のための弾圧や人権侵害が広がっている。軍内部にもマドゥロ政権に不満を抱えるものが出てきており、小規模の造反が続いた。それらを事前に食い止めるために、国家ボリバル情報部（SEBIN）や軍事カウンターインテリジェンス局（DGCIM）による、軍内部での検閲強化と潜在的造反者の洗い出しが強化され、軍人の政治犯が増えた。二〇一九年五月の報道では、八五九人の政治犯のなかには九七人の軍人が含まれていた。[*31]

拘束された政治犯は収容施設で劣悪な環境に置かれていることや、内部で拷問や性的暴力など非人道的行為が行われていることが、リークされた情報や動画などで公になった。収容施設からの落下事故や自殺で命を落とす政治犯も出ている。二〇一九年には、造反容疑で逮捕されたラファエル・アコスタ少佐が、拷問のすえに瀕死の状態で法廷に車椅子に乗せられて出廷した直後に死亡している。

ベネズエラの人権状況については国際社会からも強い批判が寄せられている。二〇一九年七月には、国連人権高等弁務官ミチェル・バチェレがベネズエラの人権報告を国連に提出した。[*32] そこでは、政府発表の数字として、「当局への抵抗」が原因で五二八七人が命を落としていることが報告されている。とりわけ、二〇一七年に設置された特殊部隊（FAES）による過剰な暴力が強く非難されている。二〇二〇年九月に国連が発表した詳細な報告書では、マドゥロはじめマドゥロ政権のメンバーが治安・情報部門を監督し、市民や政治犯に対する非人道的対応の命令を出すなど、マドゥロ政権の責任について、さらにふみこんで糾弾している。[*33]

第5章　国家経済の衰亡

ベネズエラ経済は、マドゥロ政権下の二〇一四年以降に坂を転げ落ちるように加速的に悪化し、経済破綻状態に陥った。実質経済成長率は六年連続マイナスで、とくに二〇一六年以降の五年間は毎年一五％から二〇％を上回る厳しいマイナス成長に見舞われている。その結果、国内総生産（GDP）は驚くことに三年間で半分にまで縮小した。インフレ率は一三万％（二〇一八年）に達し、通貨ボリバルの価値は紙くず同然となった。チャベス政権下で累積した対外債務の支払いは滞り、二〇一九年にはほぼすべてがデフォルト（債務不履行）状態にある。

この未曽有の経済破綻はいったいなぜ起こったのだろうか。

1　チャベス、マドゥロ両政権期の経済危機

チャベス期に始まった経済危機

トイレットペーパー一ロールを買うのに必要な紙幣の山、食料不足でやせ細った人びとの写真な

図5-1　国際石油価格と経済成長率の推移（1998～2019年）

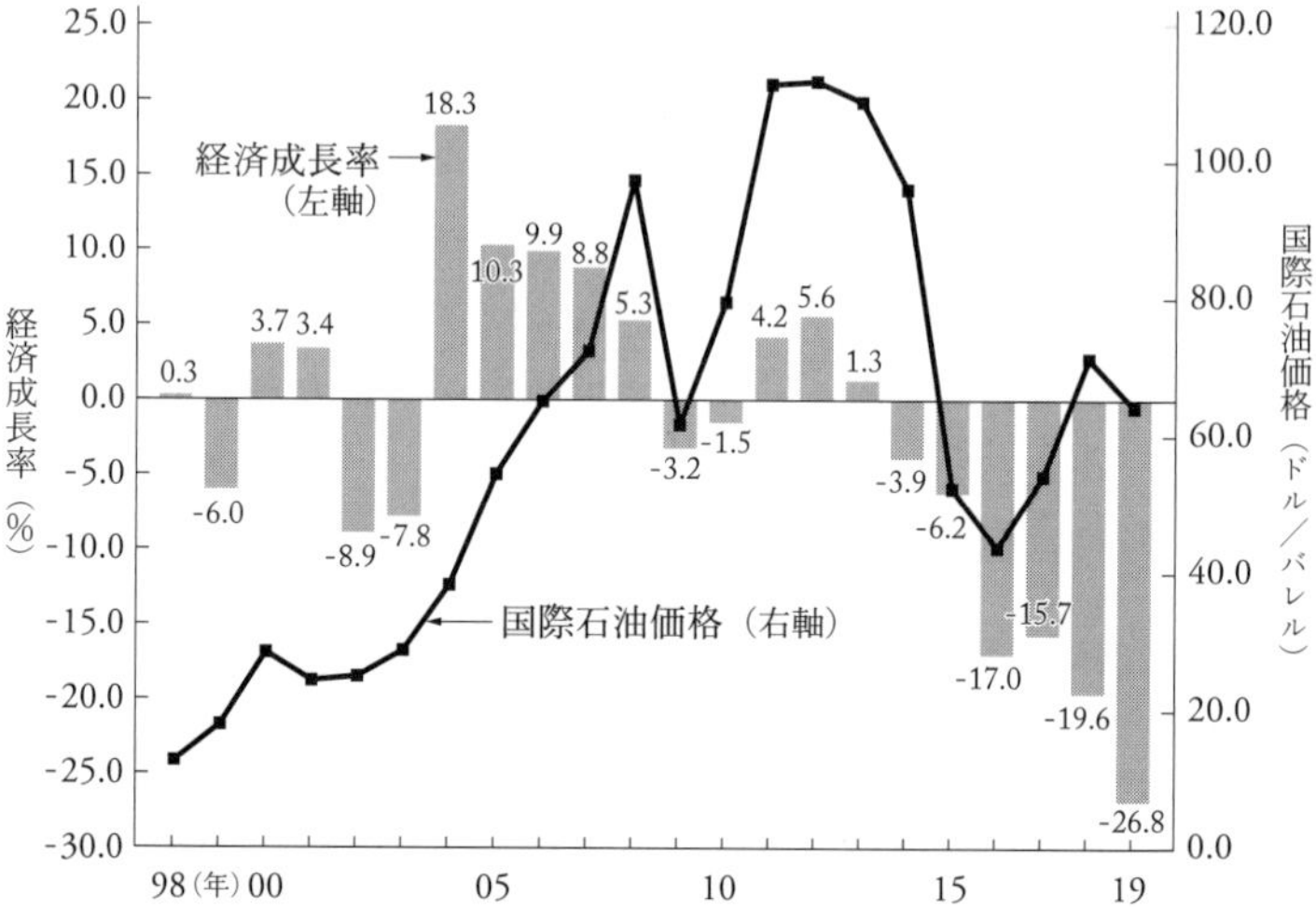

（注）国際石油価格はブレント価格。2019年経済成長率は第１四半期の前年同期比
（出所）経済成長率は Banco Central de Venezuela website〈http://www.bcv.org.ve/, accessed on July 29, 2020〉、国際石油価格は BP（2020）より筆者作成

ど、ベネズエラの経済破綻のニュースが日本を含む国際メディアで流れるようになったのは、マドゥロ期になってからだ。しかし、インフレ、国内生産活動の低迷、基礎食料品の不足、外貨不足、公定為替レートの過大評価など、マドゥロ政権下の経済諸問題はいずれも程度の差はあれ、チャベス政権下ですでに表面化していた。

筆者はチャベス期後期の二〇〇九～一一年に二度目のカラカス生活をしていたが、食用油や砂糖、牛乳などが入手できずに困ったものだ。チャベス政権誕生前の一九九〇年代後半に初めてカラカスで生活をしたときには、ほぼすべて国産だった牛乳や食用油も、チャベス期後期には国産品が出回らなくなり、輸入品に切り替わった。それもしばしば店頭から消えた。

マドゥロ政権は、チャベス政権の経済政策を忠実に継続してきた。経済成長率がマイナスに陥り（図5-1）、ハイパーインフレが加速しても、経済政策を転換しなかった。マドゥロ政権は、チャベス政権の経済政策がもたらしたマクロ経済の歪みや国内生産部門の弱体化、累積した対外債務といった多くの負の遺産も引き継いだうえで、厳しい経済のかじ取りを余儀なくされている。マドゥロ期に経済が破綻した根本的原因は、チャベス期以来の経済政策がベネズエラ経済に構造的ダメージを与えたこと、そして経済状況が悪化の一途をたどるなか、マドゥロ政権がそれを修正しなかったことにある。たしかに、二〇一四年以降の国際石油価格の下落や二〇一七年以降の米国による経済制裁は、ベネズエラ経済に打撃を与えた。だが、それらは経済危機の主因ではなく、すでにそれ以前に深刻化していた経済危機に対する追加的ブローにすぎない。

経済政策の急進化

「二一世紀の社会主義」を標榜し、舌鋒鋭く反米ナショナリスト的言説を繰り返したチャベス大統領だが、就任当初から反資本主義や反米ナショナリスト的スタンスをとっていたわけではない。むしろ政権に就いた初めの三年間は財政規律を重視し、穏健な経済政策を前政権から踏襲していた。チャベス大統領は、この時期には外資誘致にも積極的で、一九九九年六月にニューヨーク証券取引所を訪問した際は笑顔で取引終了の鐘を鳴らし[*1]、二〇〇〇年には通信産業への外資参入を認めている[*2]。

しかし、二〇〇三年ごろからチャベス政権は穏健な経済政策を転換し、それまでの抑制的な財政運営を一転させ、財政支出を著しく拡大させるとともに、価格統制や為替統制など経済活動への国家介入を拡大させていった。これは、二〇〇二年四月に政権を二日間追われた政変や、同年末のチャベス退陣を求めるゼネストの翌年で、大統領不信任投票など政治対立が先鋭化した時期にあたる。政権維持のために支持率の引き上げが不可欠な状況下で、貧困層をターゲットにした多様な開発プロジェクトや公共投資の拡大が行われた。

一方で、このころから国際石油価格が上昇して財政拡大の余裕が生まれた。二〇〇七年以降経済活動への国家介入はさらに拡大し、既存企業や農地の国有化や接収が大規模に始まった。電話、電力、製鉄、および外資が操業する石油事業の国有化を宣言したのに始まり、アルミ精製やセメントからトウモロコシ粉や乳製品にいたるまで多様かつ多数の製造業企業、農場および都市部の土地や建物などの国有化・接収を進めていった。

これらチャベス政権の経済政策は、製造業や農業部門の投資を冷えさせて生産部門の足腰を弱らせるとともに、財政赤字やインフレ、為替レートの歪み、対外債務の累積などをもたらした。制度を逸脱しインフォーマルに運用された際限なき財政支出と、経済活動に対するアドホックで広範な国家介入が、その後マドゥロ政権下で経済が破綻した最大の原因である。

以下では、チャベス政権の経済政策と照らし合わせながら、ベネズエラ経済がどのように転落していったのかをみていこう。

2　財政支出の際限なき拡大

石油収入と財政肥大

ベネズエラは世界有数の石油国であり、石油部門からの利権料や特別石油法人税といったかたちで石油輸出収入が直接国庫に入る。そのため財政政策はその石油収入の分配としての機能が色濃い。石油収入を原資とした財政支出や公共投資、社会サービスの拡大は、チャベス政権に限ったことではなく、歴代の政権にもみられた特徴である。とはいえ、二〇〇三年以降のチャベス政権の財政支出の拡大は、その規模および質（インフォーマル性）の両面において異次元だった。

チャベスが初めて政権に就いたときに、国際石油価格は一バレル一〇ドル台と低迷していた。二〇〇三年以降は上昇に転じ、二〇〇八年のリーマンショックで一時的に下落したもののすぐに回復し、その後五年間は一バレル九〇～一一〇ドルと高止まりした。チャベスは、ベネズエラの歴史のなかでもっとも高い石油価格と、それがもたらす豊かな石油収入に恵まれた大統領であった。さらにチャベス政権は、石油部門に対する利権料や石油税率を引き上げ、石油の輸出収入からの国庫取り分を拡大させた。その結果、チャベス政権下では財政収入が大きく拡大する一方で、財政の石油依存度は、同政権誕生前（一九九八年）の三三・二%から四〇～五〇%台へと上昇した。[*3]

石油価格の上昇による財政収入の増大に恵まれたチャベス大統領は、二〇〇三年ごろから財政支出を拡大させはじめた。港湾や鉄道などのインフラ整備、低所得者向けの住宅整備、「ミシオン」

と呼ばれる教育や医療、食料供給など多数の社会開発プロジェクト、国営企業や公務員の増加、国内ガソリン価格をほぼ無料に据え置くための補助金などで、石油収入の拡大を上回る規模で財政支出は拡大を続けた。財政支出のGDP比は、チャベス政権誕生直前（一九九八年）の二八・八%からチャベス期には四〇%前後にまで拡大している。[*4]

その結果、二〇〇六年以降財政赤字は拡大が止まらず、二〇一〇年以降は財政赤字がGDP比で一〇%を超え、二〇一五年以降は二〇%を超えた。特筆すべきは、国際石油価格が上昇していた時期にも財政赤字が拡大を続けたということだ。二〇一〇〜一四年には、石油価格は一バレルあたり九〇ドル以上の高水準にあったにもかかわらず、財政赤字はGDP比一〇%を超えていた。

不透明でインフォーマルな「第二の国家予算」

チャベス政権の際限なき財政支出と赤字の拡大は先述したとおりだが、実はチャベス政権による支出は、それにとどまらない。チャベス大統領は、国家予算の枠組みとは別に、巨額の資金を別枠で獲得し、政府の一存で支出できる三つの「打ち出の小づち」とその迂回組織というべき仕組みをつくりあげていたからである。そのため、実際の支出額は財政指標で示される数字よりもはるかに大きかった。これらは正式な国家予算ではないため国会で審議されることがなく、その支出理由や基準も不透明で、支出後の報告義務もないブラックボックスだ。

ひとつはベネズエラ国営石油会社（PDVSA）である。チャベス大統領は「革命的PDVSA」というスローガンのもと、PDVSAを彼が推進する「ボリバル革命」の資金源、そして直接的な担い手として位置づけた。PDVSAに対しては、利権料や石油法人税など法律で制度化された国庫拠出金のルートがある。しかしチャベス大統領はそれに加え、別ルートの資金チャンネルをつくりあげた。

それは、PDVSAに政府の借入を肩代わりさせ、社債を発行させるやり方だ。そしてPDVSAの売り上げや社債発行で獲得した資金を、直接的あるいは国家開発基金（FONDEN）を経由して、政権が推進する社会開発プロジェクト「ミシオン」に拠出させた。後掲の表7-1は、社会開発支出の八割は通常の国家予算の枠組みではなく、PDVSAから支出されていることを示している。つまり、社会開発支出の八割は国会での承認を得ていないということだ。PDVSAは、食料販売から医療プロジェクト、教育プロジェクト、省エネ電球の製造にいたるまで、本業の石油事業とは無関係の多くの事業を担わされてきた。

ふたつめの「小づち」は、中央銀行である。チャベス大統領は大統領令で中央銀行法を改正して中央銀行への介入を強め、法律や制度を無視して資金を出させようとした。象徴的なのは、二〇〇四年にチャベス大統領が中央銀行に対して「一〇億ドルぐらい、いいじゃないか」と、公の場で繰り返し強く求めたことだ。[*5] そして、このように中央銀行をインフォーマルかつ恣意的に使うことが常態化したことが、のちにマドゥロ政権下のハイパーインフレにつながっていく。

それらの「小づち」からの資金の多くを、国会での承認や説明責任を負わずに流す迂回組織が、国家開発基金だ。石油価格が上昇していた二〇〇五年に設立され、拡大する石油輸出収入をPDVSAと中央銀行から政府に還流させる迂回組織として機能してきた。同基金は二〇〇五〜一二年までの七年間で一〇〇〇億ドル近い石油収入を受け取っており、石油部門から政府に流れる資金の四分の一は国家開発基金経由、公共投資の半分が同じく基金経由と報じられている。[*6]

国家開発基金は財務省傘下に設置されたが、事実上チャベス大統領のコントロール下にあり、その運営や支出に関しては国会の審議・承認を経ることはない。支出内容には、通常の国家予算から支出されるインフラ整備や教育・医療プロジェクトなどに加え、アルゼンチンなどチャベス大統領が支援する南米左派政権が発行する国債の購入や、ロシアからの武器購入、またハイリターンをねらって破綻前のリーマンブラザーズ株の購入などにもあてられたと報じられている。[*7]

三つめの「小づち」は、国家予算時の想定石油価格をめぐる操作である。ベネズエラでは国家予算策定時に、予算算出ベースとなる想定石油価格を、毎年市場の動きを分析しながら推計する。チャベス政権は、それを著しく低く設定することで、予算策定価格と実際の輸出価格との差が追加的に特別収入として入る仕組みをつくりあげた。

たとえば、二〇一一年から二〇一四年半ばまで国際石油価格は一バレル九〇〜一〇〇ドルを推移していたが、政府は毎年一バレル四〇〜五五ドルと、約半分の水準で国家予算を策定していた。その結果、現実に即した石油価格で予算が組まれていれば国会審議・承認の対象となるはずだった石油収入の約半分が、はじめから特別収入に振り分けられる仕組みになっていたのだ。チャベス派が支配する国会の審議も決して政権に対してチェック機能が働いていたとはいいがたいが、これらの「小づち」はもともと制度上チェックの対象にもなっていなかった。

国会で承認された予算額をはるかに上回る資金が、これら制度化されない「小づち」から打ち出され、使途はチャベス大統領の裁量に委ねられブラックボックスとなっていた。このようなインフォーマルで不透明な財政運営がチャベス政権期以降常態化し、規模が膨らんだことが、マドゥロ期の経済破綻の理由のひとつである。

図5-2　公的対外債務残高の推移（1999～2017年）

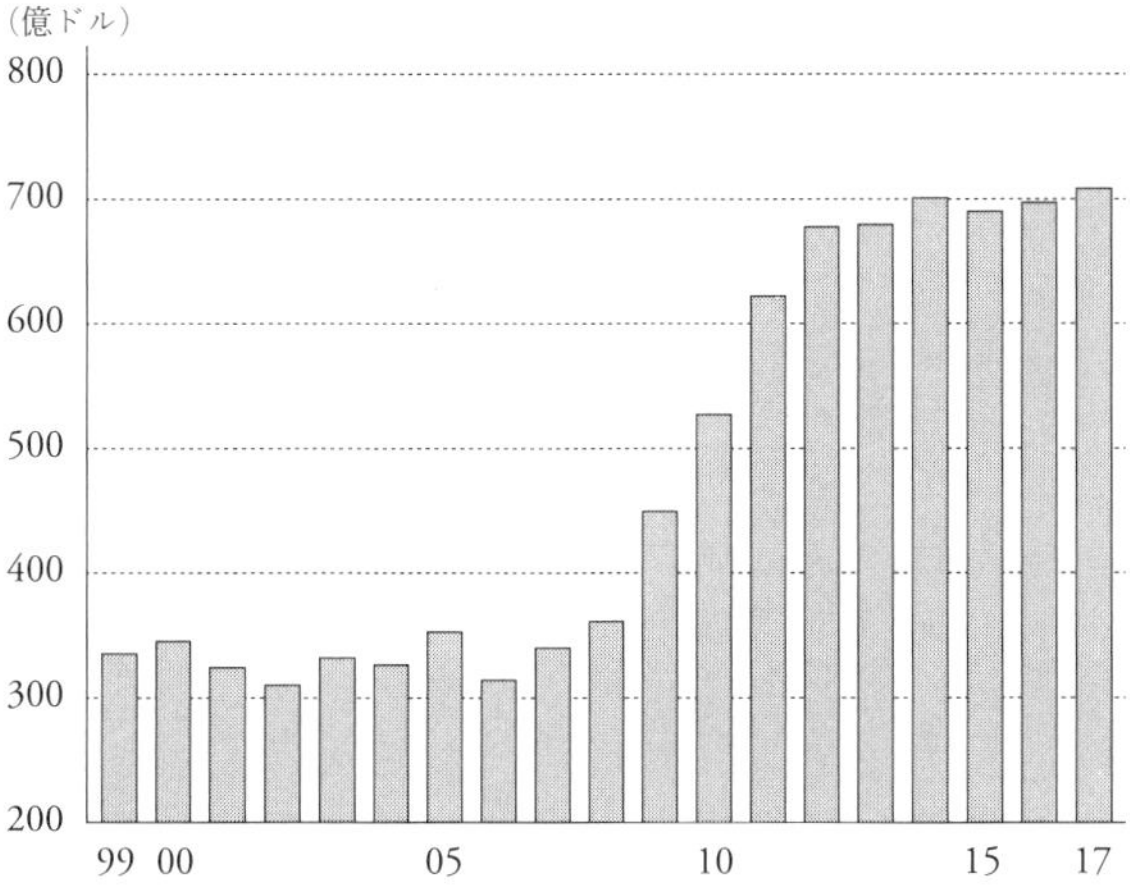

（注）公的に保証された債務も含む
（出所）World Bank Databank〈https://databank.worldbank.org/home.aspx, accessed on February 10, 2020〉より筆者作成

対外債務の拡大

赤字を拡大させながらもチャベス政権は財政拡大路線を緩めず、その不足分を海外からの借入で充当した。その結果、ベネズエラの公的対外債務の残高は、チャベス大統領が政権に就いた一九九九年の三三五億ドルから二〇一三年には六八〇億ドルと、二倍に膨れ上がった（図5－2）。

チャベス政権は、現地通貨で購入可能な外貨建て国債とPDVSAの外貨建て社債の両方を通して資金調達をしていた。PDVSAは、後述するように、政府に対してインフォーマルに多くの資金を拠出させられており、そのため高石油価格に沸いた時期でさえ資金難にあえいでいた。PDVSA社債も間接的に政府の支出のための資金調達だった。チャベス政権下で発行されたこれら国債とPDVSA社債の支払いが、のちにマドゥロ政権に重くのしかかっていく。

また、チャベス政権は、中国から「チャイナ・ファンド」と呼ばれる合計六〇〇億ドルを超える資金を借り入れた。[*8] これは、石油開発に加え、医療、教育、食料供給、貧困層向け住宅建設などの社会開発プロジェクトに充てられた。

中国からの借入は、将来にわたり石油で現物払いすることになっているため、これもマドゥロ政権にとって大きな負の遺産となった。産油量が減少するなかで中国に石油を送っても、それはチャベス政権期の債務の支払いであるため、一ドルも外貨を稼げないからだ。二〇一四年九月には、一日あたり五二・四万バレルの石油を中国に送っていた。[*9] つまり、チャベス期の財政肥大をまかなったチャイナ・ファンドの返済のために、マドゥロ期では、輸出に回し、外貨を稼げる石油がその分少なくなっているということだ。

3　経済活動への国家介入の拡大

国有化・接収

チャベス政権は二〇〇七年以降、既存企業（国内外資本）や農地、都市不動産の国有化や接収を開始し、拡大していった。当初は電力、通信、製鉄、外資が操業契約のもとで実施してきた石油事業[10]など、いわゆる戦略的産業が対象となった。その後、食料不足や住宅不足が深まるにつれ、チャベス政権はその解決をめざして、それら関連分野を中心に国有化の対象企業を増やしていった。[11]

製造業部門の業界団体がまとめた統計では、二〇一三年四月までに国有化・接収された企業は一二〇〇近くにおよぶ。とりわけ、二〇〇九～一一年にかけてのわずか三年で一〇〇〇件近い企業が対象となっている。国の手にわたったそれらの企業の大半は、国有化後に生産が低迷し、事実上生産が中断しているものも少なくない。チャベス政権によって再国有化されたアルミ精製企業であるAlcasaとVenalumは、国有化後五年経過後の稼働率がそれぞれ五%、三〇%にまで落ち込んでいる。[12]国有化された製鉄企業Sidorの稼働率はわずか一・四%と報告されている。[13]ベネズエラは石油、天然ガスのみならず、鉄鉱石やアルミ原料のボーキサイトなど天然資源が豊富で、製鉄とアルミ精製は石油依存を軽減するための非石油輸出の柱と位置づけられていたが、国有化後両産業の生産は壊滅的なレベルにまで落ち込んでいる。

ハンガーストライキで命を落としたブリト氏の写真を掲げる女性。「正義を！　フランクリン・ブリト」と書かれている。カラカス市内の反チャベス派の抗議デモで（筆者撮影）

一方的な国有化・接収の被害にあった企業や個人

が司法に訴えても、検察や裁判所がチャベス政権に従属しており、却下される。接収された農場の返還を求めてハンガーストライキを行い、命を落とした農場主フランクリン・ブリト氏は、その後、国有化や接収に対する抵抗のシンボルとなった（前ページの写真）。このように投資や私的所有権が法的に保護されない状況で、国有化・接収の懸念から幅広い産業分野で投資が冷え込み、国内生産活動の縮小につながった。

物不足

チャベス政権後期には、価格統制の対象となっている食料や基礎生活物資の物不足がすでに深刻化した。中央銀行はインフレ率とあわせて毎月基礎生活財の欠乏率（調査対象となった市中小売店に当該財がない店の割合）を発表していた。チャベス政権末期の二〇一二年一二月の欠乏率は、トウモロコシ粉は四三・三％、食用油は八六・一％、牛乳は九〇・一％、砂糖は七八・一％と報告されている。[*14]

人びとは、早朝から数時間もの列に並ぶことを余儀なくされ、それでも物資を入手できないことも少なくなかった。マドゥロ政権発足直後の二〇一三年五月には、トイレットペーパーや石鹸の不足が深刻化し、政府がトイレットペーパー三九〇〇万個や石鹸一〇〇〇万個などを緊急輸入するために七九〇〇万ドルの借入を議会に申し入れ、承認されている。[*15]

物不足のおもな原因は、チャベス政権の経済政策が国内の生産活動の縮小をもたらしたことである。ひとつには、政府による価格統制が採算に合わない水準で設定されているため、生産控えや販売控えを誘発したのだ。基礎食料品や医薬品など、政府が貧困世帯の生活を守るために公定価格を低く設定している基礎生活財こそ不足するというジレンマに陥っている。店頭に出ない商品はヤミ市場に流れ、そこで高値で売られる。あるいは、隣国のコロンビアに持ち出せば高値で売れる。不適切な価格統制の結果、店頭から商品が消え、ヤミ市や密輸に流れ、国内は品不足となる。

ふたつめは、先述したように政府による企業や農地の国有化や接収が相次ぎ、私的所有権が法的に保護されない状況が常態化したことである。それが投資を冷えさせ、製造業や農業部門の生産を縮小させた。また、国有化・接収で国営企業となった元民間企業や農地の多くは、生産量を落としたり、生産が止まり、放置されているものも多い。

三つめは、政府による厳しい外貨統制である。ベネズエラの製造業や農業は、原材料や投入財の輸入依存度が高い。政府から外貨割り当てが受けられず、原材料や部品を輸入できないために、生産を縮小・中止せざるをえない企業が多い。

四つめは、チャベス政権下の電力部門の国有化と、同部門への過少投資がもたらした電力不足である。全国で停電が頻発し、政府は停電を回避するために工場や商業施設に操業時間の短縮を義務づけたが、それも生産減少の一因となった。

国内の製造業・農業の生産が縮小しても、当初はそれを輸入によって埋め合わせることがある程度できた。チャベス期にできあがった「国内の生産部門の弱体化と輸入品によるその補完」という体制は、そのままマドゥロ政権に引き継がれた。

チャベス政権と異なりマドゥロ政権が不幸だったのは、石油輸出収入の減少やチャベス政権が遺した対外債務の支払い、米国による経済制裁措置などで外貨不足がより深刻化し、国内生産活動の縮小を輸入品で補完できなくなったことだ。その結果、とくに食料や医薬品といった命にかかわる物資が欠乏することになるのだが、もとをただせば、国内の製造業や農業を弱体化させたチャベス政権の政策にその原因があったといえる。

インフレ対策

チャベス政権および後継のマドゥロ政権は、価格、為替レート、金利、外貨供給などに対して、市場メカニズムではなく、国家が直接介入することでマクロ経済をコントロールしようとしてきた。インフレ対策としては、政府が公定価格や利潤マージン率を設定することで、価格上昇を抑えようとした。当初は食料など限定された基礎生活財に対して公定価格が設定されていたが、のちにはそれに加えてすべての財サービスに対して利潤率に上限がもうけられた。

しかし、チャベス政権下ではインフレ率は一〇〜三〇%で推移し、収束の気配をみせなかった（表5－1）。インフレ対策が効果をあげなかった理由は、財政赤字が拡大し続けたこと、そして政府が中央銀行に圧力をかけ、財政赤字を貨幣増発で埋め合わせてきたことにある。公定価格制で価格を固定してインフレを止めようとしても、その原因である財政赤字と貨幣増発が止まらない限り、「力技のインフレ対策」は奏功しない。そのため通貨ボリバルの価値の低下が止まらず、その結果、物価が上昇する。通貨ボリバルの価値が落ち続ける状況で、人びとは資産価値を守るためにボリバルを売ってドルなどの外貨の購入に走る。ドル買い、ボリバル売りが広がると、さらにボリバルの

表5-1 インフレ率とマネーサプライの拡大率（%）

年	2012	2013	2014	2015	2016	2017	2018	2019
インフレ率（中央銀行）	20.1	56.2	68.5	181	274	863	130,060	9,586
マネーサプライ拡大率	61.0	69.7	64.0	101	159	1,121	63,257	10,537

（出所）Banco Central de Venezuela〈http://www.bcv.org.ve, accessed on March 25, 2020〉より筆者作成

価値が下がる。

マドゥロ政権下でハイパーインフレに突入したのは、この悪循環のスパイラルが加速しながら回り続けた結果である。チャベス、マドゥロ両政権下では二回にわたり合計八けた（八個のゼロを外す）のデノミが行われた。これは、一億円が一円になるほどのハイパーインフレだ。デノミ後の新通貨名が「強いボリバル」「国家主権のボリバル」というのは、あまりにも皮肉が効いている。

このストーリーは、ラテンアメリカの経済を知る人びとには既視感（デジャブ）を覚える状況だろう。ブラジルやアルゼンチンなどラテンアメリカの多くの国が、一九八〇年代にはハイパーインフレに悩まされたが、これとまったく同じメカニズムだったからだ。それらの国々もチャベス、マドゥロ両政権と同様に価格統制や固定為替レート制などさまざまなインフレ対策で試行錯誤を繰り返したのち、最終的に一九九〇年代にインフレ収束に成功している。

インフレ収束に成功した国々の政策は、大胆な緊縮財政と貨幣供給のコントロール、為替切り下げ、そして、インフレ心理を冷やすための新通貨の発行と現地通貨のドル連動などからなる政策パッケージだった。チャベス、マドゥロ両政権は、近隣諸国が三〇年前に克服したハイパーインフレ

の教訓を学ばずに、二一世紀になってから同じ失敗を繰り返している。

公定固定為替レート制と外貨コントロール

チャベス、マドゥロ両政権下では自由な外貨取引は禁止され、固定された公定為替レートのもと、企業や市民は許可された場合のみ外貨が購入できるシステムが続いた。通貨ボリバルの価値が下落し続ける状況で公定為替レートが固定されるため、公定レートは実勢水準から乖離し、過大評価（ドル購入が割安）になる。そのため、ボリバルの価値が下がり公定レートの割安感が広がるほど、資産価値を守るためのドル買いが広がる。また、製造業や農業の生産低迷によって、多くの国産食料や基礎生活物資が不足したのを補塡するために輸入が拡大したが、それも外貨需要を拡大させた。

外貨需要が膨らみ続ける一方、二〇〇八年リーマンショックで石油価格が一時的に下落したのをきっかけに、二〇〇九年以降は外貨準備高の低下が止まらなくなった。外貨準備には金も含まれるが、換金する必要があるため、輸入支払いや対外債務支払いなどには外貨が必要だ。その外貨部分が大きく縮小し、二〇一三年には五年前と比べて八分の一から一〇分の一の二三・五億ドルに激減した。これは同年の一日あたり輸入額の約二〇日分にすぎない危険な水準である。[*16]

外貨準備の低下を防ぐために、外貨監督局は外貨購入許可を厳しく制限した。公的部門や国営企業、食料や医薬品などの基礎生活物資などに優先順位をつける外貨割当制を導入した。外貨監督局の外貨購入許可はなかなかおりず、おりたとしても実際に外貨購入までに数ヵ月から一年以上待たされるという状況が続いた。その結果、ベネズエラ経済は著しい外貨枯渇状態に陥った。

ベネズエラでは製造業、農業など広い生産部門で原材料や部品などの輸入依存が高い。そのため多くの企業が外貨不足により原材料や部品が輸入できず、生産を縮小あるいは停止せざるをえない状態に陥った。日系も含めた自動車組立て企業も、エンジンなどの輸入部品を輸入するための外貨が割り当てられず、生産ラインを止めざるをえなくなった。農業部門でも、肥料や種子が輸入できずに生産に影響を与えた。

経済活動へのダメージを軽減する目的で、公定レートによる外貨割当に加えて、追加的な外貨供給制度が導入された。企業や個人が購入レートを提示して入札する制度だが、実際の運営は不透明で、入札ではなく事実上の外貨割当となっていた。政府はつぎからつぎへと新たな補完的外貨制度をつくりだした結果、公的部門にのみ適用される優遇固定レートに加え、第二、第三の公定レートが併存するという事態となった。外貨が不足するなかで闇ドル市場も広がり、闇レートと公定レートのギャップは大きく広がった。

公的部門には公定為替レートが適用される。公定レートと実質レートの差が開けば開くほど、公的部門は著しく過大評価された公定レートできわめて割安に物資を輸入できる。一方、民間企業や市民は、優遇的公定レートや補完的外貨制度での外貨購入許可がおりれば、実勢レートよりもはるかに割安にドルを購入できる。そのため、どのレートを適用するか、あるいはどの企業や個人に外貨割当をつけるかの決定権限をもつ外貨監督局には大きな利権と汚職の余地が生まれた。

4　マドゥロ政権期の経済破綻

GDPが半減するという衝撃

広範な経済活動への国家介入、私的所有権や投資への法的保護の欠如、企業や農場の国有化や接収、法律や制度を無視したインフォーマルな運営といったチャベス政権の経済政策や経済運営スタイルは、基本的にそのままマドゥロ政権にも引き継がれた。

チャベス期には国際石油価格は一時期をのぞいて高止まりしており、中国から潤沢な借入が可能だった。しかしマドゥロ政権期は石油価格の下落に見舞われたうえ、累積した債権の回収に不安を募らせた中国が新たな資金を貸し付けてくれなくなったため、外貨は枯渇した。その結果、物不足やインフレが加速的に悪化し、対外債務もデフォルトに陥った。

マドゥロ政権下の経済破綻を、経済成長率の推移からみてみよう。図5－3は、マイナス成長に落ち込んだ時期がわかりやすいように、一部は四半期ごとのデータにしてある。二〇一四年第1四半期にマイナス成長に落ち込んだベネズエラ経済はその後七年連続マイナス成長を重ね（二〇二〇年予測値を含む）、二〇一六年以降はマイナス幅が二けたとなり、二〇一九年度はマイナス三六％と推計される。[*17]まるで戦争か自然大災害で壊滅的被害を受けたかと思われるほどの数字である。

その結果、ベネズエラのGDPは二〇一五年と比較して二〇一八年はほぼその半分に縮小するという衝撃的な状況にある。一人あたりGDPの推移でみるとその衝撃はさらに大きく、六〇年以上

図5-3　経済成長率と国際石油価格の推移（2012年3月～19年3月）

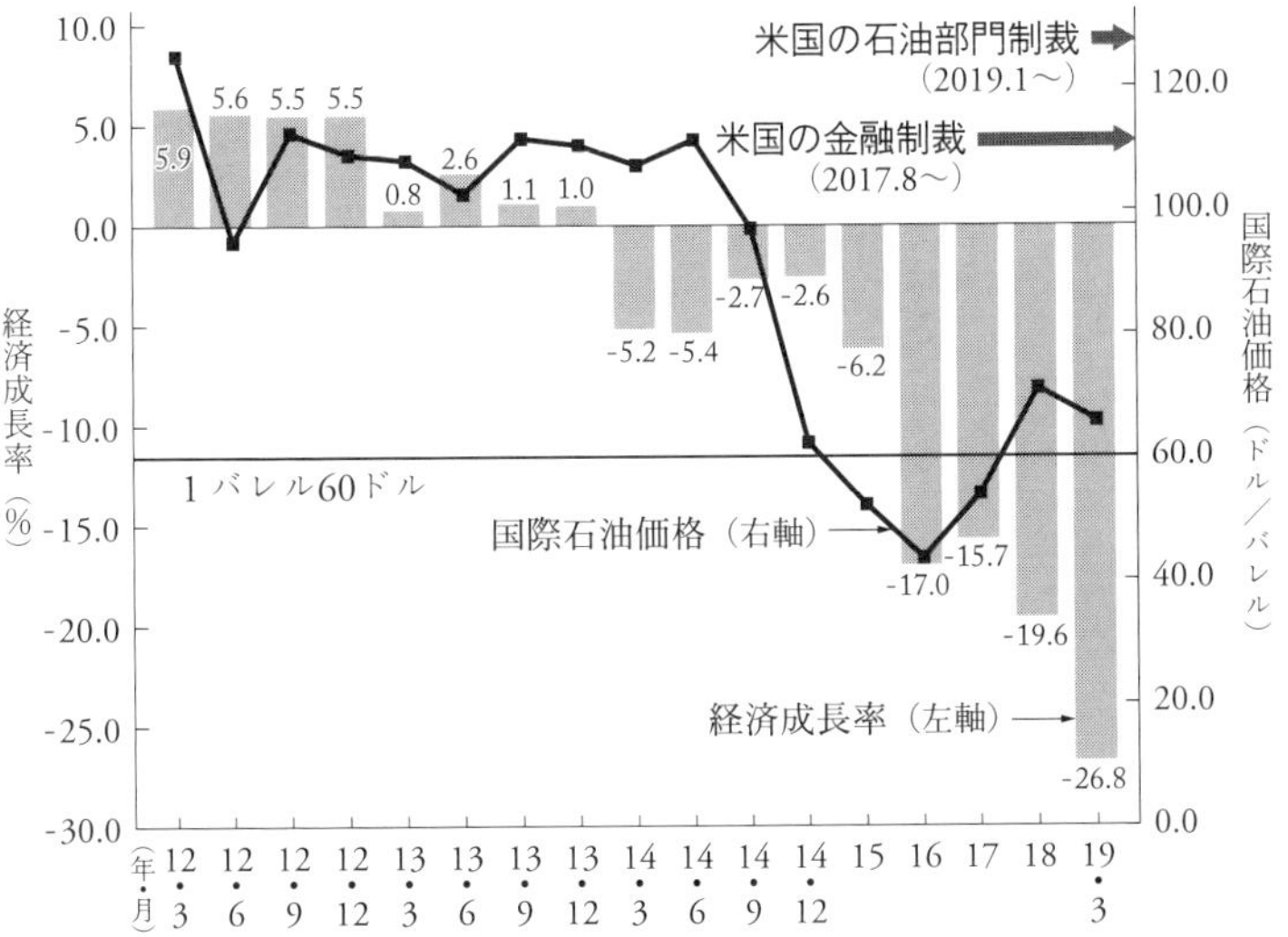

（注）2014年までの経済成長率は四半期ごとの数字をそれぞれの最終月として表示。2019年経済成長率は第1四半期の前年同期比、同年国際石油価格は3月ブレント価格

（出所）経済成長率はBanco Central de Venezuela website〈http://www.bcv.org.ve/, accessed on July 29, 2020〉、国際石油価格は2014年までの四半期ごとおよび2019年3月データはOPEC（各年月）、2015～2018年の年データはBP（2020）より筆者作成

前の水準にまで落ち込んだことになる。*18

　図5−3で国際石油価格と経済縮小の関係を確認してみよう。石油価格は二〇一四年六月をピークに、低下しはじめた。しかしベネズエラ経済は、それよりも一年半前にはすでに〇・八%へと成長率が落ち、石油価格が下落を始める半年前にはすでに五%以上の厳しいマイナス成長に落ち込んでいたのだ。二〇一四年九月以降の石油価格の低下にともない経済成長率はさらにマイナス幅を拡大しているが、石油価格下落に一年半も先行して経済成長率が落ちこんでいる事実は、経済縮小には石油以外の重要なマイナス要因があること

を如実に示している。

つぎに、米国の経済制裁措置の影響について確認しておこう。米国による経済制裁措置は二〇一七年八月以降、段階的にとられてきた（図5-3では上部右の矢印）。二〇一七年八月には、ベネズエラの対外債務の借換えを困難にする目的で、ベネズエラ政府およびPDVSAが発行する有価証券の取引に米国人・法人が関わることを禁止した。マドゥロ政権は、償還日がきた国債やPDVSA社債を新しく発行した債券で借り換えることで、債務支払いをしのいできた。この米国の金融制裁措置によって新規債券を米国投資家が引き受けられなくなったため、債務の借換えが困難になる。その後マドゥロ政権は、後述する仮想通貨「ペトロ」を発行し、それによって調達した資金で債務を支払うことを模索したが、米国は仮想通貨取引も制裁対象とした。

二〇一九年一月には、米国はついにベネズエラとの石油貿易の禁止および米国内のPDVSA資産の凍結を発表した。敵対関係にあったにもかかわらず、米国はそれまでベネズエラにとって最大の石油輸出市場だった。そのため米国への輸出禁止は、マドゥロ政権にとって最大の外貨獲得源を失う大打撃となった。たたみかけるように二〇一九年八月に、米国は第三国の企業を含め、マドゥロ政権と経済取引をした企業を米国の制裁対象とすると発表した。

米国の経済制裁発動後、経済成長率はさらに低下しており、制裁措置がベネズエラ経済に打撃となっていることがうかがえる。マドゥロ政権は、経済危機や食料・医薬品の欠乏で命を落とす人が増えた状況を、米国による経済制裁のせいだとして「経済戦争」と呼び、米国を糾弾する。とはいえ、制裁措置が発動される三年前から五%以上のマイナス成長が継続していたことから、経済危機が米国の経済制裁によるものとするマドゥロ政権の主張は、責任転嫁の感がぬぐえない。

産油量と石油輸出量の減少

マドゥロ政権下の経済破綻のもうひとつの大きな原因は、産油量および石油輸出量の減少である。ベネズエラの外貨収入の九五％以上、財政収入の四～五割が石油輸出によるものだ。二〇一四年六月以降大きく低下した国際石油価格は、二〇一七年後半以降は回復をみせたものの（前掲、図5-1）、価格以上に石油収入に大きなインパクトを与えているのが、産油量および輸出量の縮小だ。チャベス政権誕生以前の一九九〇年代末には一日あたり三〇〇万バレルを超えていたベネズエラの産油量は、チャベス政権期には二三〇万バレル前後に低迷していた（OPEC月報値）。マドゥロ政権になってさらに減少し、とくに二〇一八年には一年間でほぼ半減し、二〇一九年には一〇〇万バレルを切る水準となった。

チャベス政権は、キューバへのエネルギー支援（第7章参照）や石油で支払う中国からの借入を拡大させていた。マドゥロ政権下では中国がベネズエラに対して新規融資を渋るようになったため、かわりにロシアから、石油払いでの借入をとりつけた。マドゥロ政権は、これら中国やロシアへの石油での債務支払いと、キューバへの石油支援を継続している。産油量が半減するなか、国内需要分に加えて、外貨を稼がないこれら中国、ロシアへの石油での債務返済とキューバへの石油支援を続けているため、外貨獲得のために輸出できる分が削られる。

二〇一八年の推計では、石油輸出量が一日あたり約一一〇万バレルに対して、中国に約三〇万バ

図5-4　外貨準備高の推移（1997〜2019年）

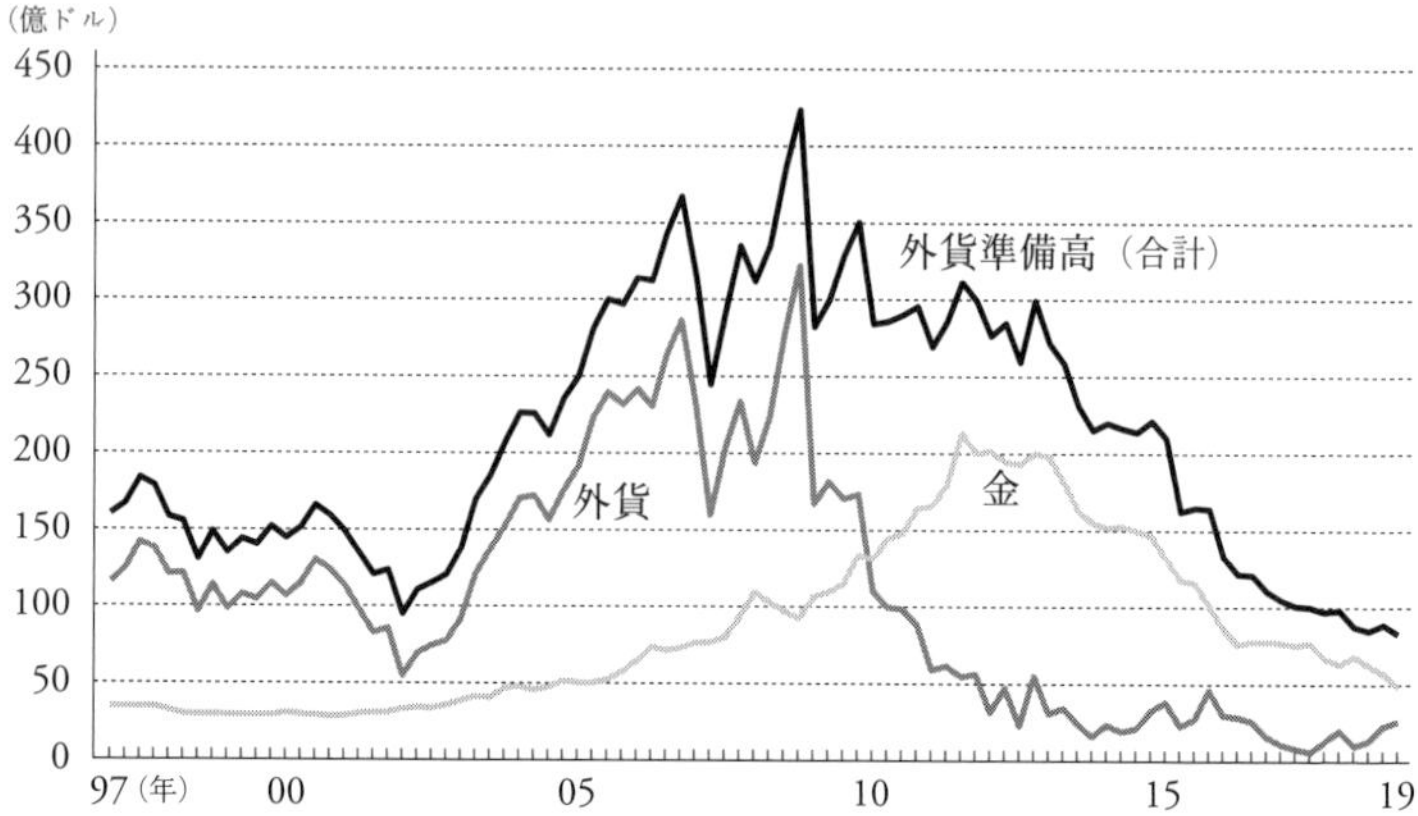

（注）2008年以降は暫定値。IMF の SDR などその他の資産は小規模なため省略した
（出所）Banco Central de Venezuela〈http://www.bcv.org.ve, accessed on December 24, 2019〉より筆者作成

レル／日、ロシアに一五万バレル／日、キューバなどに対して八万バレル／日が送られており、外貨が獲得できる輸出分はわずか六〇万バレル／日である。これは二〇一二年の二〇〇万バレル／日の三分の一以下の量だ。[*19]

外貨不足と対外債務のデフォルト

ベネズエラの外貨準備のおもなものは外貨と金だが、チャベス期後期には外貨が大きく減少している（図5－4）。金の準備高が増えているが、これは金の価格が上昇したからである。

チャベス期から産油量が縮小したことに加え、二〇一四年後半から二〇一七年にかけて石油価格が下落したことが、外貨収入の縮小をもたらした。さらに、対外債務の支払いやチャベス大統領が国有化した海外企業に対する補償金の支払いなど、チャベス大統領が遺した負の遺産に、マドゥロ政権は苦しめられている。

二〇一八年には、国際商業会議所（ICC）がベネズエラ政府に対して米系石油会社コノコ・フィリップスへ国有化の補償金として二〇億ドルの支払いを命じた。マドゥロ政権が支払わなかったため、同社は石油輸出の拠点であるキュラソー島などにあるPDVSA施設の差し押さえに動き[*20]、マドゥロ政権は分割で支払うことに合意せざるをえなくなった。これ以外にも、エクソン・モービル、カナダの鉱業会社などが同様に補償金を求めてベネズエラを訴えており、国外のPDVSA資産差し押さえのための司法手続きが始まりつつある。

対外債務の支払いも巨額である。図5-5が示すように、毎年八〇億〜一〇〇億ドルの国債とPDVSA社債の支払い義務がある。マドゥロ政権は二〇一七年ごろまではデフォルト（債務不履行）を是が非でも回避すべく、輸入を切り詰めて対外債務を支払っていたが、二〇一八年以降支払い額は激減し、二〇一九年には一〇億ドルしか返済しておらず[*21]、ほぼすべての対外債務がデフォルト状態にある。中国やロシアなどからの借入の支払いも遅延している。二〇一九年五月の報道では、中国に対しては一三五億

図5-5　国債とPDVSA債の支払い予定額（2018〜24年）

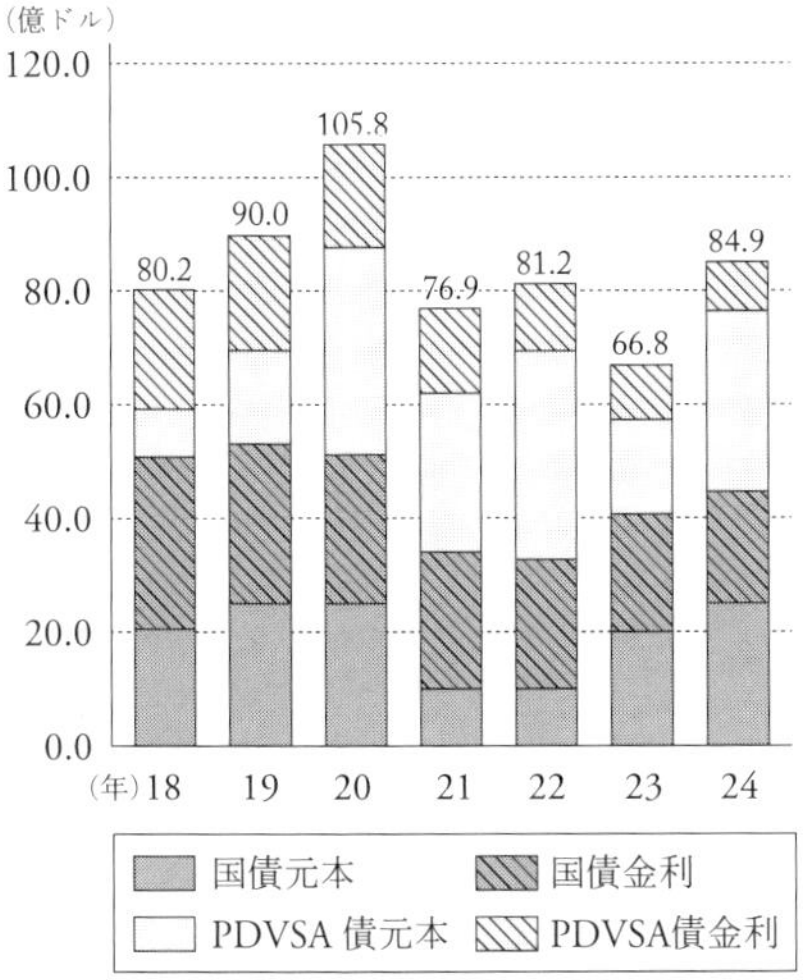

（出所）Prodavinci〈http://especiales.prodavinci.com/deudaexterna/, accessed on January 23, 2020〉より筆者作成

ドル、ロシアに対しては三〇億ドルの債務支払いが滞っている。[*22]

二〇一九年には、対外債務支払いで奇妙なことが起きた。PDVSA社債のうち二〇二〇年に償還日がくる社債の金利をマドゥロ政権が支払っていないため、代わりにグアイド側が支払ったのだ。PDVSA社債には、米国内で製油部門と小売り網（ガソリンスタンド）を展開する、PDVSAの完全子会社CITGOの五〇・一%シェアが担保となっている。[*23]そのため、この社債で不履行を起こすと、ベネズエラはCITGOを失うことになる。CITGOはベネズエラ石油にとって米国市場へのゲートウエイであり、政権交代後に経済を立て直すためには、グアイド暫定政権はCITGOを失うわけにはいかない。米国政府はグアイドを正式な大統領として承認し、CITGOの資産もマドゥロではなくグアイドが任命したPDVSAおよびCITGOの経営陣が管理するものとしており、彼らがPDVSA社債の金利を支払ったのである。

だが、二〇一九年一〇月には、グアイド側も同社債の金利を払い続けることができなくなった。債務不履行で債権者が担保となっているCITGOに手をつける前に、グアイドを支持する米国政府は債権保有者へのCITGOの株式移転を時限的に禁止する措置をとった。[*24]

食料と医薬品の欠乏

チャベス政権後期から価格統制の対象となっている食料や基礎生活物資が欠乏し、入手できない状況にあったことは、先に述べたとおりだ。チャベス期には国内生産の縮小を輸入により補完していたが、マドゥロ期には外貨不足がさらに深刻化したため、輸入品による補完が困難になった。

石油収入が縮小する一方で、チャベス政権期に累積した対外債務の支払いが毎年数十億から一〇〇億ドル前後ある。なんとしてもデフォルトを避けたいマドゥロ政権は、二〇一八年までは輸入を切り詰めて対外債務支払いを優先していた。輸入額は二〇一二年の七一一億ドルをピークにその後縮小を続け、二〇一八年には一三八億ドルと五分の一以下に落ち込んでいる。[*25] 国内生産が落ち込んでいるうえに輸入が激減したことが、マドゥロ政権下で食料や医薬品が欠乏した原因だ。さらにいえば、それらの基礎生活財の国内生産が落ち込んだのは、先述したようにチャベス政権の経済政策の結果であるし、対外債務もチャベス政権が蓄積したものだ。つまり、マドゥロ政権期の食料や医薬品の欠乏は、チャベス政権の経済失政に根本的原因があるといえる。

二〇一九年二月には、グアイドら反政府派が医薬品や栄養食品などの人道支援物資を国外から持ち込もうとしたところ、マドゥロ側は軍を使って武力でそれを阻止した。一方でマドゥロ政権は、中国やロシアから医薬品や食料などの人道支援物資を複数回にわたって受け取っている。ベネズエラに人道的危機はないと強弁していたマドゥロ政権も認めざるをえないほど、食料や医薬品の欠乏は深刻な状況であるということだ。

そのような状況で、人びとはどのように生活しているのだろうか。ひとつには「CLAP」と呼ばれるマドゥロ政権下で開始された食料配給制度への依存、もうひとつは国内外からのインフォーマルな食料や医薬品の持ち込み、流通の拡大、そして事実上のドル化（後述）が、ぎりぎりの状況の人びとを支えている。CLAPとは食料不足に対応するためにマドゥロ政権がつくった基礎食料品の配給制度で、輸入食料を箱や袋に詰めて、低価格で市民に供給するものだ。中身はトウモロコシ粉、米、食用油などで、これを受け取るには愛国カードと呼ばれる電子カード登録が必要である。
愛国カードは政府支持層の囲い込みと有権者に関する情報管理のためのツールとなっており、反政府派市民はそれに登録することを避けてきた。だが、食料不足およびハイパーインフレ下で食料を確保するために、反政府派市民のなかにも愛国カードに登録する人が増えた。CLAPを受け取る人は二〇一五年の六五〇万人から二〇一七年には一二六〇万人へと倍増しており、これは人口の半分近い数である。[*26] 配布されるのは穀物やパスタなどが中心で、肉類などのたんぱく質不足は深刻だ。肉類の輸入は二〇一五年前半から二〇一六年前半にかけて、三億五〇〇〇万ドルから一億二七〇〇万ドルへと半減している。[*27]
CLAPを利用しない市民、あるいはCLAPが不十分でそれ以外で食料を入手しなければならない市民に対しては、インフォーマルにそれらを供給するさまざまな方法や仕組みが生まれている。たとえば、コロンビアやブラジルに国境を越えて買い出しに行ったり、あるいは「バチャケーロ」から購入する。バチャケーロとは、海外から買い付けたり、ヤミの横流し品などを確保して、インフォーマルに個人ベースで売りさばく人たちだ。[*28]
国外に親族がいる場合は、彼らが国内に残る家族に物資を送る。米国フロリダ州には、国内の家族に食料や医薬品などを送る新しいビジネスが生まれている。米国のスーパーで購入した米、乳児用粉ミルク、石鹸などを箱詰めにして、ベネズエラの家族の軒先まで運んでくれるサービスが広がっている。またフロリダ州の複数の薬局では、ベネズエラの医師の処方箋をファックスやメールで送付しドル口座に代金を入金すると、ベネズエラ国内の患者まで国際宅急便で医薬品を送ってくれる。とくに高血圧や糖尿病といった慢性疾患用の薬の問い合わせが多く、フロリダの薬局は二〇一六年五月のインタビューで、一週間に一〇〇〇件のベネズエラ人からの注文があると答えている。[*29]このインタビューは米国による経済制裁が始まる二〇一七年より一年以上前に行われており、米国による経済制裁以前から医薬品不足が深刻化していたことが確認できる。

そのようなサービスを利用するには、海外（とくに米国）に銀行口座をもっている必要がある。ベネズエラの中間層以上の世帯の多くは、チャベス政権以前から為替切り下げによる資産価値の目減り回避などのために米国の銀行にドル預金をもつ。国民の一五％が米国に預金をもっているとされ、彼らはそれを切り崩しながら先に記したようなサービスを使って海外から必要な物資を入手している。[*30]海外のドル預金やドル現金へのアクセスがない人びとは、不十分な食料配給CLAPに依存せざるをえない。ドルへのアクセスの有無で、格差が広がっている。

ハイパーインフレ

チャベス期から上昇傾向にあったインフレ率は、マドゥロ政権下で著しく加速してハイパーインフレの域に達した。二〇一五年には一〇〇％を超え、二〇一八年には一三万％を超えた（前掲、表5‐1）。ベネズエラのインフレの原因は、財政赤字とそれを埋め合わせるための貨幣増発であることは先に述べた。チャベス政権末期には財政赤字のGDP比がマイナス一〇％を超えていたが、マドゥロ政権期ではそれがさらに拡大して二〇一五年以降は二〇％を超えており、二〇一九年には二八・四％に達すると推計されている。[*31]

表5－1は、マネーサプライが二〇一五年は一〇〇％、二〇一七年は一〇〇〇〇％、二〇一八年には六万％超と、すさまじい勢いで拡大し続けていることを示している。GDPが三年で半分に縮小するほど経済活動が冷え切っているなかでマネーサプライがこれだけの速度で拡大を続ければ、通貨ボリバルの価値が地に落ちるのは自明だ。ハイパーインフレの原因は、大幅の財政赤字とそれを埋め合わせる異次元の貨幣乱発である。

ベネズエラのマクロ経済データの問題について、ここで少し説明しておこう。ベネズエラの中央銀行法はマクロ経済指標の定期的発表を法律で義務づけていた。しかしマイナス成長やインフレ加速が止まらない状況で、二〇一四年以降、マクロ経済データの公表を控えたり、数値を改竄するよう圧力をかけられていると、中央銀行のテクノクラートがメディアに告発するようになった。[*32] 二〇一五年末にはマドゥロ政権は大統領令で中央銀行法を変更して、マクロ経済データの公表義務を外したため、その後三年間は中央銀行はマクロ経済データを発表しなくなった。そのため、反チャベス派の国会や国際通貨基金（IMF）、国内外のシンクタンクなどが独自に推計値を出すようになった。マドゥロ政権は二〇一九年には一時的にマクロ経済指標を公表したため、本書ではその数字を使用しているが、右の経緯から、政府発表の公式数値の信頼性には注意を払う必要がある。

ハイパーインフレが加速するなかで、国民の実質所得が著しく目減りし、食料をはじめとする基礎生活物資が入手できずに生活に困窮するなど、大半の国民の生活は大きな打撃を受けている。国民の貧困や生活状況に関して毎年行われている調査（ENCOVI、第7章2節参照）では、二〇一七年には、九割の人が毎日の食費をまかなえないと回答している。約八二〇〇万人は一日二食以下で、たんぱく質が食卓から消え、おもに穀物類を食べている、また、六四％が過去一年で十分な食事を摂取できていないことから、約一一キロ体重が減少した。[*33]

一方で、ハイパーインフレ下では短期間に通貨ボリバルの価値が失われるため、紙幣の発行が追いつかず、市民の生活に大きな支障をきたしている。少額の買い物にも大量の札束が必要になる。ATMで現金を引き出すにも、最大で数ドル相当の金額のボリバル紙幣しか引き出せない。銀行口座をもつ人は、スマートフォンからネットバンキングで店の口座にその場で支払い送金したり、デビットカードでの電子決済で済ませる人が多い。しかし多くの貧困層の人びとは銀行口座をもたない。また電子決済端末をもたない売店なども困る。ボリバルが決済手段として機能不全にあるため、それに代わる決済手段として、仮想通貨や事実上のドル化が経済全体に広がっている。

事実上のドル化

国内では、二〇一八年ごろからインフォーマルに、日常の買い物や給与支払いにおいてもドルが使われるようになった。二〇一九年には街角のパン屋など日常の小さな買い物もドルで行われるようになっている。なかには海外店舗で購入したものをドル払いでのみ販売するドルショップ（「ボデゴン」と呼ばれる）もあらわれた。フロリダから商品を送り出す業者は、二〇一九年にはベネズエラ側の輸入関税が完全に免除されているうえ、煩雑な輸入手続きが免除されることもあると、インタビューで証言している。[*34]

さらには、一般市民が日常に使う大手スーパーやドラッグストアでは、米国内の銀行間送金をスマートフォンを使って無料で瞬時に実行する送金サービス、Zelleを使った電子決済が広がっている。店内の価格表示はボリバル建てだが、レジでの支払いの際に「今日のレートだと○○ドル」と言われ、顧客はスマートフォンを使って米国に保有する自分のドル口座から店のドル口座へZelleで送金する。スマートフォンを使った米国内の簡易銀行送金サービスが、ベネズエラ国内のスーパーでの食料や日用品の買い物に日常的に使われている。*35

ベネズエラの七主要都市で実施された調査によると、二〇一九年一〇月一〜一五日に行われた取引の五三・八%がドルで決済されている。コロンビアとの国境に近い第二の都市マラカイボでは八六%にのぼるという。このような状況においてマドゥロは二〇一九年一一月に、「生産部門や経済の回復が促される。ドル化に感謝だ」と発言した。*36 事実上のドル化の進展によって、二〇一九年半ば以降海外から食料などが流入しはじめ、食料不足を若干緩和しているからだ。

しかしマドゥロ政権は公式にドル化に踏み切ったわけではなく、ボリバル以外の通貨での決済を認める法改正が行われたわけではない。マドゥロのこの発言は、みずから命名した通貨「ボリバル・ソベラノ」（国家主権のボリバル）が、米ドルに「敗北」したことを認めるものであるとともに、チャベス期以降の、制度やルールを尊重しないインフォーマルな政治経済運営を象徴するものだ。

石油輸出による公的なドル収入が激減する一方で、ドル化を支えているのは、インフォーマルに流入するドルだ。二〇一九年の報道によると、現地の著名なアナリストは、約二二〇億ドルの外貨流入のうち石油輸出によるものが一一三億ドル（五一・四%）、金など石油以外の輸出が三八・七億ドル（一七・六%）であるのに対して、海外からの送金が三〇億ドル（一三・七%）、麻薬や密輸などの犯罪がらみのものが三八億ドル（一七・三％）と試算している。[37]

仮想通貨

通貨価値の下落、決済用現金紙幣の不足、ドル不足といった状況下で、それらの問題をまとめて解決する代替策として、ビットコインなどの仮想通貨の取引が拡大している。[38] 市民の間ではビットコインのマイニングや、仮想通貨を使った海外からの送金が広がっている。マイニングとは、コンピューターを使ってブロックチェーンを支える計算作業を行う対価として、仮想通貨を受け取ることだ。ベネズエラにおけるビットコインの週間取引は、二〇一六年六月からピークだった二〇一九年二月には約二〇倍に拡大した。[39] ハイパーインフレ下での紙幣不足および外貨不足の状況で、送金や決済手段としてビットコインが使われるようになっている。

海外に脱出した親族から国内に残る親族への送金にも、仮想通貨が使われている。[40] 従来どおり銀行送金にすると、高い銀行手数料に加えて国内銀行に入ったとたんに過大評価された公定為替レートで自動的にボリバルに換金され、価値が大きく目減りするためだ。日本では投機対象としての性格が強い仮想通貨だが、貨幣制度や外貨管理制度が崩壊しているベネズエラでは、国家の管理を受けない、安価な決済・送金手段として、またはドル同様に資産価値の保全や海外からの財・サービスの購入のために、仮想通貨が使われている。[41]

ビットコイン以外の仮想通貨も使われている。食品価格が高騰しボリバルで支払われる給与では十分な食料が買えない人が、仮想通貨 Nano の取引で食料を購入し食いつないでいることも報告されている。[42]通常はそれらの仮想通貨をいったんボリバルに換金してから支出するのだが、それら仮想通貨を使って直接支払いができる外食店や小売店網も出はじめている。

さらに興味深い事例として、オンラインゲーム内通貨が実社会での生活を支えるケースも報道されている。オンラインゲーム上で獲得したゲーム内通貨は通常、ゲーム内での武器の購入などにあてられるものだが、ベネズエラではそれを通貨ボリバルやビットコインなどと交換する業者が生まれており、彼らを通して「換金」されている。ひと月に四〇ドル相当のゲーム内通貨を獲得したケースが紹介されているが、最低賃金がわずか月七・五ドル（記事配信時）のベネズエラではこれは大きな収入だ。[43]

一方、外貨不足に悩む政府も二〇一八年二月に、国内外との決済手段の代替策として、仮想通貨「ペトロ」を発行した。国家が発行する世界で初めての仮想通貨だ。政府は当初、ペトロの価値はベネズエラ原油の国際価格に裏づけされている、と発表していた。

しかしペトロのホワイトペーパー（投資説明書）は、ペトロの価値は五〇％が石油、二〇％が金、二〇％が鉄鉱石、一〇％がダイヤモンドによって裏づけされていると記載している。「裏づけ」とはいえ、ペトロが石油やそれらの鉱物資源と交換できるものではない。また石油をはじめそれらの鉱物資源の価格は変動し、石油価格は二〇二〇年四月には一時的に一バレル一〇ドルを切った。にもかかわらず、ペトロは発行当時のベネズエラの一バレルあたりの石油価格、約六〇ドルで固定されている。

マドゥロ政権の経済運営に対する信用が低いため、ペトロは普及していない。マドゥロ政権はインドなど複数の国に石油輸入代金をペトロで支払えば代金を三〇%割り引くことなどを提案したが、賛同を得られなかった。[*44]

国内でも政府は税金や各種手数料の支払いにペトロを利用することを国民に向けて促進していたが、それも進んでいない。マドゥロ政権は、二〇一九年一一月にはパスポートの発行手数料はペトロでしか受け付けないと発表、[*45]また年末には年金受給者や公務員への年末ボーナスを、初めてペトロで支給した。[*46]海外で広がらないペトロを国内で広げようとしたが、使用は広がっておらず、ボーナス支給一ヵ月後には、ペトロは現地の取引所で半額相当で売却されていると報告されている。[*47]

第6章　石油大国の凋落

世界の主要石油輸出国といえば、サウジアラビアをはじめとする中東諸国が思い浮かぶだろう。しかし、二〇世紀半ばの約四〇年間、世界最大の石油輸出国として君臨したのはベネズエラだった[*1]。また二〇一〇年以降、サウジアラビアを抜いて世界最大の埋蔵量を誇るのも、ベネズエラだ。

そのベネズエラの産油量が、チャベス、マドゥロ両政権期には五分の一に落ち込むなど[*2]、石油産業の衰退に直面している。ベネズエラの石油産業にいったい何があったのだろうか。それを理解するためには、石油産業の技術的要因を簡単に把握したうえで、ベネズエラの石油政策の歴史を振り返る必要がある。

1　ベネズエラ石油産業の技術的特徴

オリノコ超重質油への依存

一〇〇〇億バレル以下とされてきたベネズエラの石油埋蔵量は、二〇一〇年には二九六五億バレルとなり、サウジアラビア（二六四五億バレル）を抜き世界最大となった。[*3] 埋蔵量が急拡大したのは、ベネズエラの東部に位置するオリノコ川流域（オリノコ・デルタ、巻頭の地図参照）にある巨大な埋蔵量が認定されたからである。二〇一八年の確認埋蔵量三〇三三億バレルのうち八六％にあたる二六一四億バレルがこのオリノコ・デルタの超重質油だ。

オリノコ超重質油は、比重がきわめて重く、石油とはいえ流動性が低くて流れない。そのため、そのままではパイプラインで輸送することも製油施設で精製することもできない。ほかの原油同様に、輸送して製油施設で精製するためには、その前に、比重を軽くして混合物を取り除く改質プロセスをはさむか、あるいは比重の軽い石油で希釈する（薄める）必要がある。つまりオリノコ超重質油は、原油として扱うためには追加技術やコストがかかる特殊な原油で、そのため「非在来型原油」と呼ばれる。ベネズエラが世界最大の石油埋蔵量をもつというのも、その特別な石油が大半であるという点をふまえる必要がある。

このように追加コストがかかることから、オリノコ超重質油は在来型原油よりも競争力が低い。そのため、とくに国際石油価格が低迷していた一九八〇年代後半から九〇年代には、膨大な埋蔵量があることは知られていたものの、開発が遅れていた。オリノコ超重質油の開発が進んだのは、チャベス政権前の一九九〇年代に、外資の資金と技術力を使ってオリノコ超重質油開発を進めようと、優遇的条件で外資誘致を進めた結果である。

石油産業の特徴のひとつとして、累積生産量が増えるとともに油井（石油を汲み上げる井戸）の生産性が低下し、生産コストが増えることがある。石油生産を続けていくと地層内の圧力が低下し、地上まで石油を汲み上げにくくなるためだ。そのような油井で生産を継続するには、地下にガスを注入するなどして地層内圧力を人工的に上げる追加作業が必要になるが、それでも生産量を長期的に維持するのは容易ではない。二〇世紀前半以来ベネズエラの石油産業の中心地であり、在来型原油を産出してきたマラカイボ湖周辺で一九九〇年代以降産油量が低下し、二〇一四年には一日あたり七四・五万バレルと一九九〇年の半分になったのは、そのためだ（表6－1）。

他方、この時期に産油量を伸ばしたのが、オリノコ・デルタを含む東部産油地域である。東部は、二〇一四年には一日あたり二〇〇万バレル近く、国の総産油量の七割以上を産出しており、ベネズエラ最大の産油地域となった。ベネズエラの石油産業の中心地は、埋蔵量の点でも、産油量の点でも、マラカイボから東部に移ったということだ。これが意味するのは、ベネズエラの石油生産は、その大半が比重の重い原油、とくに超重質油になっているということである。

表6-1　地域別の１日あたり石油生産量の推移

	マラカイボ		東部		全国
	（万 bpd）	（%）	（万 bpd）	（%）	（万 bpd）
1991年	151.8	63.6	76.5	32.0	238.8
2000年	146.7	46.6	156.7	49.8	314.6
2010年	83.1	28.0	207.6	69.9	296.8
2014年	74.5	26.8	199.7	71.9	277.9

（注）産油量が全体の５％未満の他の産油地域は省略した
（出所）Minpet（2016）より筆者作成

表6－2は、比重別にベネズエラの一日あたり産油量の推移を示している。比重を表す指標であるＡＰＩ度（小さい方が比重が重い）が二二以下の割合が、一九九一年の二六％から二〇一四年には五九％にまで拡大している。日本石油学会はＡＰＩ度が二六未満を

表6-2 比重別（API度）の原油生産量の推移

	22.0以下		22.0＜API＜30.0		30.0以上		合計
	（万 bpd）	（%）	（万 bpd）	（%）	（万 bpd）	（%）	（万 bpd）
1991年	62.2	26.0	101.3	42.4	75.3	31.5	238.8
2000年	133.2	42.3	109.9	34.9	71.5	22.7	314.6
2014年	163.9	59.0	61.9	22.3	52.1	18.7	277.9

（注）石油学会の定義によると、APIが26未満が超重質油、26〜29.99が重質油、30〜33.99が中質油、34〜38.99が軽質油
（出所）Minpet（2008, 2016）より筆者作成

超重質油と定義しており、それにもとづくと、二〇一四年に生産された原油の大半が超重質油であると推測される。超重質油が石油生産のメインとなった状況で、国全体の産油量を維持していくには、超重質油の改質や希釈を安定的に継続できること、つまり改質設備のメンテナンスや希釈用石油を輸入することが条件となり、そのためには追加資金（とくに外貨）が必要になる。これは、ベネズエラの石油産業の現状と石油政策の妥当性を理解し、将来を展望するにあたり、きわめて重要な点だ。

国営石油会社による独占

ベネズエラの石油産業のもうひとつの特徴として、①ベネズエラ国営石油会社（PDVSA）が一〇〇%国家所有であること、②唯一の国営石油会社であるPDVSAが国内上流部門（探鉱・開発・生産）を独占していること、③国内に限定して操業していること、が指摘できる。

世界の産油国の国営石油会社は、所有や経営支配、操業地域の広がりなどの点で、かなり多様性がみられる。先に述べた三点のうち①については、世界各国の国営石油会社は一〇〇%を国家が所有するものばかりではない。ブラジルのペトロブラスやロシアのロスネフチのように、国家が過半

数の株式を所有しながらも、残りは国内外の株式市場で流通しているものもある。

②については、国内に複数の国営石油会社が存在するケースもある。あるいは国営会社が必ずしも石油開発を独占したり優遇されることなく、国内外の石油企業と同様に、あくまでも一企業として国内の石油開発プロジェクトの入札に参加して競争する場合もある。それに対してベネズエラでは、一九九〇年代以降、外資企業や国内民間企業の参加が認められてきたものの、それらはサービス契約（PDVSAからの委託契約）あるいはPDVSA過半数の合弁企業へのマイノリティ参加というかたちであり、国内の石油事業はPDVSAが独占している。

③については、多くの産油国の国営石油会社が、PDVSA同様に国内での石油開発・生産に限定して操業する一方で、中国、ロシア、ブラジルなどの国営石油会社は、海外の石油事業にも積極的に進出している。民間石油企業にいたっては、より広く世界各地の複数の地域で操業している。

それらと比較して、資源ナショナリズムが色濃いベネズエラ石油産業の前記①②③の特徴、つまり「一〇〇%国家所有の唯一の国営会社が国内に限定して操業し、しかも国内上流部門を独占する」という状況は、石油産業の発展の可能性を制限し、足かせとなりうる。

民間石油会社の場合は、利潤最大化、あるいは生産拡大や埋蔵量拡大、市場シェア拡大といったことが経営目的となる。それに対して国営石油会社は、財政貢献、国内へのエネルギーの安定的かつ安価な供給、石油を使った外交関係の構築など、「石油企業経営」の枠を超えた役割を政府から求められることが多く、しばしば経済合理性にもとづかない経営判断がされる。

経済合理性が優先されない経営が続くと、国営石油会社は産油量や輸出量、利潤率を維持することが困難になる。その結果、新規開発投資だけでなく生産量維持のために必要不可欠なメンテナンス投資の資金も確保できなくなり、それが産油量を低下させる。一〇〇％国家所有で国家以外の株主がいないため、ほかの株主による経営戦略や経営状況に関するチェック機能も働かない。その結果、たとえば政府が税金や利権料（ロイヤルティ）の引き上げにより国営石油会社からの財政貢献を拡大させることを重視しすぎると、投資用資金が不足して産油量が減り、その結果、国に納める税金や利権料が減ることもある。

世界複数の産油地域で操業している大手石油企業や国外にも進出している国営石油会社の場合は、特定の国の技術的、あるいは政治的理由による産油量低下のリスクを分散できる。それに対して国内のみで操業するPDVSAは、リスクの地理的分散がされていないため、石油埋蔵量や産油量の大半が超重質油であるという状況下で、リスク回避ができない。そのため、外貨不足などで改質や希釈プロセスが滞ると、PDVSAは一気にリスクに直面する。

2　石油政策の振り子のゆれ

石油政策の振り子の背景

産油国政府は、自国の産油地域の地学的要件や油種を前提に、石油価格や資金調達の可能性、必要な技術などを勘案して、最適な石油政策を決定・実行することが求められる。しかし、産油国の石油政策や国営石油会社の経営戦略は、必ずしも経済合理性にもとづいて決定・実行されるとは限らない。長年醸成されてきた資源ナショナリズムや政権のイデオロギー、国内の経済状況（おもに財政状況）の悪化などが、石油政策に色濃く反映されることも多い。また莫大な収入を生む石油産業は、利権をめぐる政争や汚職の温床にもなるし、人事や運営が政治的に利用されることもある。

経済合理性に乏しい石油政策を維持すると、産油量や埋蔵量、輸出量（収入）が低下し、その結果、政府への税金や利権料の支払いも低下する。そのような状況が続くと、経済合理性に乏しい石油政策が疑問視されるようになり、状況を改善する必要性から経済合理性に立ち返った石油政策への転換が不可欠となる。そうして、石油政策の振り子がゆれる。[*4]

チャベス、マドゥロ両政権の石油政策の背景には、根強い資源ナショナリズムと反米主義がある。石油産業の経営は国家が支配し、国の経済社会開発のためにより多くの財政貢献をさせるべきであり、そして米国依存から脱却すべき、という考えだ。ベネズエラの石油産業の歴史を振り返ると、このように資源ナショナリズムが強く反映された石油政策は、チャベス期特有のものではなく、同様の政策と経験が過去に繰り返されてきたことがわかる。

一方、先述したように、産油国の国営石油会社や石油政策のあり方は多様で、すべての石油国でベネズエラほど根強い資源ナショナリズムや石油産業の国家管理が行われているわけではない。では、ベネズエラで歴史を通して資源ナショナリズムが根強く石油政策に反映されてきた背景には、何があるのだろうか。

資源ナショナリズムの背景

ベネズエラの本格的な石油生産は、一九一四年にマラカイボ湖周辺で一日あたり二〇〇バレルの石油が生産されたときに始まった。[*5] 当時、ベネズエラはファン・ビセンテ・ゴメス将軍による長期軍事政権下（一九〇八〜三五年）にあった。ゴメス死去後もふたつの軍事政権が続き、ベネズエラでは二〇世紀の初めから一九五八年まで、短命だった三年間の民主政権期をのぞき、軍事政権の時代が続いた。それは、半世紀におよぶ民主化闘争の歴史でもある。

石油産業の黎明期に独裁者ゴメスは、外資に対して自由にコンセッション（数十年にわたる長期開発権）を与えた。一九〇九年に制定された鉱業法では、外資石油企業は一般法人税以上には課税されず、利権料も設定されないという、きわめて良い条件でのオペレーションが許されたため、この時期には欧米から多くの石油企業が参入した。第一次世界大戦や欧米における自動車の普及によって世界の石油需要が高まり、それに牽引されてベネズエラの石油開発は急速に進展し、米国に次ぐ世界二位の産油国となった。その後、中東産油国が台頭し輸出を拡大する一九七〇年ごろまで、ベネズエラは半世紀近くにわたって世界最大の石油輸出国の地位を維持した。[*6]

石油開発が進み、石油の富が欧米企業によって国外に持ち出される一方、その恩恵が国内に広く波及することはなく、国民の大半は貧困にあえいでいた。一九三六年には石油労働者が労働条件の改善や給与引き上げを求めてストを決行したが、これは単なる労使闘争の枠を超え、「メジャー」と呼ばれた欧米石油大企業に対する、産油国側の石油収入の取り分を求める戦いとして認識されるようになっていった。

軍事独裁政権に対する民主化運動を主導していた中道左派の民主行動党（AD）のロムロ・ベタンクールらは、国家がより多くの石油収入を外資石油企業から徴収し、それを経済開発につなげることで、貧困を克服できると主張した。つまり、資源は国民のものであるという意識が、独裁政権に対する民主化闘争、そして経済発展や貧困克服といった社会正義と結びつくことで、強固な資源ナショナリズムが醸成されていったのだ。民主化闘争と貧困克服、欧米への経済的依存からの脱却といった目標が重なり合ったことで、ベネズエラの資源ナショナリズムはゆるぎない正義となった。

一九四〇年代ごろには民主勢力の政治的圧力の高まりから、軍事政権も彼らの主張を石油政策に反映させざるをえなくなった。一九四三年には、地下資源の所有者である国の権利として、初めて利権料を課す炭化水素法が制定された。さらにその五年後、クーデターによって短命の民主政権が誕生した際に（一九四五〜四八年）、民主行動党政権は、石油部門への法人税を引き上げて、外資石油企業と産油国政府の間で利益を折半すること（「フィフティ・フィフティ」）に成功した。[*7]

その後、クーデターによって民主行動党政権はわずか三年で倒され、ふたたび軍事政権に戻ったものの、一九五八年に最後の軍事政権が失脚して民主化を達成して以降、民主行動党のベタンクール大統領およびフアン・ペレス・アルフォンソ・エネルギー鉱業大臣のもとで、資源ナショナリズムを色濃く反映させた石油政策が展開されていった。

ひとつには、利益折半政策の国家取り分を五〇％から段階的に拡大していった。また、二〇世紀前半に欧米石油企業に譲渡された長期開発権の多くが期限切れを迎えるのを前に、コンセッションの延長禁止と新規コンセッションの譲渡禁止を打ち出した。近い将来にベネズエラからの撤退が不

図6-1　１日あたりの産油量の推移（1965〜2019年）

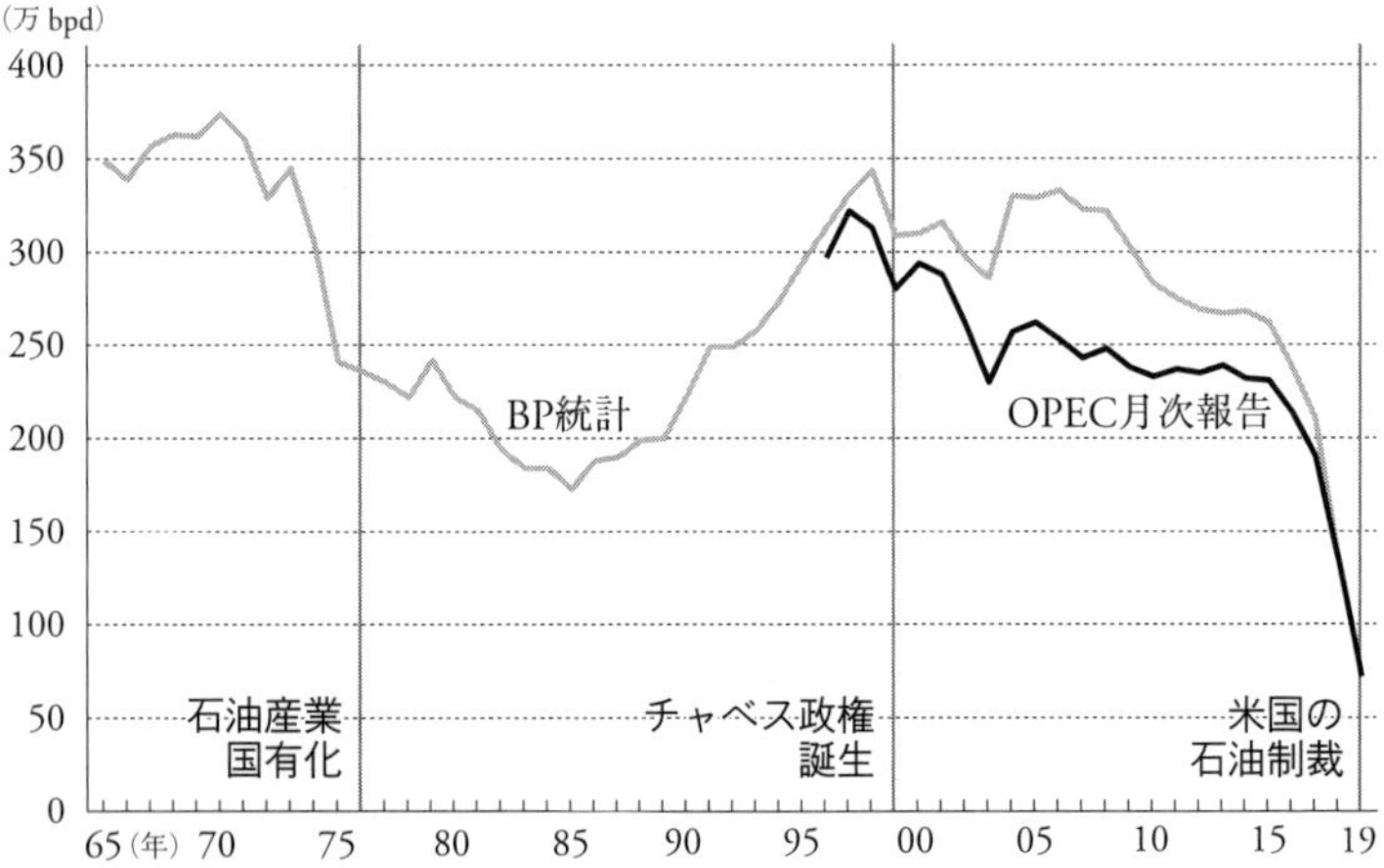

（注）BP と OPEC の数値の差については、本章の注 2 を参照
（出所）BP（2018）、OPEC（月報）より筆者作成

可避な状況となったことを受け、外資石油企業は投資を抑制しはじめた。それが一九七〇年代前半の急激な産油量の低下をもたらした（図6－1）。そのような状況で政府は、一九七五年に石油産業国有化を決定した（実施は一九七六年）。石油産業の国有化は、一九三〇年代以来の資源ナショナリズムが結実した瞬間だった。

ベタンクールらの資源ナショナリズムの根底には、著名な知識人であり政治家でもあったアルトゥロ・ウスラル・ピエトリが一九四〇年代に提唱した「石油を種蒔く」という概念がある。これは、石油開発の急速な進展とともに、それまでの主要経済活動だったカカオやコーヒーなど輸出向け農業が衰退したことと、その結果、石油生産は拡大してもその富は海外に持ち出され国内の貧困が改善しないことを憂えたものだ。そして、石油収入を農業部門に投資して生産を拡大させるべきと主張した。*8 この考えは、一九五八年に民主化して以降ベタンクールらによって製造業に向けられ、石油収入を原資とした国家主導の工業化戦略のスローガンとなった。

なお、チャベス期にも「石油の種蒔き戦略」という名の長期石油政策が発表されている。その目的には、「より公正で持続可能な経済モデルを構築し、貧困や社会的排除と戦うために、社会経済開発を促進する」ことが掲げられている。[*9] 農業支援（ウスラル・ピエトリ）、工業化（ベタンクール）、社会開発（チャベス）と、セクターに違いはあるものの、石油収入を国内の経済社会開発の原資とするという戦略は、歴史を通して国家開発計画の柱であり続けた。

産油量の回復に向けて

一九七六年の国有化で唯一の石油生産の担い手となった新生PDVSAにとって、喫緊の課題は急落を続ける産油量の回復だった。ベネズエラよりも先に石油産業が国有化されたメキシコでは、石油産業が資源ナショナリズムと政治に取り込まれて競争力を失い、一時は石油を輸入するまでに衰退した。それを反面教師としてベネズエラは、国有化後には産油量の回復をめざし、国家介入を抑制してPDVSAには政府から相対的に独立した経営を容認した。国有化前の外資石油企業ごとに事業子会社を設立し、それぞれに外資時代の事業や人材を引き継がせた。またそれら子会社間の競争を促すことで、競争力の維持をはかった。そして能力主義人事を徹底して優秀な人材を集め、石油産業や企業経営の経験豊富な専門経営者に経営を任せた。

その結果、産油量の低下は一九八〇年代半ばに底を打ち、回復しはじめた。ところが一方で、先

表6-3 PDVSAと外資との合弁企業による1日あたり産油量の推移

	1997年		2005年		外資参加事業の国有化	2014年	
	（万 bpd）	（%）	（万 bpd）	（%）		（万 bpd）	（%）
合計	310	100.0	321	100.0		278	100.0
PDVSA	282	89.3	210	64.4		174	62.6
外資参加プロジェクト	28	9.0	110	33.8		104	37.4

（注）2014年は年データしかないため、日産量を筆者が計算
（出所）Minpet（2006: 80, 2016: 67）より筆者作成

述したようにマラカイボの産油量が低下しはじめ、中長期的には在来型油田の埋蔵量や産油量が減少していくのは明らかだった。そのため、一九九〇年代のPDVSA経営陣は、新規油田開発、とくに莫大な埋蔵量がありながらも技術的・資金的に手つかずだったオリノコ超重質油の開発・生産が急務と認識した。

しかし生産・精製に追加コストがかかるオリノコの超重質油プロジェクトをPDVSA単独で行うには巨額の資金が必要になることから、外資を誘致することが必要であると考えた。PDVSA経営陣は、資源ナショナリズムがいまだ根強い政府や議会の強い抵抗にあいながらもねばり強く交渉し、外資導入のための「石油開放政策」を実現させた。外資参入の方法については三つの異なる枠組みを準備したが、そのうちふたつにおいて二〇〇〇年前後から生産が開始され、低迷していたベネズエラの石油生産を支えるほどになった（表6－3）。

外資石油企業が産油国の石油事業に参入する際には、いくつかの契約形態がある。資源ナショナリズムが強い産油国の場合、所有権や経営支配、そして生産物（原油）を国（または国営会社）が握ることを重視する。もっとも国のコントロールが強い契約形態が、「サービス契約」と呼ばれる業務委託だ。外資はあくまでもPDVSAの下請け扱

いになり、そのため所有権や経営権は外資に移らず、生産物も外資に渡らない。一方、外資石油企業としては、政府による干渉を抑えて自由な経営ができることや、生産物（原油）を受け取ることが重要だ。それが可能となるコンセッション（ライセンス）契約や、みずからが株式の過半数を所有する合弁企業形態が好ましい。外資との契約形態は、その国の資源ナショナリズムの強さや産油地域の競争力（埋蔵量の大きさや探鉱開発のしやすさ、油種など）によって、国が外資企業に対してどれほど強気で交渉できる状況にあるかで規定される。

一九九〇年代の外資への石油開放政策の枠組みのひとつは、在来型原油の油田開発を外資に委託するサービス契約だ。外資石油企業は石油開発・生産に従事するものの、生産物（原油）を受け取れず、オペレーションに対する対価（サービス代金）を受け取る。事業の経営支配（意思決定）や生産物（原油）はPDVSAが握っているため、根強い資源ナショナリズムをかわしやすい。この枠組みでは三二の契約が結ばれ、二〇〇六年第一四半期にはあわせて一日あたり四六万バレルを生産していた。[*10]

外資への石油開放政策のもうひとつの枠組みが、オリノコ超重質油の開発・生産に関する「戦略的提携」と呼ばれるものだ。これは先のサービス契約とは異なり、外資との合弁事業である。しかも外資が過半数シェアを保有することを認め、税率や利権料においても優遇的な条件での外資参入が認められた。一九九〇年代は国際石油価格が低迷しており、利益マージンが小さいオリノコ超重質油プロジェクトに外資を誘致するには、外資に対してより自由度が高い条件を提示する必要があったためだ。

その結果、エクソン・モービル、コノコ・フィリップス、シェブロンなど大手外資石油企業が参入し、外資がマジョリティ株主、PDVSAがマイノリティ株主となる四つのプロジェクトが立ち上がった。それらは二〇〇〇年前後から生産を開始し、二〇〇五年には合わせて一日あたり五八万バレルを生産している。[*11]

3　チャベス政権による石油政策の揺り戻し

政治的支配の確立

外資への門戸開放で産油量の回復に成功した一九九〇年代から、チャベス政権は石油政策を一変させた。チャベス政権の石油政策の特徴としては、石油産業における国家支配の拡大、財源としての役割の強化、そして反米主義と資源ナショナリズムが指摘できる。

国営石油会社はしばしばふたつのアイデンティティの間でジレンマに陥る。ひとつは生産企業、もうひとつは財政収入源としての立場だ。生産企業としては、政治を排除し、政府への税金や利権料などを抑えて投資に回し、生産や埋蔵量、利益拡大を追求する。一方、政府は国営石油企業を財政収入源や社会経済開発の牽引役として捉え、より多くの資金を国に拠出するよう求める。

先述したように、国有化以降一九九〇年代までのPDVSAは、産油量拡大という命題のために政府からの介入が抑えられ、一定の自立的経営が容認されていた。能力主義を貫き、海外の博士号を含む高学歴の専門経営者やエンジニアを数多く抱えた当時のPDVSAは、開発途上国の国営企業らしからぬエクセレント・カンパニーとして、石油業界では知られる存在だった。

しかしチャベス大統領は、政府からの独立性を維持しようとするPDVSAを「国家のなかの国家気取り」であるとして批判し、PDVSAへの政治介入を拡大した。チャベス大統領は生産企業であるよりも財源としてのPDVSAの役割を重視した。そしてそれを実行させるために、経営陣の登用にあたっては、石油産業や企業経営の経験や知識ではなく、政権あるいは「ボリバル革命」への忠誠心を重視した。それは、PDVSAが築き上げてきた能力主義の伝統を破壊し、PDVSAの競争力を削ぐものになるとして、PDVSA役職員から激しい反発を生んだ。二〇〇二年二月には、PDVSAにより多くの資金を国に納めるよう求めるチャベス大統領の圧力を拒否した経営陣[*12]が解任されたことが契機となり、連日PDVSA役職員による抗議行動が展開され、それが二ヵ月後の四月にチャベス大統領が二日間政権を追われる政変に発展した。

同年一二月には、チャベス退陣を求める石油部門を中心とした反政府派のゼネストが決行された。両者譲らないまま二ヵ月が経過し、石油生産および国家経済に大きな傷跡を残す一方、ゼネストに屈しなかったことでチャベス大統領はPDVSAの制圧に成功した。チャベス大統領はストに参加した反政府派の役職員を更迭・解雇し、その結果PDVSAは役職員数の約半数を失った。ゼネスト以前には約四万人だった役職員数は、反チャベス派を追い出したのち経験の浅い（ない）職員が大量に雇用され、一〇万人を超えた。職員が倍増する一方でPDVSAの一日あたり産油量は大きく縮小しており、チャベス、マドゥロ両政権下で生産性が著しく低下したことは明らかだ。

チャベス大統領はPDVSAを「ボリバル革命」の推進役として位置づけ、「革命的PDVS

A」というスローガンのもと、PDVSAを完全に掌握した。二〇〇三年のゼネスト以降チャベスがPDVSA総裁に任命したのは、アリ・ロドリゲスとラファエル・ラミレスである。ロドリゲスは一九六〇年代の共産党ゲリラ戦士で、その後急進正義党（LCR）およびそこから分派した皆の祖国党（PPT）選出の国会議員を長年務めた左派政治家だ。ロドリゲスの後を継いだラミレスは、PDVSAの内部昇進者だが、与党「ベネズエラ統合社会主義党」（PSUV）の執行部にも名を連ねるチャベス派の有力幹部のひとりでもあった。

チャベス、マドゥロ両政権下でPDVSAの国家支配を確実にするための人事として注目されるのが、石油大臣とPDVSA総裁の兼任だ。チャベス期のラミレス、マドゥロ期のマヌエル・ケベド将軍が両方のポストを兼任していた。石油政策を立案し監督する立場の大臣と、実行責任者であるPDVSA総裁を兼任させることで、PDVSAは完全に政府に取り込まれた。

PDVSA支配の確立とともに、チャベス政権はPDVSAからより多くの資金を政府が確保するための仕組みを作った。まず利権料率や石油法人税を引き上げ、すべての石油プロジェクトの利権料率を一律三三・三三％、石油法人税率は五〇％とした。さらに、PDVSA社債を使って海外から資金を調達するようになった（第5章参照）。

PDVSAは、利権料、諸税といった制度化された国庫拠出金に加えて、肥大した財政支出をまかなうために、社債発行や中国、ロシアからの借入の支払いまで背負わされることになった。その結果、PDVSAは、国際石油価格が高騰している時期や社債発行による資金調達に成功したときでさえ、慢性的な資金不足に苦しみ、新規投資どころかメンテナンス投資も十分に行えない状況に置かれた。それが、チャベス、マドゥロ両政権期に産油量が低下した最大の原因だ。

資源ナショナリズムと外交戦略を反映した石油政策

チャベス政権下の石油政策には、資源ナショナリズムと政権の外交戦略が色濃く反映され、一九九〇年代に始まった外資への石油開放政策の再編が行われた。石油開放政策のすべての事業が、PDVSAが株式の過半数を所有し、経営を支配する合弁事業へと強制的に転換された。大半の外資はベネズエラでのオペレーションを継続するためにこれらの強制的な制度変更（事実上の国有化）を受け入れたものの、エクソン・モービルやコノコ・フィリップスは移行条件に同意せず撤退を余儀なくされ、PDVSAがそれらの事業を接収した。

このように、一九九〇年代に外資が参入したすべてのプロジェクトが、PDVSAが過半数を所有する合弁事業[*13]へと一本化された。その後新たな事業も始まり、石油省の最新統計によると、二〇一四年時点ではオリノコ超重質油プロジェクトは九つ、サービス契約などから転換された合弁事業は三三件となった。[*14]競争入札で事業者が決まった一九九〇年代の石油開放政策とは異なり、チャベス政権下では入札は行われず、合弁相手企業の選定基準やプロセスは不透明である。

なかでも注目されるのは、中国およびロシアなどの国営会社が多くの案件に参加していること、そしてアルゼンチンやブラジルなど、チャベス政権と親交があった南米の左派政権（当時）や、ベラルーシ、ベトナムといった、石油開発ではあまり知られていない国の国営会社が参加していることだ。チャベス政権下では事業パートナーは、その企業の競争力や技術力ではなく、友好国の国営

表6-4　おもな原油輸出先

2000年		2010年		2016年	
米国	78%	米国	66%	米国	48%
カナダ	4%	インド	11%	インド	24%
トリニダード・トバゴ	3%	中国	8%	中国	22%
ブラジル	2%	ベラルーシ	3%	スウェーデン	1%
ドイツ	2%	ウルグアイ	1%	スペイン	1%
スペイン	2%				

（注）政府の統計と「原油」項目に含まれるものが異なるため、数値は一致しない

（出所）OEC, MIT website〈https://atlas.media.mit.edu/en/visualize/tree_map/hs92/export/ven/show/2709/2016/, accessed on February 10, 2020〉のデータより筆者作成

企業が多く選ばれており、石油事業のパートナー選びも外交戦略に組み込まれている。

外交戦略を石油政策に反映させる姿勢は、輸出先の変化にもみてとれる。二〇〇〇年ごろまではベネズエラの石油輸出の八割近くは米国向けだった（表6-4）。反米主義をかかげるチャベス大統領は米国依存からの脱却をめざし、石油輸出先の多様化に取り組んだ。ベネズエラは太平洋側に出口（港）をもたないため、従来は運搬費がかさむアジア向けにはほとんど輸出してこなかった。しかし二一世紀に入り急成長を遂げるアジアの巨大新興国である中国とインド向けの石油輸出が拡大し、二〇一六年までに両国は、それぞれベネズエラ石油の二割以上を輸入する重要な市場となった。

アジアへの石油輸出が拡大する一方で、米国向けは縮小した。とはいえ先述したように、二〇一九年一月に米国が石油貿易禁止措置をとるまでは、米国はいまだベネズエラにとって最大の石油輸出先だった。なお、米国側からみた場合、石油制裁前の二〇一八年時点で、米国の石油輸入におけるベネズエラの割合は五・九%にすぎない[*15]。

ちなみに、日本はベネズエラからはほとんど原油を輸入していない。唯一の長期契約としては、二〇一一年に日本の商社四社と国際協力銀行（JBIC）がPDVSAに一五億ドルを融資したのに対して、一五年にわたり年間三〇〇万バレルを納入するという枠組みがあるのみだ。日本の原油輸入全体に占めるベネズエラ原油の割合は〇・二％ときわめて小さい。[*16]

チャベス、マドゥロ両政権下での石油産業の弱体化

チャベス、マドゥロ両政権下ではPDVSAは生産企業ではなく、ボリバル革命を進める政府の財源としての役割が強化され、石油政策やPDVSAの経営方針は経済合理性ではなく、政治的・外交的利害を反映するものとなった。投資よりも国庫への資金提供が優先され、国の債務の肩代わりもさせられたため、石油価格が高止まりした時期でさえ、PDVSAには投資余力がなかった。その結果、新規投資どころかメンテナンス投資もほとんど行われず、PDVSA自身による石油生産は、チャベス政権誕生前（一九九七年）の一日あたり二八二万バレルから二〇一四年には一七四万バレルへと六割に縮小した（前掲、表6-3）。一方で、一九九〇年代に参入した外資による生産が二八万バレルから一〇四万バレルに拡大することで、PDVSAの生産縮小分を補完してきたが、それでも産油量低下を食い止めることはできていない。

マドゥロ期には、産油量の減少はさらに加速した。その理由のひとつは、資金、とくに外貨の不足によって、実際に掘削や生産など現場の作業を担う「サービス会社」と呼ばれる企業やサプライヤーへの支払いが滞り、その結果、サービス会社がオペレーションを中断することが増えたからだ。

現場の生産活動の規模を示す指標として、稼働中のリグ（掘削や原油を汲み上げるための装置）の数があるが、二〇一二年の八〇基前後から二〇一六年には五〇基前後に、そして二〇一八年後半にはすでに二〇基台へと、四分の一に減っている。その結果、一日あたり産油量は二〇一八年一二月には一一七万バレルと、米国の制裁前にすでにチャベス期以前の五分の一へと縮小している。[*17]

くわえて、資金不足からオリノコ超重質油の生産が困難になっている。改質装置がメンテナンス不足で稼働率を著しく落としているため、近年は比重の軽い石油を輸入して超重質油を希釈していた。しかし外貨不足から希釈用石油が輸入困難になっており、それがオリノコ超重質油の生産を低下させている。ちなみに二〇一九年一月の米国による石油貿易禁止措置では、ベネズエラから米国への原油輸出だけでなく、米国からベネズエラへの石油輸出も禁止された。制裁措置がとられる前には、ベネズエラは希釈用石油を米国から輸入していたため、石油制裁によってベネズエラは最大の原油輸出市場を失っただけでなく、希釈用石油が入手困難になり、改質原油の生産に支障をきたすという二重のダメージとなった。

また、従業員の大量離職も、産油量減少の一因であるといわれている。PDVSAの資金不足とハイパーインフレからPDVSA役職員の実質賃金が大きく下落しており、それが大量離職を招いている。二〇一六年末には一四万三〇〇〇人だったのが、一年で四万人弱が離職したとの報告がある。[*18]

二〇一八年には、わずか一年で産油量が半減した。その理由として、マドゥロ大統領が二〇一七年一一月に、石油産業や企業経営の経験がないマニュエル・ケベド将軍を石油大臣とPDVSA総裁の両方に任命したことがある。資金難のなか産油量の回復をめざすという難題に対して、ケベド将軍は無策だった。一方で、PDVSA内部の汚職を一掃するとして、たたきあげの幹部などを多数更迭し、数人は汚職容疑で逮捕された。それにより、PDVSA内の人材不足はますます深刻化した。

ベネズエラの石油産業の弱体化は、上流部門（開発・生産）にとどまらず、下流部門（精製・販売）にも広がっている。ベネズエラの石油産業の下流部門は、ふたつの問題を抱えている。ひとつは、政府によってきわめて安価な国内ガソリン価格が設定されていることだ。石油は国民のものとの考えが国民にも広く共有されているため、歴史を通して国内ガソリン価格の引き上げはきわめて困難な政治課題である。ハイパーインフレ下でガソリン価格は据え置かれてきたため、大型車の燃料タンクを満タンにしても代金はほぼゼロだ。このような状況では、国内下流部門（ガソリンスタンドでの小売り）の運営や国内市場向けの精製は、PDVSAにとってはコストでしかない。

また、チャベス、マドゥロ両政権下で政府に多くの資金を吸い取られて資金難に苦しんできたPDVSAは、上流部門に加えて下流部門のメンテナンスも、長年にわたりできていない。外貨不足でメンテナンスや修理に必要な部品も輸入できず、精製部門の稼働率は落ちている。産油量の減少と精製部門の弱体化で、近年ベネズエラは著しいガソリン不足に陥っている。食料などの欠乏がヤミ市場やドルでの売買を生んだように、ガソリンもドルで売買するヤミ市場や横流しのガソリンをタンクで取引する個人「バチャケーロ」（第5章参照）が現れた。二〇二〇年五月時点では、乗用車一台を満タンにするためにバチャケーロに支払う金額はおよそ三〇ドルとのことだ。[*19]

マドゥロ政権はイランから急遽ガソリンを輸入したが、ガソリン不足を解消するには不十分で、問題解決にはほど遠い。二〇二〇年六月、マドゥロ政権はついにガソリン価格の引き上げとドルでの販売、購入量制限を導入した。[*20] ドル化に移行したのではなく、ガソリン購入時のドル利用を正式に認めたものだ。ガソリン価格は一リットル〇・〇二五ドルと、引き上げられたとはいえ、いまだにただ同然の水準だ。さらにこの優遇価格でガソリンを購入するためには、有権者の情報管理のためにマドゥロ政権が作った電子カード（第4章、第7章参照）の提示が必要とされた。

国家介入型石油政策と産油量

石油資源は巨額の収入をもたらすため、産油国において国営石油会社が政治や資源ナショナリズムに取り込まれるのは、ベネズエラに限ったことではない。石油政策や国営石油会社の経営に資源ナショナリズムや政治的要素が入り込むと、意思決定において必ずしも経済合理性が追求されなくなる。その結果、非効率経営から産油量が落ちることが、ベネズエラの歴史を通じて繰り返されてきたし、ラテンアメリカの産油国の経験からも観察できる。

ベネズエラでは、資源ナショナリズムが強く石油政策に反映され、国家介入が強まった一九七〇年代前半から国有化後に産油量が減少した。それからの回復をめざすべく、ＰＤＶＳＡが専門経営者のもとで政治からある程度独立した経営が許されていた時代、そして外資に門戸が開かれた一九九〇年代には産油量が回復した。しかし、チャベス、マドゥロ両政権下でＰＤＶＳＡが政治に取り込まれるにつれ、産油量がふたたび大きく減少した。[*21]

図6-2　南米4産油国の産油量の推移（1998〜2019年）

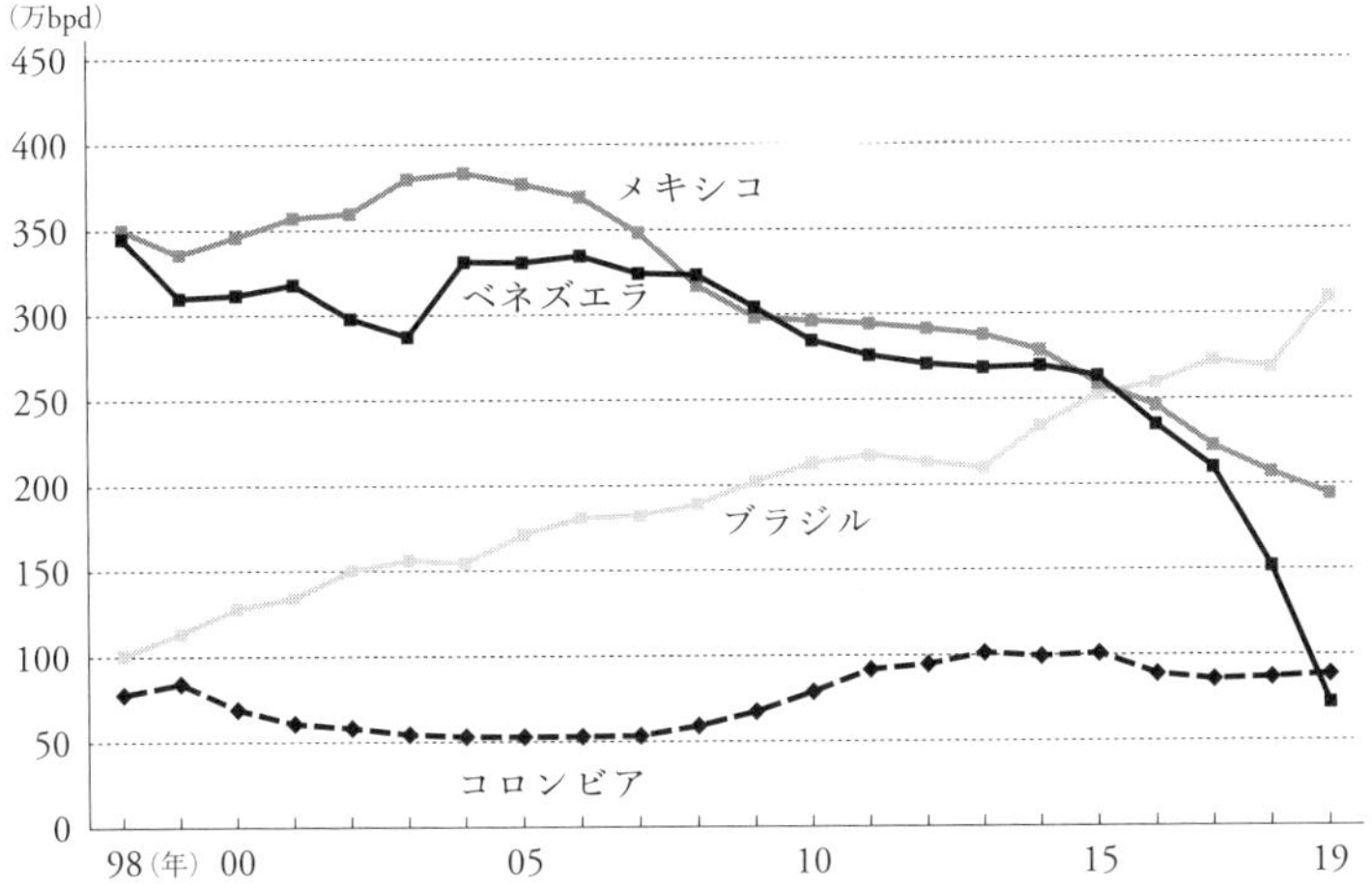

（注）2019年は11月の平均量
（出所）BP（2019）、OPEC（2019）、ANH websiteより筆者作成

ラテンアメリカの近隣諸国の石油産業の経緯と比べても、石油政策と産油量の間には同様の関係がみてとれる。[*22] 図6-2は、ベネズエラを含むラテンアメリカの四つの産油国の過去二〇年の産油量の推移を示している。

ラテンアメリカの伝統的産油国であるベネズエラとメキシコは、一九九〇年代末にはいずれも一日あたり三〇〇万バレル以上を生産していた。しかし両国ともに過去二〇年で産油量が縮小している。メキシコはベネズエラ同様に、メキシコ革命に根をもつ強固な資源ナショナリズムが石油産業における外資参入を拒んでいた。主要油田が急速に産油量を落とし、石油産業の立て直しのためには深海油田の開発が急務で、そのためには技術力と資金力をもつ外資への門戸開放が必至だったが、政治的に強い反発があり、二〇一三年まで実現しなかった。同年に石油産業の国有化を規定する憲法条項が改正されて以降、公開競争入札を通じて外資の参入が認められ、探鉱・開発が進められており、新たな油田の生産開始と拡大が待たれる。

一方、ブラジルが今世紀に入ってから産油量を拡大し、ついにはベネズエラとメキシコを抜いて、ラテンアメリカ最大の産油国となった。ブラジルは石油事業への外資導入のみならず、国営石油会社ペトロブラスによる国内石油生産の独占を廃止し、外資企業と入札で競わせたり、ペトロブラスの株式を公開するなど、市場志向型の石油政策をとってきた。また、ペトロブラスはブラジルをベースとしながらも、メキシコなど海外でのビジネスに参入している点も、ベネズエラとは異なる。

このような戦略は、ブラジル・モデルとしてラテンアメリカではコロンビアやメキシコの石油政策に影響を与えた。コロンビアはブラジル・モデルを参考に石油政策を修正した結果、二〇〇七〜一五年ごろには産油量を拡大させた。またチャベス政権下でPDVSAを解雇された多くの優秀な石油人材がコロンビアの石油産業に従事し、石油生産の拡大に寄与した。マドゥロ政権下で産油量の下落が止まらないベネズエラは、二〇一九年にはついにコロンビアにも産油量を抜かれている。世界最大の石油埋蔵量に恵まれながら、チャベス、マドゥロ両政権下でベネズエラの石油産業は凋落した。

第7章　社会開発の幻想

チャベス大統領のボリバル革命は、もとより経済成長ではなく、人びとの生活状況や社会サービスの改善、人的資本の開発を中心に据えてきた。それは、ネオリベラル経済改革によって経済成長率が改善しても、その果実の恩恵を受けるのは企業家や富裕層、あるいは中間層に限定され、低所得者層まで及ばない、場合によってはさらに貧困が拡大する、との考えによる。

チャベス大統領は、石油価格の高騰がもたらした巨額の石油収入を使って大規模な社会開発投資を行い、その結果、貧困や格差、教育などの面で改善が見られた。しかし厳しい資金不足に悩まされるマドゥロ政権下ではそれを継続できず、国民の生活や命が脅かされる事態に陥っている。

1　ボリバル革命の目玉、「ミシオン」

社会開発ミシオンの内訳

チャベス政権は、さまざまな社会分野において「任務」を意味する「ミシオン」と呼ばれる社会

表7-1　ミシオンを含む社会開発支出の総額と資金源（2003〜14年合計）

	国家予算		PDVSA		合計	
	（億ドル）	（%）	（億ドル）	（%）	（億ドル）	（%）
ミシオン合計	336	72.5	1,017	56.2	1,354	59.5
その他	127	27.5	794	43.8	921	40.5
社会開発支出合計	464	100.0	1,812	100.0	2,276	100.0
（%）	20.4		79.6		100.0	

（注）PDVSAからの拠出は2014年は含まない。四捨五入により一のケタの合計は合わない

（出所）ディアス・ポランコ（2016:99）、表3-1より抜粋、筆者加筆

開発プロジェクトを打ち出し、石油収入を原資に大規模に展開した。*1

従来の教育や医療などの社会政策は、教育省など担当省庁や地方政府に制度的に組み込まれた組織や活動であるのに対して、ミシオンはその名が示すように、直面する社会的問題に対処するプロジェクトとして設置される。チャベス大統領が重要であると認識した社会問題に対処すべく、関係省庁や国会で議論・調整することなしに、突然発表されることが多かった。たとえば食料不足が深刻になると、海外から輸入して低価格で販売するミシオンを設置するといった具合だ。

表7-1はミシオンおよびそれ以外の社会開発支出の総額と内訳、資金源を示したものだが、社会開発支出の約六割がミシオンである。つまりチャベス政権下の社会開発支出の六割は、各省庁管轄の経常的組織・活動ではないということだ。また資金源も、その八割が国家予算ではなくベネズエラ国営石油会社（PDVSA）から直接支出されている。つまりは、国会の審議や承認の対象外である。

チャベス政権期の二〇〇三〜一三年には、医療や教育などさま

ざまな社会開発分野で合計五六件のミシオンが実施された[*2]。ミシオンの主要分野は、医療、教育、食料供給、低所得者用住宅の四つで、それぞれ目的ごとに複数のミシオンが設置された。

たとえば医療では、貧困層居住地域に、予防医療など簡単なプライマリー・ケアを行うための医療ポストを配置するミシオン、貧困層の妊婦への周産期ケアを行うミシオン、キューバとの協力で眼科治療を行うミシオンなどがある。教育分野では、大人の識字教育、中等、高等教育の機会を拡大するミシオンなどが実施された。住宅分野では、貧困層向け住宅が全国で建設され、中国から輸入した冷蔵庫などの白物家電が無料で配布された。食料ミシオンでは、政府が国外から米、トウモロコシ粉、牛乳などの基礎食料を輸入して、国営スーパー・食料品店などで低価格で販売している。

これらミシオンは、石油収入を資金源とし、あるいは石油輸出と引き換えにそれらの国々から送られる物資や人材を利用して進められた。医療や教育のミシオンは、キューバに対して石油を送るかわりにキューバから派遣される医師や看護師、教師が担っている。住宅ミシオンの貧困層向け住宅建設は、中国からの借入金を使って建設され、無関税で中国から輸入された冷蔵庫などの白物家電が配られた。食料ミシオンで販売される食品は、ベネズエラが送る石油とのバーターで送られてくる製品が多い。

次頁の写真は、ミシオンの国営店舗PDVALで筆者が購入した食料品である。袋には「ボリバル政府は食料安全保障のために戦う」と印字されている。パスタは、「ペトロカリベ」という、中米・カリブの小国へ石油を優遇条件で供給する協定にもとづき、石油の対価としてドミニカ共和国から送られたものだ。パッケージには「ペトロカリベは、中米カリブ諸国との間で石油と食料の交

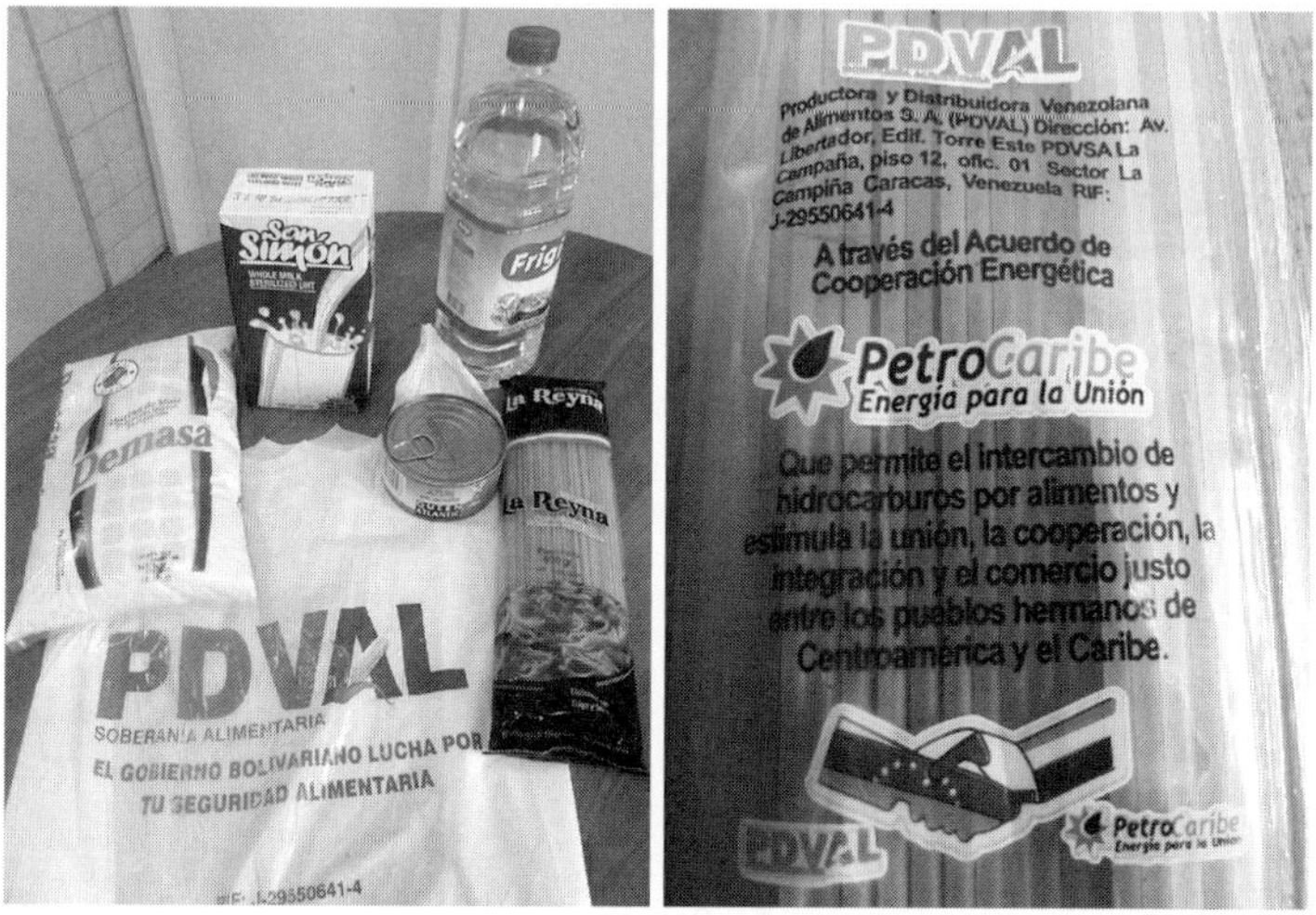

食料ミシオン PDVAL の輸入商品。左の写真は、左からトウモロコシ粉（国産、以下カッコ内は生産国）、牛乳（アルゼンチン）、ツナ缶（エクアドル）、食用油（ポルトガル）、パスタ（ドミニカ共和国）。右の写真は、パスタ袋の裏面に記載されているペトロカリベの説明と、このパスタを国内で安価に販売する国営食料小売店 PDVAL のロゴ（筆者撮影）

換を可能にし、兄弟諸国の間での結束と強力を促進する」と書かれている。そのほかは、チャベス政権が輸入したポルトガルの食用油、エクアドルのツナ缶、アルゼンチンの牛乳などで、トウモロコシ粉のみが国産だ。

筆者はチャベス政権誕生前の一九九〇年代半ばにカラカスで生活していたが、当時これらの食料品のほとんどが国産品だった。チャベス政権下で国内の農業・製造業セクターが弱体化して生産量が縮小し、品不足に陥ったため、著しく割安に設定された公定為替レートで政府が安く輸入し、あるいは石油とのバーター取引で輸入して、国営店舗で販売している。

ミシオンの不透明な支出と運営

二〇一〇～一四年の五年間で、すべて

の社会分野のミシオンに対して約七二〇億ドル、年平均約一四〇億ドルの資金が使われている。[*3] 安価に基礎食料を提供するミシオンや、中等教育の就学率引き上げを達成した教育ミシオン、多くの世帯が住宅を手に入れ生活環境が改善した住宅ミシオンなど、社会開発の成果をあげたミシオンは少なくない。一方、数年で活動が縮小・中断したものも多く、マドゥロ期には食料配給以外はすべてのミシオンが事実上機能停止、あるいは消滅した。[*4] また、ミシオンは非効率運営や汚職、あからさまな政治利用などの問題点が批判されてきた。

それらの問題はおもに、ミシオンが省庁の制度の外にアドホックにつくられ、制度化の度合いが低いこと、PDVSAなど国家予算の外から直接資金を集めることで、支出内容について事前審議や承認、事後の報告や監査などが行われないブラックボックスと化していたことに起因する。チェック機能が存在しないため、多くのミシオンの運営は非効率だ。貧困地区のプライマリー・ケア充実のために全国に設置された医療ポストの多くが、早々に閉鎖されたまま放置されたことや、ミシオンで配布するために輸入された食料が、港のコンテナ内で大量に腐敗したまま放置されていたことが明るみになり、大きな批判を浴びた。

運営や支出内容が不透明でチェックが働かないミシオンは、多くの汚職を生んだ。食料の輸入やその流通、住宅建設などは利権を生むとともに、公的部門の場合は実勢レートから大きく乖離した公定レートで外貨を割り当てられるため、そのマージンで違法に稼ぐことができる。たとえば、国営企業が輸入時に価格を過大設定して公定レートでドルを受け取り、余ったドルを担当者が私的に蓄財したり、ヤミ市場でそのドルを売れば、多額の収入を得られる。

ボリバル革命の利権によって台頭した新興企業は、ボリバル革命が生んだブルジョアという意味で「ボリブルゲシア」と揶揄されるが、彼らと癒着することで恩恵を受ける政権内リーダーや行政担当官が、私腹を肥やした。

省庁内で制度化された政策であれば、省庁は毎年報告書を作成し、担当大臣が議会に報告する必要がある。チャベス派が支配する国会での審議が透明性の高いチェック機能を果たしていたとは言いがたいものの、ミシオンの場合はそもそもその枠外であり、報告書や議会での承認、チェックが存在しない。

ミシオンの強い党派性

そして、より大きな問題は、ミシオンが政治ツールとして政権にあからさまに利用されてきたことである。ミシオンが開始された二〇〇三年は、チャベス大統領が二日間政権を追われた二〇〇二年四月の政変や、チャベス退陣を求める二ヵ月間のゼネスト、大統領不信任投票実施のための署名活動など、反チャベス派の攻勢が激化し、政権存続の危機に直面していた時期にあたる。

チャベス大統領はこの時期に、国際的な世論調査会社から、このままでは国民投票の結果不信任になるとの予測をつきつけられ、ミシオンの準備を始めたこと、そしてキューバのフィデル・カストロ国家評議会議長に支援を求めたと発言している。[*5] ミシオンの始動に、政権維持のための政治的意図が反映されていたことを認める発言だが、実際にその後ミシオンを大規模に展開した時期に支持率は上昇し、チャベス政権は政治的危機を乗り越えて安定化し、政権の長期化につながった。国際石油価格がその時期に上昇し、巨額の石油収入をチャベス政権にもたらし、ミシオンの大規模展開を可能にしたのも幸いした。

ミシオンの政治利用はあからさまである。全国に多数建設された住宅ミシオンの公営住宅の壁にはチャベス大統領の似顔絵とサインが記され、公金で建設されたこれらの住宅がチャベス大統領からのプレゼントであることを印象づけている。

住宅ミシオンのアパートの壁にはチャベス大統領の目と署名がある（筆者撮影）

筆者がカラカス赴任中の二〇一〇年には国会議員選挙が実施されたが、そのキャンペーン期間中には、テレビで住宅ミシオンの恩恵を受けた人びとの喜びの声が繰り返し流されていた。「チャベス大統領にいただいた家だ。おかげで初めてきちんとした家に住むことができた」と、涙ながらに感謝する女性の映像などである。ミシオン住宅の入居は公平に募集されるものではなく、反チャベス派の市民が入居することは、政治社会的圧力からきわめて困難である。またミシオン住宅の入居者は、明確なルールはないものの、実態としては、チャベス政権を支持し、チャベス派の政治集会に参加するなどの動員にこたえ、チャベス派に投票するよう、コミュニティ内で強い政治社会的圧力がかかる。コミュニティ内では誰がどちらの政治動員や集会に参加したかは知られており、チャベス派か否かを把握するのは容易だからだ。

医療ミシオンも政治色が強い。医療ミシオンは当初、貧困地域にプライマリー・ケアのための医療ポストの配置を進めたが、その管理は地元のコミュニティ組織である地域住民委員会にまかされた。その後チャベス政権が地域住民委員会は社会主義組織であると法律で規定したことにより、同委員会は完全にチャベス派の組織となっている。

地域住民委員会がコミュニティ内の医療ポストの管理を担い、石油の対価として派遣されてきたキューバ人医師をサポートし、コミュニティ住民のための医療サービスが提供されていた。反チャベス派住民の利用が禁止されているわけではないが、キューバ人医師とチャベス派住民が運営管理するこのミシオンを、反チャベス派の住民が利用するのは事実上困難である。実際、医療ミシオンのために送られてきたキューバ人医師一六人に対するインタビューでは、貧困地区において医療ミシオンが高度に政治利用されていた実態が、赤裸々に語られている。反政府派の患者は診ない、選挙でチャベス派に投票するように患者に伝える、貧困地区を一軒ずつ訪問して医薬品を渡すとともに、チャベス派候補に投票しないと医薬品は渡せなくなると伝える、などだ。[*6]

ベネズエラでは二〇世紀後半以降、無料の公立病院が各地に設置されていたが、一九八〇～九〇年代には財政難からインフラの劣化や医薬品不足に悩まされ、十分な医療サービスを提供できずにいた。チャベス大統領は、医師会やベネズエラ人医師と厳しく対立していたため、既存の無料公立病院の予算を拡充して立て直すのではなく、それらへの予算を削減し、かわりにキューバ人医師らを招き入れ、彼らが働く医療ミシオンを拡大した。

しかし経済危機下のマドゥロ政権では資金が枯渇し、二〇一七年までにそれら社会開発ミシオンは、食料配給以外は大きく縮小している。[*7] 医療ミシオン「貧困地区の中へ」のサービスを受けたことがある人は、二〇一五年の二六〇万人から二〇一七年には二〇万人に、住宅ミシオンの受益者は一四〇万人から一〇万人に激減した。二〇一七年以降は経済状況の悪化からさらに縮小したと考えられる。

他方で、マドゥロ政権下で開始され、唯一残るミシオンが、食料配給制度（CLAP）だ。CLAPとは、メキシコなど海外から輸入されたトウモロコシ粉や米、食用油などの基礎食品を袋や箱に詰め、安価で提供する制度である。マドゥロ政権はCLAPミシオンを軍人に担当させており、コミュニティレベルでは、医療ポスト同様に地域住民委員会が利用者の登録などを担う。

反チャベス派市民にとってCLAPは、キューバ同様の食料配給制度であることへの抵抗感から、当初はCLAPを受け取る反チャベス派市民は少なかった。しかし経済破綻と食料の欠乏、ハイパーインフレなどで背に腹は代えられなくなり、二〇一七年の調査では八七・五％の対象者が家族の誰かがCLAPを受け取っていると回答するなど、国民のCLAP依存が高まっている。二〇一七年には、カラカス首都圏では六二％の世帯が月に一回CLAPを受け取っているが、地方都市では月に一回受け取っているのは一八〜三五％と低く、五〜七割が不定期と答えている。

次頁の写真はCLAPの箱だが、それにはチャベス、マドゥロ両大統領の顔が描かれており、公金によって手当されたものが、あたかもふたりの大統領からのプレゼントであるかのように国民に印象づけるねらいがみえる。これは、国民の九割近くの胃袋が依存するCLAPの政治利用であるとして、反チャベス派は糾弾する。

　マドゥロ政権は、CLAPや補助金の受け取りの際に提示を義務づけた、電子チップ入りの「愛国カード」を作るよう国民に呼びかけている。二〇一八年に愛国カードを導入した際には、マドゥロ大統領みずから国営テレビ番組でカードの登録をしてみせた。その際には登録項目を読み上げ、「氏名、生年月日、身分証明書番号、支持政党、ベネズエラ統合社会主義党（PSUV）」と発言した。[8] 社会政策を受けるためのカード登録に支持政党をたずねること自体が政治利用を示唆し、このカードがきわめて政治色の強いものであることを印象づけた。

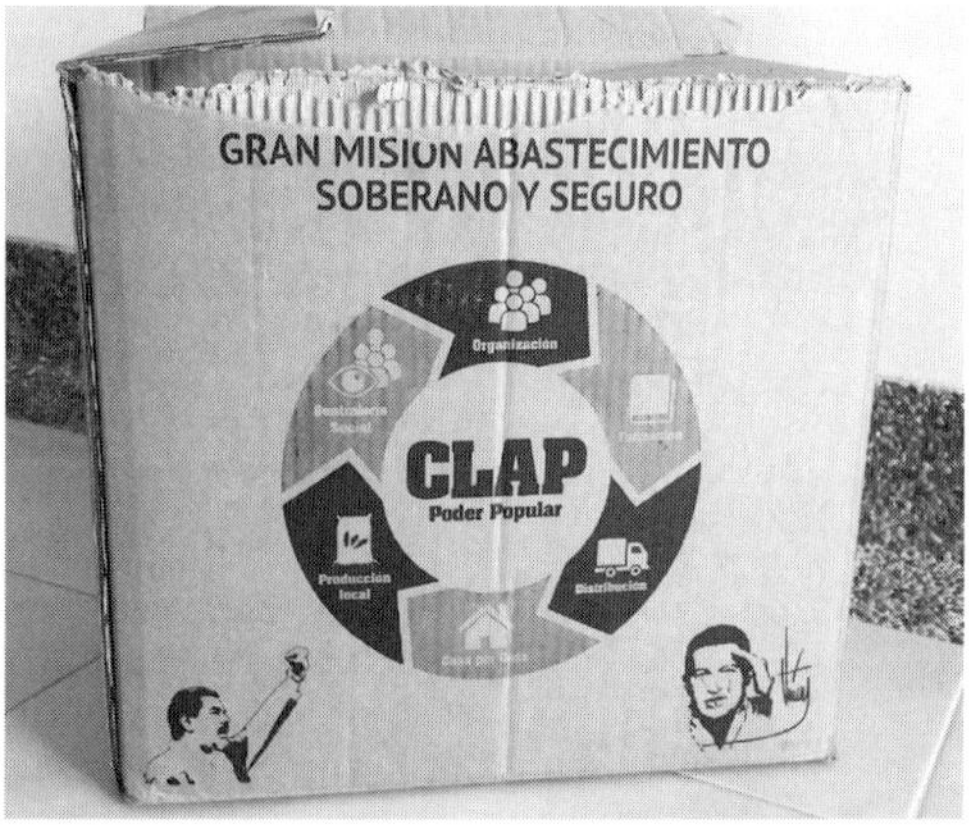

CLAPの箱（Wikimedia Commons. author: Jamez42, 2017年7月28日）

　二〇一八年五月の大統領選挙前にマドゥロ大統領は、国営放送を使って「投票後、近くのレッド・ポイント（チャベス派の詰所）に立ち寄り愛国カードを見せれば、賞品がもらえます」と大々的に宣伝していた。[9]

　この電子カードには中国のZTE社の技術が使われており、反チャベス派市民は、マドゥロ政権がこのカードを使って市民の情報を収集管理しようとしているのではないかと強く懸念している。[10]

2 貧困・格差の解消と社会開発

貧困の縮小?

貧困率の定義は、国や国際機関によって異なる。ベネズエラの国家統計局(INE)は、「所得水準にもとづく貧困率」と「ベーシック・ニーズ不充足率にもとづく貧困率」のふたつの貧困定義による統計を発表してきた。

所得水準による定義では、所得額が基礎食料バスケット購入に必要な金額以下の場合を「絶対貧困」、それに加えて住宅費や教育、医療などの基礎的サービスを含めた基礎生活財バスケット購入に必要な水準を「貧困」と定義する。一方、「ベーシック・ニーズ不充足率」にもとづく貧困率は、貧困指数に生活実態をより反映させるための指標で、居住に適した住居か否か、水道など生活インフラの有無、子どもたちの就学状況などから算出される。また、ベネズエラの貧困指数については、国家統計局に加え、国内複数の大学が共同で実施する「ベネズエラ生活状況調査(ENCOVI)」のデータがある。[*11]

国家統計局発表の所得水準にもとづく貧困率は、チャベス政権誕生直前の一九九八年上半期の四九・〇%から二〇〇七年上半期には二七・五%にまで大きく低下した。絶対貧困率も同時期に二一・〇%から七・六%へと低下しており、チャベス政権前期には貧困が大きく縮小したことがわかる。だがその後、貧困の改善は停滞し、経済成長率が鈍化しはじめた二〇一三年以降はふたたび拡

図7-1　経済成長率とベーシック・ニーズ不充足率（1999～2018年）

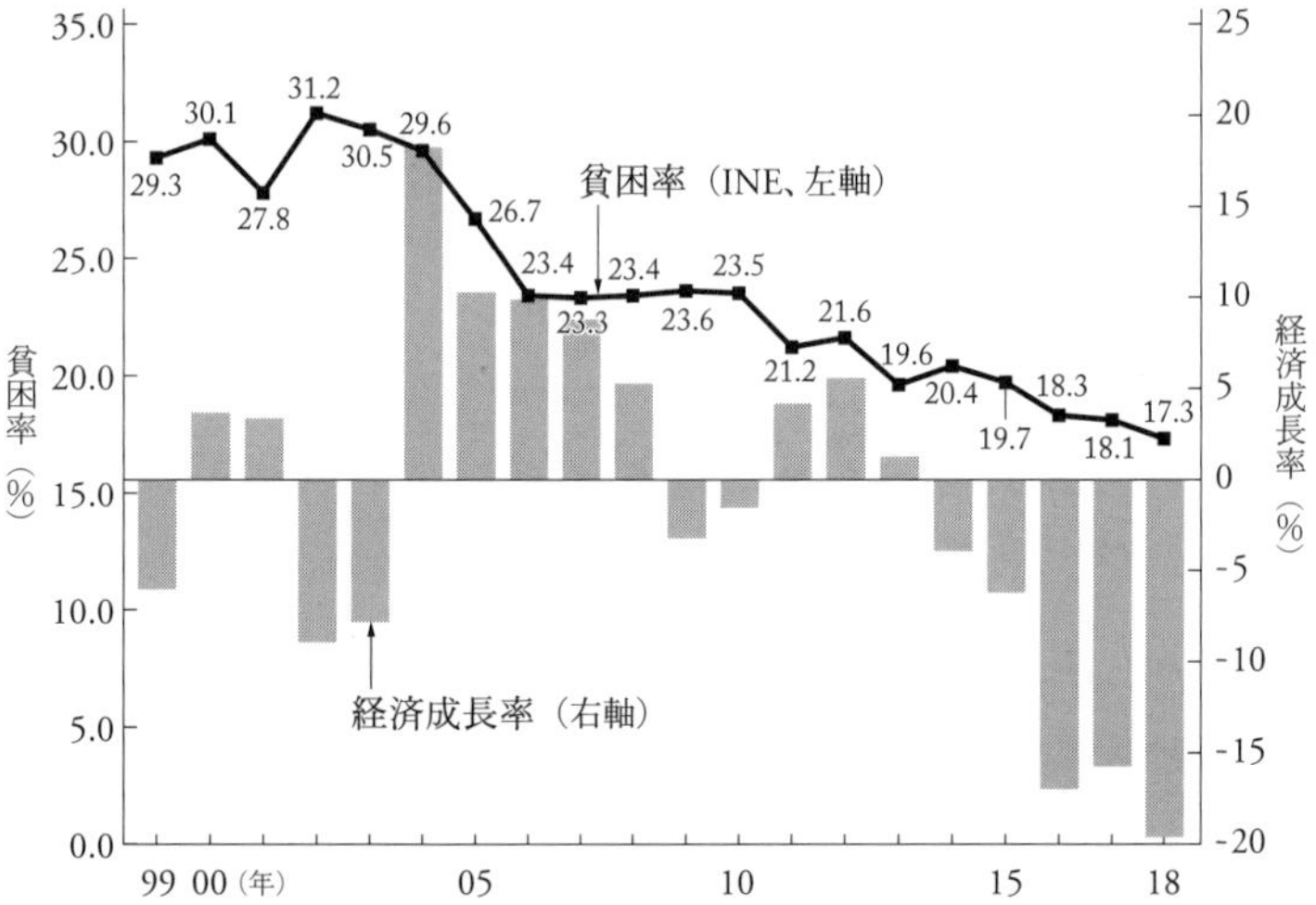

（出所）INE website〈http://www.ine.gov.ve/, accessed on July 20, 2020〉、BCV website〈http://www.bcv.org.ve/, accessed on July 20, 2020〉より筆者作成

大している。二〇一五年下半期以降、国家統計局はこの指標を公表していない。一方、ＥＮＣＯＶＩの所得水準にもとづく貧困率データによれば、貧困率は二〇一四年の四八％から二〇一八年には九一％へと大きく上昇している。

　国家統計局は、所得による貧困率を公表しなくなったが、一方でベーシック・ニーズ不充足率は公表を続けている。ＥＮＣＯＶＩも同様の方法で、独自にベーシック・ニーズ不充足度による貧困率を発表している。

　図７-１は、国家統計局発表のベーシック・ニーズ不充足率による貧困率を、経済成長率と合わせてグラフ化したものだ。国家統計局の数値では、チャベス政権を通して低下した貧困率が、経済がマイナス成長に陥った二〇一四年以降も、二％ポイント

以上低下し続けている。一方、ENCOVIの同様の定義の貧困率は、二〇一四年の三九％から二〇一八年は五一％と上昇している。GDPがほぼ半減するほどの経済破綻にあるこの時期に、貧困率が悪化するどころかむしろ改善するという状況は想像しがたく、国家統計局のデータよりもENCOVIの貧困データの方が実態に即していると考えるのが自然だろう。

ENCOVIのデータは、ベネズエラの貧困はチャベス期に大きく改善したものの、マドゥロ期の経済破綻状態のなかで、チャベス期前よりも高い水準にまで上昇したことを示している。

所得格差の改善？

つぎに、所得格差の推移をみてみよう。所得格差を表すジニ係数は、ゼロから一の指数で、数が大きいほど格差が大きい。国家統計局によると、チャベス政権誕生以前は〇・四八を超えていたジニ係数は、二〇一〇年ごろまで低下を続け（格差が縮小）、その後マドゥロ政権下の経済破綻期にも悪化することなく、二〇一八年にはわずかではあるが改善をみせて、過去二〇年で最低値となっている（図7－2）。チャベス政権期に所得格差が大きく改善したことは間違いないだろう。一方、マドゥロ政権期で所得格差が小さいままであるということについては、疑問が残る。もし国家統計局の数字が事実を示しているとすれば、おしなべて国民が貧しくなった、あるいは富裕層の所得が何らかの理由で統計で捕捉されなくなった可能性が考えられる。

チャベス政権期に所得格差が大きく改善したことは、チャベス政権の社会開発政策の成果としてしばしば言及される。ミシオンの効果を否定するものではないが、とはいえ、それ以外の要因も大

図7-2　所得格差（ジニ係数）の推移（1997〜2018年）

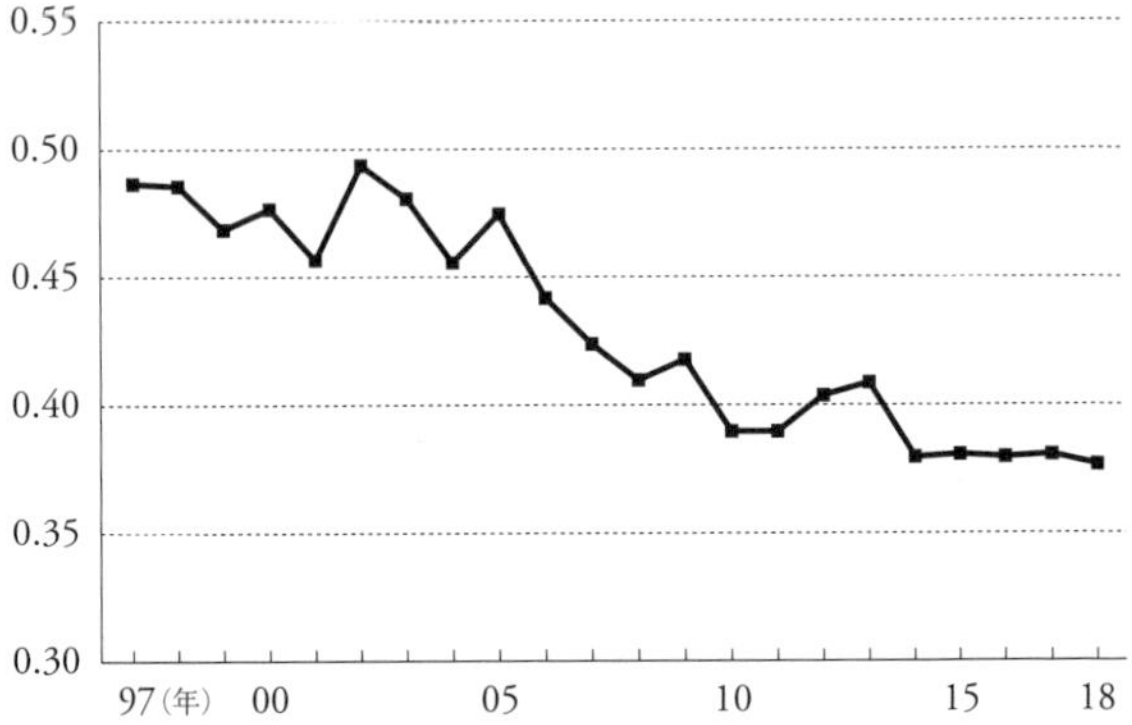

（注）ジニ係数は0から1の間で、数値が小さいほど較差が小さい
（出所）INE website〈http://www.ine.gov.ve/, accessed on July 20, 2020〉より筆者作成

きく寄与したと考えられる。チャベス期は石油価格が大きく上昇した時期であり、経済成長率が高かったことは、すでに触れたとおりだ（図7-1）。そのため雇用が拡大し、インフォーマル部門が縮小し、あるいは賃金水準が上昇したことが、貧困層の所得を底上げし、所得格差を縮小させた可能性がある。

表7-2は、チャベス政権期に公的部門雇用が倍増したことを示している。総雇用者数も増えているが、その増加率と比べても公的部門雇用の増加率は大きい。その結果、正規雇用契約をもたないインフォーマル部門労働者の割合も五三・三%から一〇ポイント以上低下した。失業率も一三・五%から八・五%へと低下している。このように、石油ブーム期に公務員雇用を拡大させたことが、インフォーマル比率や失業率を低下させ、それがチャベス期の貧困縮小や所得格差縮小に貢献したことは大いに考えられる。

つぎに、チャベス政権下の所得格差の改善をラテンアメリカの近隣諸国と比較してみよう。表7-3は、二一世紀に入って以降、ラテンアメリカ諸国はいずれもジニ係数が低下（格差が縮小）

表7-2　チャベス、マドゥロ期の雇用状況の推移

	1999-4Q ①	2013-1Q ②	2018-4Q ③	②／①	③／①
雇用者数　（人）	8,828,174	12,411,920	14,858,388	1.4	1.7
公的部門（人）	1,261,126	2,581,938	3,440,471	2.0	2.7
（%）	14.3	20.8	23.2		
民間部門（人）	7,567,048	9,829,982	11,417,917	1.3	1.5
（%）	85.7	79.2	76.8		
フォーマル部門（%）	46.7	58.6	58.6		
インフォーマル部門（%）	53.3	41.4	41.4		
失業率（%）	13.5	8.5	6.8		

（注）チャベス期は1999～2013年、マドゥロ期は2013年以降。四半期ごと（Q）に発表される

（出所）INE website〈http://www.ine.gov.ve/index.php?option=com_content&view=category&id=103&Itemid=40#, accessed on June 2, 2020〉より筆者作成

表7-3　ラテンアメリカ主要国の所得格差（ジニ係数）

ブラジル	1999	0.640	コロンビア	1994	0.601	ベネズエラ	1990	0.471
	2006	0.602		1999	0.572		1999	0.498
	2009	0.533		2005	0.584		2006	0.441
	2017	0.539		2010	0.560		2010	0.364
				2017	0.511		2014	0.378
チリ	1990	0.554	メキシコ	1989	0.536			
	2000	0.559		2000	0.542			
	2006	0.522		2006	0.506			
	2009	0.478		2010	0.510			
	2017	0.454		2016	0.504			

（注）ジニ係数は0から1の間の係数で、数値が小さいほど所得格差が小さい。国連ラテンアメリカ・カリブ経済委員会（CEPAL）の数字。図7-2の国家統計局の数値とは若干異なる

（出所）CEPAL（2007, 2018）より筆者作成

していることを示している。これは、この時期に石油をはじめとしてラテンアメリカ諸国の主要輸出品目である一次産品（鉱物、農産品など）の価格が上昇し、それによっていずれの国も輸出ブームに沸いて、この時期は経済成長率が高かったことが背景にあると考えられる。

また、ベネズエラ同様ブラジルやメキシコでも、この時期に大規模な社会開発政策がとられていた。とはいえ、二一世紀初頭のラテンアメリカ諸国でみられた所得格差の縮小を、それぞれの国の社会開発政策の成果と評価するのは慎重になるべきで、資源ブームとそれがもたらした高成長、雇用拡大などとともに複合的に作用していると考えられる。

人間開発指数

国連開発計画（UNDP）では、経済指標では捕捉できない、教育や保健医療、ジェンダーなど多様な社会指標を組み合わせた人間開発指数（HDI）を各国について毎年発表している。図7－3は、ラテンアメリカ主要国の人間開発指数の推移を示している。それによれば、ベネズエラの人間開発指数は、ミシオンが開始された二〇〇三年以降二〇〇八年までは他の国よりも速く上昇していたが、二〇一三年以降大きく低下し、二〇一八年にはラテンアメリカ主要国内では最低の水準にまで落ちた。

人間開発指数の構成要素である個々の指標についても、みてみよう（表7－4）。乳児死亡率では、ベネズエラはチャベス政権期以前にすでに、ラテンアメリカや世界平均よりも低い水準に達していた。チャベス期（一九九九～二〇一三年）にはさらに改善をみせたが、マドゥロ政権期には悪

図7-3　ラテンアメリカ主要国の人間開発指数（HDI）の推移
（1998～2018年）

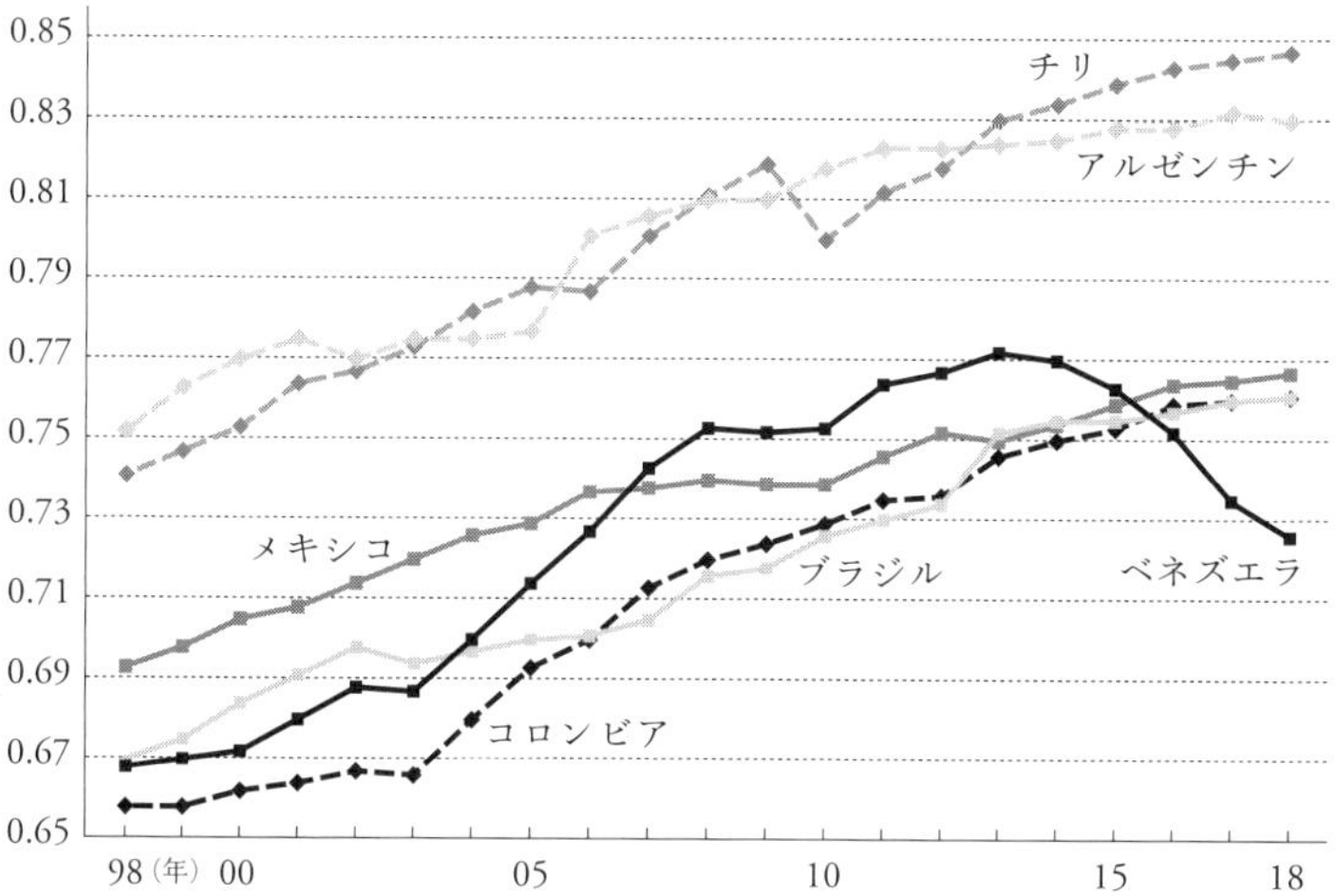

（出所）UNDP Human Development Data（1990-2018）〈http://hdr.undp.org/en/data, accessed on January 10, 2020〉より筆者作成

表7-4　人間開発の個別指標の推移

		1990年	2000年	2013年	2017年
乳児死亡率（1000人あたり）	ベネズエラ	24.7	18.5	15.4	25.7
	ラテンアメリカ	42.9	27.3	16.2	14.8
	世　界	62.2	51.8	32.6	28.8
中等教育就学率（%）	ベネズエラ	55	59	92	84
	ラテンアメリカ			95	
	世　界	52	59	78	
就学前教育就学率（%）	ベネズエラ	37	48	75	67
	ラテンアメリカ			73	
	世　界	27		46	

（出所）UNDP Human Development Data（1990-2018）〈http://hdr.undp.org/en/data, accessed on January 10, 2010〉より筆者作成

化に転じ、二〇一七年には一九九〇年よりも悪い状況となっている。二〇一七年以降は食料や医薬品の欠乏で乳幼児が命を落とすケースが数多く報告されており、乳児死亡率はその後さらに上昇していることが予測される。

つぎに、チャベスの教育ミシオンでもっとも成果をあげたといわれる中等教育の就学率をみると、チャベス期に大きく改善し、その後も二〇一三年までは上昇したものの、やはり同年以降減少に転じている。就学前教育の就学率も、チャベス期を通して四八%から七五%まで拡大したが、その後ふたたび縮小に転じている。

これらから、チャベス期には潤沢な石油収入をもとに社会開発ミシオンを大規模に展開した結果、二〇一三年までは社会開発において大きな改善がみられたことが確認できる。一方で、その後マドゥロ期に入り、経済危機が深刻化するなかで、それらの大半は悪化に転じた。なかにはチャベス期以前の水準にまで悪化してしまい、その結果、チャベス期の社会開発の進展が帳消しになってしまったものも少なくない。

3 治安

世界でもっとも危ない国のひとつ

ベネズエラは一九九〇年ごろまでは、ラテンアメリカのなかでは相対的に治安のよい国だった。それが二〇〇〇年以降に治安の悪化が加速し、ラテンアメリカどころか世界でももっとも危険な国

図7-4　殺人発生率（人口10万人あたり）と経済成長率（1999〜2019年）

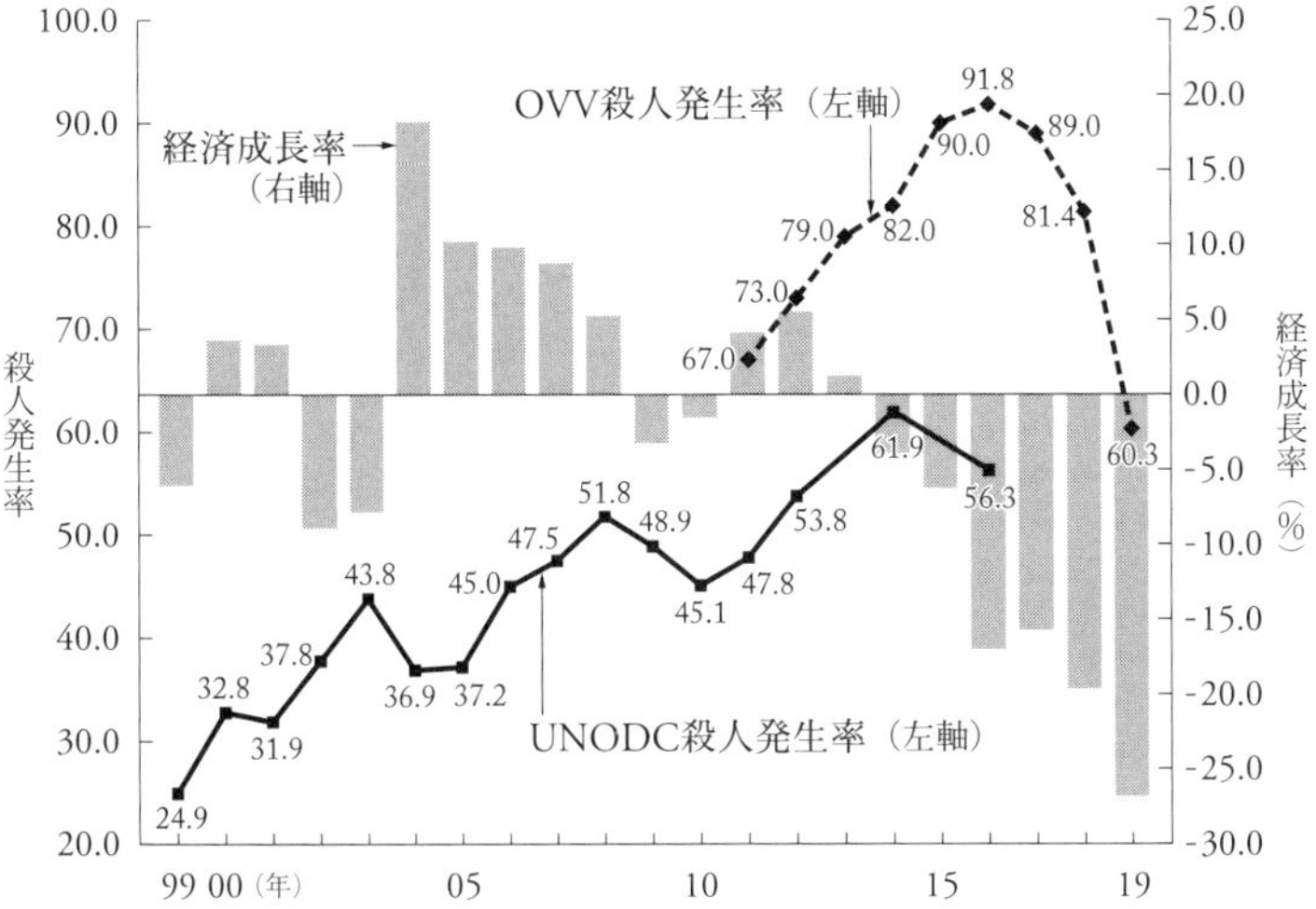

（注）2019年経済成長率は第1四半期の前年同期比
（出所）殺人事件発生率はDATAUNODC〈https://data.unodc.org/#state:1, accessed on February 16, 2017〉, OVV website〈https://observatoriodeviolencia.org.ve/informes/informe-anual-de-violencia/, accessed on July 23, 2020〉, 経済成長率はBCV website〈http://www.bcv.org.ve/, accessed on July 23, 2020〉より筆者作成

のひとつとなった。

国連麻薬犯罪事務所（UNODC）がまとめる世界各国の殺人発生率（人口一〇万人あたりの殺人被害者数）のデータベースによると、二〇〇〇年代以降、ベネズエラは毎年世界で二〜三番目に殺人発生率が高い国となっている。*12 UNODCの最新（二〇一六年）のデータでは、ベネズエラの殺人発生率は五六・三で（図7-4）、治安が悪いことで知られる南アフリカ（三四・〇）、ブラジル（二九・七）、コロンビア（二五・五）をはるかに上回る。ちなみに米国は五・四で、日本は〇・三だ。さらに殺人発生率を都市別でみた場合（二〇一五年）、世界でもっとも危ない都市はベネズエラの首都カラカス

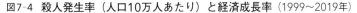

（二一九・八七）で、上位二〇都市にベネズエラの都市が五つも入っている。[*13]

筆者は、チャベス政権誕生前の一九九〇年代半ばとチャベス期の二〇〇九年以降に、それぞれ二年間カラカスに滞在した。一九九〇年代も決して治安はよくなかったが、犯罪は夜間や貧困地域にある程度集中していた。しかし二〇〇九年以降の二度目の滞在時には、カラカスは時間と場所を問わず、人が多い時間帯や場所でも誘拐や発砲事件が発生するようになっていた。すべての家・アパートの窓やドアには鉄格子がはめられ、アパートの駐車場から自宅に入るまでに、二〜三つの鉄格子を開ける必要があった。それぞれのドアには複数のカギがつけられており、まるで刑務所看守のごとく多くの鍵を持ち歩いていた。

夜間車で出かけざるをえないときは、襲われないように赤信号は止まらないのが鉄則である。スマートフォンを狙った強盗も多く、道端で使うのは危険だ。手っ取り早く稼ぐための「エクスプレス誘拐」も頻発する。従来の大がかりで巨額の身代金を要求する誘拐と異なり、被害者家族が短時間に準備できるぐらいの金額を要求し、身代金さえ支払えば、数時間で解放されるものも多い。報復を恐れて、警察に届ける人は多くない。

治安のデータ

ベネズエラが公表している治安に関するデータについても説明しておこう。[*14] 以前は警察や司法平和省がウェブページや年次報告で犯罪統計を公表していたが、治安が悪化しはじめたころから警察、司法平和省ともに公表しなくなった。治安当局がデータを出さなくなったため、国内七つの大学の

表7-5　犯罪の加害者・被害者の属性

	10万人あたり発生率	被害者が男性（%）	加害者が男性のみ（%）	被害者の社会階層（%）					銃の使用（%）
				Ⅰ	Ⅱ	Ⅲ	Ⅳ	Ⅴ	
殺人	75.1	81.1	78.1	2.0	1.9	12.4	56.5	27.1	79.5
誘拐	95.5	74.3	79.6	2.1	27.9	19.9	50.1	…	79.2

（出所）INE（2010: 67-71, 73）より筆者作成

治安専門家らがつくる市民団体「ベネズエラ暴力監視団」（ＯＶＶ）と、国家統計局（ＩＮＥ）の犯罪被害者に関する世論調査のふたつがおもな情報源となっている。

　ＯＶＶのデータによると、二〇一六年の一〇万人あたり殺人発生率は九一・八となっており、きわめて厳しい治安状況が示されている（図７‐４）。なお、ＯＶＶは、自分たちの数値は「控えめ」であると述べているが、国家統計局の犯罪被害に関する世論調査の結果と照らし合わせても、ＯＶＶの数値が実態に近いこと、少なくとも過大評価されていないことが推測できる。[*15]

　国家統計局の犯罪被害者調査から見えてくるベネズエラの犯罪状況は、以下のとおりである。表７‐５は、凶悪犯罪ふたつにしぼったデータだが、ここからは、各種犯罪の被害者、加害者のいずれも八割前後が男性であることを示している。また、社会階層（所得水準別に上位から二〇％ずつ五グループに分類）と犯罪被害についてみると、いずれのカテゴリーにおいても低所得者層（Ⅳ、Ⅴ層、とくに前者）がもっとも被害を受けている。殺人被害者の八四％は所得グループ低位四〇％の人びとである一方、高所得者層（Ⅰ、Ⅱ層）はあわせても四％だ。誘拐被害者も、Ⅰ層はわずか二％であるのに対してⅣ層は五〇％を超える。

　社会階層が高い人が犯罪に巻き込まれるよりも、低い人の間で起きる犯罪

がはるかに多い背景としては、社会階層間で生活空間が分離されていることが重要だろう。貧困層は加害者の大半が居住する「ランチョ」または「バリオ」と呼ばれるスラム地域に居住する。そこには、麻薬や銃などを密売する犯罪組織や、「コレクティーボ」と呼ばれる、政権と近い武装市民グループが存在し、それぞれのコミュニティに根ざして活動している。犯罪や銃が身近なバリオに居住する人びとは、犯罪に巻き込まれる可能性が高い。

一方、富裕層の生活空間は地理的にそれらから分離されている。中の上階層以上が居住するアパートや一軒家は、民間警備サービスと高圧電線、鉄格子に守られている。コミュニティの入口に守衛付きのゲートや鍵付きの鉄柵を設けている場所も多い。後述するとおり、警察の機能低下が著しく、富裕層はそれを有償の民間警備サービスで代替できるが、貧困層はそれができない。

経済的状況と治安

それではなぜ、ベネズエラの治安は急激に悪化したのだろうか。治安との関係でしばしば取り上げられるのが、貧困や格差などの経済社会的要因である。しかしベネズエラのチャベス、マドゥロ期の経験は、経済状況と治安の間の関係性がそれほど単純ではないことを示している。

前掲の図7－4は、ベネズエラの殺人発生率とGDP成長率の推移を並べたものである。二〇〇三～〇八年には経済成長率が五～一〇%前後と高水準にあったにもかかわらず、殺人発生率は上昇している。リーマンショックでの落ち込みをはさみ、二〇一一～一二年に経済成長率はふたたび五%前後に回復したが、そのときも殺人発生率は上昇している。

一方、リーマンショック後の経済後退期（二〇〇九～一〇年）および二〇一七年以降に経済が破綻に向かいマイナス成長が深まっている時期に、殺人発生率は低下している。経済が成長すれば治安が良くなり、経済不振になれば治安が悪くなる、という単純な関係性は、チャベス、マドゥロ期のデータからは否定される。

同様に貧困率や所得格差（ジニ係数）と殺人発生率を比較しても、二〇〇四～一二年には相関関係が見いだせない。[*16] この時期には貧困も所得格差も大きく改善していたにもかかわらず、殺人発生率は上昇を続けていたのだ。一方、ENCOVIの貧困データを使うと、二〇一四年以降は貧困率が大きく上昇しており、殺人発生率はそれと並行して上昇している。

このような状況をどう解釈すればいいだろうか。ひとつには、経済成長率、貧困、所得格差と治安の間には、少なくともチャベス、マドゥロ両政権期のベネズエラでは、強い因果関係が見られないという解釈、もうひとつは、それら経済社会的要因とは別の要因が治安に対して強く働いているという解釈が、考えられるだろう。ベネズエラの治安に関するデータを収集・分析する治安専門家の団体OVVは、従来、貧困はベネズエラにおける犯罪の最大の誘因ではなかったが、二〇一三年以降のように急速に貧困化が進行した場合、それは犯罪を誘発する要因となりうると分析している。とくに単なる貧困拡大というよりも、食料や医薬品などの基礎生活物資の欠乏が深刻化しており、それがベネズエラで「空腹による暴力」という新しい現象を誘発していると指摘する。[*17]

政治的不安定と治安

ベネズエラに限らずラテンアメリカの治安については、経済的要因にかわり政治的要因から説明しようとする議論が出ている。*18 メキシコや中米では民主化による政治闘争の激化や、国家の統治能力の低下と地方分権化によって、麻薬カルテルなどの組織犯罪や地元のギャング組織が活発化したことが、治安に大きなインパクトを与えてきた。ベネズエラの治安についても、政治の不安定化や国家制度の機能低下、治安当局による暴力的対応の増加、麻薬取引の拡大とそれにともなう犯罪組織の拡大、そして銃の蔓延などが指摘されている。

図7－5は、一九八〇年代からチャベス期にかけての殺人発生率の長期的推移を表している。ベネズエラは、一九八〇年代は同指標が一けたで、ラテンアメリカでも安全な国のひとつだった。それが二けたに上昇したのが一九八九年で、その後も上昇している。一九八九年は当時のペレス政権がネオリベラル経済改革を開始し、反発した市民の抗議から大暴動に発展した年だ。その後、ペレス政権批判が高まり、一九九二年にはふたつのクーデター（うちひとつはチャベスが首謀、いずれも失敗に終わる）が発生し、一九九三年には一九五八年の民主化以降初めて大統領が任期途中で失脚するなど、政治不安が高まった。この時期に殺人発生率はふたたび上昇し二〇に達した。一九九四〜九八年は老練なカルデラ大統領のもとで政治が安定を取り戻したが、この時期には暴動やクーデターは発生しておらず、殺人発生率は二〇前後で推移し、増えていない。

それがふたたび上昇しはじめたのが、一九九九年のチャベス政権誕生の年だ。チャベス政権は既存の政治体制を破壊し、伝統的政治経済エリートを「オリガルキー」と呼び、大衆の敵であるとし

図7-5　10万人あたりの殺人事件発生率（1985〜2010年）

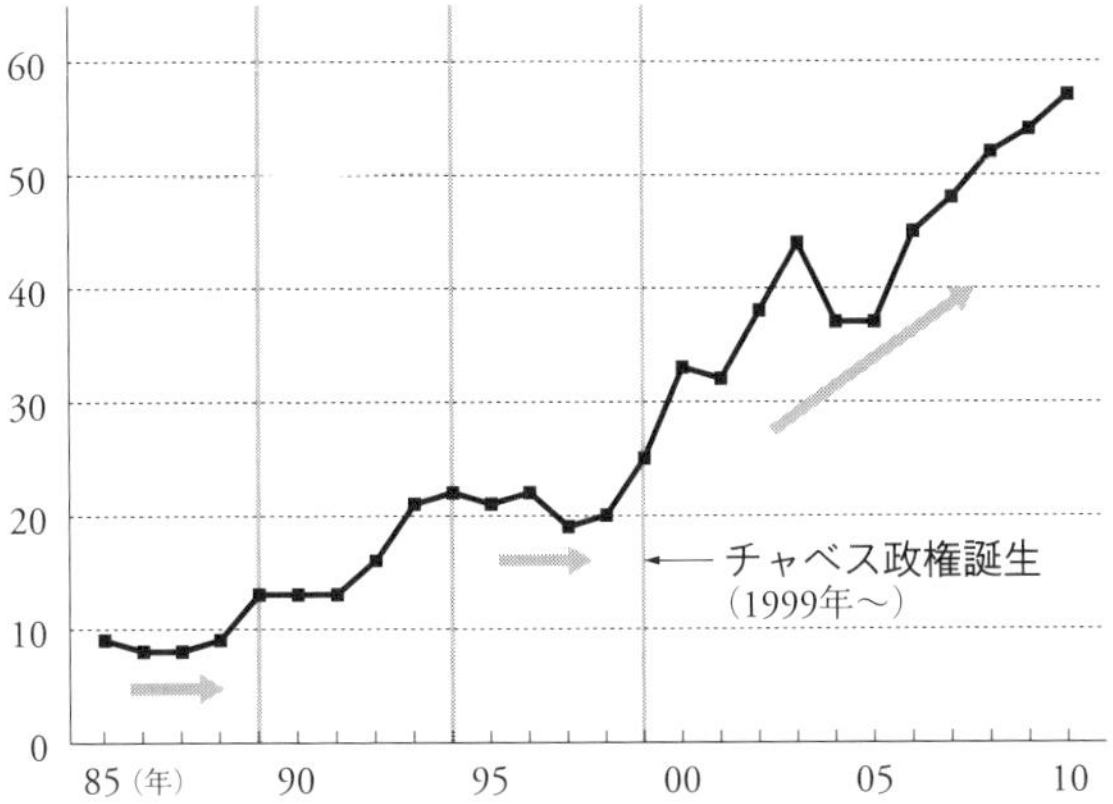

（出所）Briceño León（2012: 3236-3239）, Table 1, 2, 3より筆者作成

て厳しく糾弾し、人びとの怒りを煽動した。チャベスは、ベネズエラの近代史のなかで、社会階層や人種を政治対立の軸にすえた初めての大統領だった。チャベス、マドゥロ両政権下でベネズエラ社会は二極化し、抗議デモや行進が日常茶飯事となった。チャベス、マドゥロ期は、民主化以降のベネズエラの歴史で社会がもっとも分断され、対立が先鋭化して、強い感情対立をともなう政治的緊張に支配されていた二〇年だったといえる。

このように一九八〇年代からの状況をみると、ペレス政権によるネオリベラル経済改革（一九八九年〜）、チャベスによるボリバル革命（一九九九年〜）など、政治経済体制に変革がもたらされ、既存勢力との間で大きな摩擦が生じ、政治的緊張が社会に広がっているときに、治安の悪化が進んでいる。

不処罰と銃

ベネズエラの治安悪化をもたらした要因として、警察、検察、裁判所など治安当局の機能不全、警察官自身による犯罪の広がり、社会における銃の蔓延も指摘される。その結果、検挙率は低下し、公正な裁判は行われず、犯罪を犯したものが処罰されずに社会にとどまり（不処罰）、さらに犯罪を重ねるという状況が広がっている。不処罰が広がると犯罪の抑止力がなくなり、いっそう犯罪を拡大させ、それが治安当局のもともと低い対応能力をさらにそぎ、犯罪がますます横行するという悪循環に陥っている。それが、チャベス、マドゥロ両政権期に治安悪化が加速したメカニズムだ。

警察組織が機能不全に陥った理由は、警察官のモラルの低下にある。警察官の賃金が低いことに加え、昇進や昇給が、業務上の成果や能力ではなく、政権への支持・不支持の影響を強く受けるため、プロフェッショナリズムやモラルの低下が著しい。経済状況が厳しいなかで低賃金に苦しむ警察官は、誘拐などの犯罪によって収入を補填しようとする。[*19]検察庁長官も、治安悪化の背景として、警察官による犯罪の増加があることを認めている。[*20]

警察の機能低下は検挙率の低下をもたらした。治安関係の市民団体OVVの調べでは、チャベス政権誕生直前の一九九八年には、一〇〇件の殺人事件に対して一一〇人の容疑者が拘束されていたが、二〇〇七〜〇九年にはわずか九人に激減している。[*21]検察や裁判所でも、登用・昇進などが政権支持か否かが重視され、プロフェッショナリズムが失われている。それが司法全体の機能低下をもたらしており、逮捕されてから裁判が進まないまま長期間拘束される人が増えている。刑務所収容者のうち裁判待ち、または裁判は始まっているが判決が出ていない人の割合は、二〇〇三〜〇五年の五三％から二〇一二〜一四年には七三％にまで上昇している。[*22]ベネズエラでは、罪を犯してもつかまらない、またはつかまっても有罪にならない可能性が高いということだ。

殺人などの凶悪犯罪も含めて犯罪者が逮捕される可能性が低い状況では、国家による正義の行使、すなわち犯罪者への有罪判決と刑罰が期待できない。そのため被害者や遺族のなかには、それをみずから実行する「私刑」を選択するものもある。暴力の連鎖だ。あるいはそれを委託して「正義を実行」してもらうこともあり、その委託先として警察官や軍人が含まれるといわれている。[*23]

さらに、ベネズエラ社会における銃所持の広がりも治安悪化の重要な要因のひとつである。前掲表7-5は、殺人や誘拐などの凶悪犯罪の八割で銃が使用されていることを示している。ベネズエラ社会における銃の正確な数は不明で、いくつかの推計値がある。二〇〇九年に銃所持を制限する法律を国会で審議するなかで、九〇〇万〜一五〇〇万丁の銃が違法所持されているとの発言があった。[*24]一方で、犯罪関係のネット報道では一〇〇万〜六〇〇万丁の銃が流通しており、二〇一三年の武器所有規制の効果がまったく出ていないと報じられている。[*25]いずれにしても人口約三〇〇〇万人の国においては、きわめて高い割合といえるだろう。

第8章　国際社会のなかのチャビスモ

「昨日ここに悪魔がきた。まだ硫黄の臭いがするぞ」。二〇〇六年の国連総会で、米国のブッシュ大統領が前日に立った同じ壇上で、チャベス大統領はこのように言いながら、演技たっぷりに天を仰いでみせた。その六年前にはイラクを訪問し、サダム・フセイン大統領みずから運転する車の助手席に笑顔で座り、ワシントンを大いに刺激した。*1 チャベス大統領の役者ぶりとリーダーシップは、国際舞台でもいかんなく発揮された。

しかしカリスマ的リーダーなきあと、国内外の情勢が大きく変化するなかで、チャベスの「攻めの外交」は、後継のマドゥロ政権下では「サバイバルのための外交」へと転換した。

1　ベネズエラ外交の伝統とチャベス外交

ベネズエラ外交の伝統

チャベス大統領の外交政策は、国内における「ボリバル革命」のさまざまな側面と有機的に結びついていた。そして、外交における新奇性、強いリーダーシップ、何よりもその多角外交ぶりと、外遊や国際会議の開催・出席回数、国際協定の数など、活動量の多さが目をひく。一方で、チャベス外交には、一九五八年の民主化以降のベネズエラの外交政策の伝統的特徴が色濃く引き継がれていた。

ベネズエラ外交に大きな軌跡を残したのは、民主化を主導した政党のひとつ、中道左派の民主行動党（AD）出身の大統領ふたりである。ひとりは民主化後初めての大統領となったロムロ・ベタンクール（任期一九五九〜六四年）、もうひとりは国際石油価格の高騰で石油ブームに沸いた一九七〇年代のカルロス・アンドレス・ペレス（一九七四〜七九年、第一期）である。[*2]

ベタンクール政権の最重要課題は、民主体制を安定化させることだった。翌一九五九年にキューバ革命が起きると、キューバの革命政権はベネズエラの急進左翼ゲリラを支援し、革命を輸出しようとしていた。キューバ・ミサイル危機など米ソ冷戦が緊迫化するなか、米国のケネディ政権は、ラテンアメリカ域内で共産主義革命のドミノ倒しが起きることを懸念し、「進歩のための同盟」の名のもと、経済支援による域内親米政権との関係強化を進めた。

このような国際環境のなか、民主化を達成したばかりのベタンクール大統領は、米国と良好な関係を構築する一方で、親米であっても権威主義政権下の国とは外交関係を断絶させるという、米国に追随しない独自外交路線を確立した。具体的には、ドミニカ共和国やグアテマラなどは、親米だが権威主義体制下にあったため、外交関係を切った。ベタンクール大統領はまた、ベネズエラのゲリラ活動を支援していたキューバとの国交も断絶している。

ベタンクール外交のもうひとつの成果は、中東産油国とともに一九六〇年に石油輸出国機構（OPEC）を創設したことだ。ベタンクール率いる民主行動党は、民主化以前より国内で石油収入の自国取り分の拡大を主張し、外資とベネズエラ政府の間での利益折半政策につなげるなど（第6章参照）、資源ナショナリズムを石油政策に反映させてきた。その主張をさらに強化するためにはほかの産油国との連携が不可欠であり、そのためカルテルを形成して産油国側の利害をともに守ろうとした。

国際石油価格の高騰に沸いた一九七〇年代は、米ソ冷戦が長引き、多くの開発途上国が彼らとは一線を画した新たな国際関係のあり方を模索していた時期にあたる。その時期に政権を担ったペレス大統領は、米国と良好な関係を維持しながらも、米国の意向に必ずしも一致しない独自外交をさらに進展させた。そして外交関係の多角化を進め、第三世界外交のリーダーとなることをめざした。毛沢東の中国と国交を結び、またベネズエラ大統領として初めてソヴィエト連邦を訪問している。ペレス大統領は、ベタンクール政権が断絶させたキューバとの国交を回復させる一方で、チリのアウグスト・ピノチェ軍事独裁政権との国交を切った。ピノチェは、一九七〇年に選挙により誕生したサルバドール・アジェンデ社会主義政権を、米国と手を組んで一九七三年にクーデターで倒して政権を掌握し、その後チリで長期軍事政権を敷いた人物だ。

このように、チャベス期以前のベネズエラの外交政策の特徴として、米国に追随しない独自外交、多角外交、第三世界外交、石油外交が、指摘できる。新奇性が注目されるチャベス政権の外交戦略だが、歴史を振り返ると、その多くがこれらベネズエラ外交の伝統を継ぐものであったといえる。

大きな違いは、米国との関係が対立的なものに転じたことだ。

対立に転じた対米関係

チャベス大統領は、冒頭のエピソードが示すとおり強烈な反米主義で知られる。しかし大統領初就任後三年間は、チャベス大統領の対米姿勢や政策は方向性が一貫していなかった。チャベス大統領は、就任前も含めて、初当選後二〇〇二年四月までの三年間に、米国を八回も訪問している。これはキューバ訪問(四回)の二倍で、隣国ブラジルへの訪問回数(五回)を上回る。[*3]

就任初年度の一九九九年六月にはニューヨークとヒューストンを訪問し、ヒューストンでは、その七年後に彼が「悪魔」と呼ぶことになる当時テキサス州知事だったジョージ・W・ブッシュとも会っている。二〇〇二年三月には、米国海軍がラテンアメリカ諸国とともにカリブ海で海軍共同演習を行った際に、笑顔で米国の空母に乗船している。これは、のちにチャベス大統領が「米国と結託したクーデター」と呼ぶ二〇〇二年四月政変のわずか一ヵ月前のことだ。

米国と良好な関係を維持しようと試みていたチャベス大統領だが、一方で対立を招くような言動も行っている。一九九九年末にベネズエラ北部で大規模土石流が発生し、多くの被害と犠牲者を出した際には、すでにベネズエラに向けて出発していた米国の救援部隊を、チャベス大統領は拒否している。また、二〇〇一年九月一一日のニューヨーク同時多発テロ事件の翌日にチャベス大統領は、「米国は傲慢な帝国主義的外交政策の結果、みずから事件を招いた」と発言している。[*4] その後の米軍によるアフガニスタン攻撃に対しては「罪のない子どもたちの命を奪っている」と批判し、反発した米国政府が駐ベネズエラ大使を召還する事態に発展した[*5]。

このように、チャベス政権のはじめの三年間の対米関係は、時には友好的で、時には敵対的な、一貫性のないものだった。それが決定的に対立姿勢へと転換したのが、二〇〇二年四月の政変時である。選挙で選出された大統領が政権を追われた事態を、ラテンアメリカ諸国政府が批判するなか、米国はすみやかにカルモナ暫定政権を承認するという過ちをおかした。それ以降、チャベス政権は徹底した反米姿勢を貫くことになる。

米州諸国の海軍共同演習でキュラソー島停泊中の米海軍空母ヨークタウンで説明を受けるチャベス大統領、2002年3月2日
（Wikimedia Commons, author: PH1［AW/NAC］MARTIN MADDOCK, USN）

とはいえ、当時のベネズエラと米国は石油貿易で強く結ばれていたため、批難の応酬以上の直接的な外交対立が深まることは、双方にとって得策ではなかった。先にも触れたが、米国はベネズエラの原油輸出の五八・七％（一九九九年）を受け取る最大の石油輸出先であった[*6]。チャベス大統領は石油輸出の米国依存の軽減を急いだが、代替市場の確保は容易ではない。そのため舌鋒鋭い米国批判が国際的に注目されたものの、実際にはチャベス大統領の反米姿勢は基本的にレトリックに限られ[*7]、両国関係を決定的に悪化させるような行動はとっていない。一方、米国も、ベネズエラ石油の輸入が途絶えると、国内

ガソリン価格に影響が出るため、慎重にならざるをえない。

米国に対する直接的な敵対行動を控える代わり、チャベス大統領は反米諸国との連携を強化した。具体的には、イラン、イラク、北朝鮮、キューバ、リビア、シリアなど、ワシントンが「悪の枢軸」と呼んだ反米諸国との関係を深めていったのである。

チャベス大統領はまた、ラテンアメリカにおける米国の影響力低下をめざした。ブラジルなどの域内諸国とともに、米国を除外した新たな仕組みづくりに取り組み、またみずからが主導権を握る地域ブロックの形成に注力した。

二〇〇五年に、米国主導で進められていた北中南米諸国を包括する米州自由貿易地域（FTAA）の交渉が頓挫するが、チャベス大統領は、それに代わるラテンアメリカ地域の経済協力ブロックの創設に取り組んだ。キューバやボリビア、エクアドルといった域内急進左派諸国間の協力枠組みである米州ボリバル同盟（ALBA）や、キューバや中米カリブの小国に優遇的条件でベネズエラの石油を輸出する「ペトロカリベ」を創設した。ちなみにこのALBAという名称は、FTAAのスペイン語名称ALCAをもじったもので、いかにもチャベスらしい皮肉が効いている。

また、北中南米諸国が加盟しながらも、キューバが除外されている米州機構（OAS）に対抗すべく、米国やカナダを除外し、キューバを招き入れた南米諸国連合（UNASUR）や、ラテンアメリカ・カリブ諸国共同体（CELAC）が誕生した。それらの誕生にも、域内大国ブラジルとともにチャベス大統領の果たした役割は大きかった。

2 チャベス政権を支える国々とそれぞれの思惑

キューバ

チャベス政権にとってもっとも重要な外交相手は、いうまでもなくキューバである。三七回というチャベス大統領のキューバ訪問回数[*8]（うち二回は就任前）が、それを如実に示している。チャベスが初めてキューバを訪問したのは一九九四年、みずからが首謀したクーデター事件後服役していた刑務所から釈放された数ヵ月後で、政権に就く五年前のことだ。クーデター首謀者の若手軍人にすぎないチャベスがハバナに到着したとき、フィデル・カストロ国家評議会議長はみずから空港で出迎え、手厚く歓迎してチャベスを感激させた[*9]（次頁の写真）。

カストロは一九五九年のキューバ革命直後から一九六〇年代を通して、革命を輸出すべく、ベネズエラの共産主義ゲリラに人材・物資両面で支援していた。しかし一九七〇年にはゲリラ闘争が終焉を迎え、その後二〇年以上、ベネズエラでは革命が実現する兆候は見えなかった。カストロがハバナでチャベスに出会った一九九〇年代半ば、キューバはソ連崩壊により石油を中心とした経済援助が得られなくなり、経済危機に直面していた。産油国ベネズエラで革命の可能性を秘めた若手軍人チャベスが登場したことは、ベネズエラで革命を実現させたいという、カストロの四〇年来の悲願が実現する絶好のチャンスだったにちがいない。

一九九九年末にベネズエラの北部沿岸州で大規模な土石流が発生し、大きな被害が出たが、その際にキューバはすみやかに医療スタッフを派遣した。それがのちに、キューバから医師や看護師、教師などの人材の派遣を受け、その対価を石油でキューバに支払う社会開発ミシオンの端緒となった。二〇〇〇年一〇月にはカストロ国家評議会議長がベネズエラを訪問し、両国間で経済協力合意が結ばれた。なお、キューバと同時期に米国も土石流被害に対して救援部隊を派遣したが、チャベス大統領が受け入れを拒否したのは、先述のとおりだ。

キューバの首都ハバナでカストロ国家評議会議長と抱き合うチャベス、1994年12月14日（AFP＝時事）

チャベス大統領がキューバとの関係を深め、キューバに依存していくきっかけとなった出来事がいくつかある。ひとつは二〇〇二年四月の政変と、その八ヵ月後に発生したチャベス政権打倒を掲げた長期ゼネストである。政権の危機に直面したチャベス大統領は、支持層拡大のために「ミシオン」の名のもと無料の医療サービスや教育プロジェクトを大々的に展開し、そのためにキューバの人材を多く受け入れた。常時二万人以上のキューバ人の医師や看護師がベネズエラの全国各地に派遣され、活動してきた。その対価として、ベネズエラはキューバに一日あたり一〇万～一三万バレルの石油を送り続けてきた。[*10]

もうひとつは、大統領の再選回数制限の廃止を含むチャベス大統領の憲法改正案が、二〇〇七年の国民投票で否決されたときである。これは、チャベス大統領にとって就任以来初めての選挙・国民投票での敗北だった。また、この時期には軍内部からチャベス政権に対する不満が聞かれ、たとえばラウル・バドゥエル国防大臣のように、身内からもチャベス大統領を公に批判し、離反する者が出ていた。

国民投票での敗北や軍人の離反を前に、チャベス大統領は政権維持に危機感を募らせた。いかにしてチャベス政権を長期的に継続させるかは、チャベスのみならず、キューバにとってもきわめて重要な問題だった。キューバは人材とのバーターで受け取るベネズエラ原油への依存を高めており、チャベス政権が倒れ、ベネズエラからの石油が途絶えると、キューバ経済が大きな打撃を受けるのは必至だったからだ。

キューバは、ベネズエラの警察改革や国民の身分証明書登録制度などにも深く関わるようになったが、もっとも重要なのが軍やインテリジェンス部門の再編と訓練である。二〇〇八年五月に、チャベス政権はキューバとの間でベネズエラ軍に関する協力合意を結んだことが報道されている。[*11] その合意には、キューバ軍によるベネズエラ兵士の訓練、キューバ軍によるベネズエラ軍の再編、諜報を含む情報収集・分析などを行うインテリジェンス人材のキューバでの訓練、インテリジェンス活動の目的を海外の敵に対するものから自国の軍人に対するものへと転換すること、などが含まれている。それにより軍事情報局（DIM）の名称も、軍事カウンターインテリジェンス局（DGCIM）へと変更された。

この報道内容は、国軍にキューバ軍人が介入しはじめたことを批判して、二〇〇九年に離反したアントニオ・リベロ将軍の証言とも一致する。リベロ将軍は、ある時点からキューバ軍人が指揮官として配置され、ベネズエラ人兵士に命令を出すようになったことに、強い懸念と怒りを感じたという。リベロ将軍は、軍内部の各所で協力者を得て調査を進め、ベネズエラ国軍内で活動するキューバ軍人のリストを作成し、写真などとともに検察庁と国会に提出し、外国軍人の介入がベネズエラの国家安全保障を危うくすると批判した。しかしチャベス派が支配する検察と国会はそれを取り上げず、逆にリベロ将軍は逮捕されてしまう。[*12]

ベネズエラ国軍やインテリジェンス部門におけるキューバの関与については、実態をつかむのは困難である。だが、離反した元軍人らの証言は少なくない。みずからもキューバで訓練を受けた、元国家ボリバル情報部（SEBIN）トップのクリストファー・フィゲラ将軍は、ベネズエラにいるキューバ人は一万五〇〇〇人ほどで、大半は医療スタッフであること、そしてインテリジェンス部門におけるキューバ人の役割はベネズエラ人情報部員の計画と訓練に限られ、オペレーションには参加していない、と証言している。[*13]

また、カストロ兄弟に続くキューバ革命政権の重鎮、ラミロ・バルデス将軍をチャベス大統領が「電力危機対応のアドバイザー」として招聘した際にも、その本当の目的についてはベネズエラ国内でさまざまな「仮説」が流れ、反発があった。というのも、バルデス将軍はキューバのインテリジェンス部門を作った人物であり、電力の専門家ではなかったからだ。[*14]

中国

チャベス政権期に、貿易と経済協力の面でもっとも関係が深まった国が中国である。家電や自動車、携帯電話などで中国ブランドを目にすることが増え、ベネズエラに居住する中国人の数も二〇〇〇年の六万人から二〇〇八年には一六万人以上に増えたといわれている。[*15] 首都カラカスだけでなく、バレンシアなどの地方都市にも、中国人用の食材店、美容院、書店などがそろう中国系ショッピングモールができた。

チャベス大統領の対中戦略は、まずトップ外交を重ねて国レベルの経済協力合意を結び、その傘の下に石油開発、インフラ整備、製造業、農業など多岐にわたる分野において、中国企業単独あるいはベネズエラの国営企業との合弁で、各種プロジェクトを進めるというやり方だ。そのためチャベス大統領は就任後、二〇一二年までに中国を五回も訪問している。[*16]

その結果、ベネズエラと中国の間の経済関係は飛躍的に拡大した。中国からの輸入額は二〇〇〇年の七〇〇〇万ドルから二〇一一年には四三億ドルへと拡大し、中国はベネズエラにとって米国に次ぐ二番目に重要な輸入相手国となった。[*17] またベネズエラから中国への石油輸出は、一九九九年には統計にも上がらないほどであったが、二〇一六年には一日あたり四〇万バレル弱となり、全体の一八%を占め、米国、インドに次いで三番目の輸出相手国となった。[*18] 中国開発銀行などによるベネズエラへの融資額は、二〇〇七〜一九年合計で六二二億ドルにのぼり、ラテンアメリカ域内で最大規模となっている。[*19]

ベネズエラと中国の関係の深化は、双方の石油をめぐる利害が一致した結果である。ベネズエラが石油輸出の米国依存から抜け出すためには、それにかわる市場を確保することが不可欠であり、この時期にめざましい経済発展を遂げていた中国はぜひとも確保すべき市場だった。中国にとっても、国際石油価格の高騰期に、国内の旺盛な石油需要を満たすために、有利な条件で輸入できる石油を確保することは重要課題であった。

チャイナ・ファンドと呼ばれる中国からの巨額の資金は、石油開発や社会開発プロジェクトなどのために使われ、その支払いはベネズエラ国営石油会社（PDVSA）が原油の現物で行うという枠組みである。中国からの資金で実施されるプロジェクトの多くは中国企業が受注する。二〇〇八～一二年には、中国からの資金でチャベス政権が実施した約五〇〇〇億ドルのプロジェクトのうち、一一六億ドルは中国の六つの企業が受注している。[*20] さらに、中国企業はベネズエラでのプロジェクト実施にあたり中国から人材や機材などを持ち込んでくる。石油事業では中国から掘削用機材が、農業プロジェクトでは農機具が、貧困層向け住宅プロジェクトではハイアール社製の白物家電が輸入されるといった具合だ。

中国の江沢民国家主席がカラカスを訪問、2001年4月17日（ロイター/アフロ）

中国がベネズエラで展開する経済プロジェクトは多岐にわたる。石油開発や貧困層向け住宅建設などの社会開発プロジェクトのほか、地下鉄や鉄道の敷設、高速道路建設、光ファイバー網敷設などのインフラ建設、ベネズエラの通信衛星「シモン・ボリバル」の打ち上げから、自動車組立て、携帯電話組立て、農業プロジェクトと、幅広い。[*21]

チャベス大統領は、米国に対するカウンターバランスとして、中国との関係強化をめざした。米国と対峙するなかで、経済関係の深化のみならず、国際政治面での中国からの支援や連携にも大いに期待していた。しかし中国は、それには興味を示さず、チャベス大統領のイデオロギー面からは距離をおいた。中国のベネズエラに対する興味は、あくまでも石油や経済関係上のパートナーとしてのものだった。

チャベス大統領の思惑どおり、中国との経済関係の深化によって米国への経済依存は軽減された。二〇一六年時点で米国がいまだにベネズエラ石油の最大の市場であることにかわりはなかったものの、そのシェアはチャベス政権初年度の五四・五%から三六・八%へと縮小した。[*22]しかし、それは単に米国依存が中国依存に変わっただけではないか、そしてこれは経済協力の名のもとの新しい従属関係ではないか、との懸念も提起されている。[*23]

米国市場に代わり中国へ石油を輸出するのは、経済的観点からいえば合理的な選択とはいえない。ひとつには、比重が重く、混合物も多いベネズエラ原油に適した製油所が米国南部にはある一方、中国にはなかったからだ。また、ベネズエラから石油をタンカーで輸送するには、米国であれば五日ですむところ中国までは四〇日かかる。実際、中国はベネズエラから輸入した石油のうち約四割は、本国に送らず米国市場で売却していたという。[24]

こうした問題があるため、中国への石油輸出については、ベネズエラは価格や条件面で不利な立場にある。また、中国に送る石油はチャベス政権の借入の支払いなので、収入を生まない。産油量が低迷するなかで、それはPDVSAの財務およびベネズエラの外貨準備に大きな負担である。

ロシア

チャベス政権が、中国とともに関係強化に取り組んだのがロシアである。チャベス大統領はロシアとの関係構築のために六回モスクワを訪問している。[25] ロシアとベネズエラの接近も、中国同様に経済的利益の一致が重要な理由だが、対ロシアの場合それに加えて、米国主導の国際秩序に対抗する新たな国際秩序の模索という志向が一致した。

一九八九年の冷戦の終結が米国一強体制をもたらしたこと、そして旧ソヴィエト連邦のいくつかの地域の独立を許したことは、ロシア国民のプライドを傷つけた。[26] 二〇〇〇年に就任したウラジーミル・プーチン大統領は、ロシアを大国として復活させ、米国主導の国際秩序に代わる新たな多極的国際秩序を構築しようとしていた。それは、南米大陸で米国に対峙し、米国抜きの域内秩序の構築を模索するチャベス大統領と志向が一致した。

二一世紀初めにラテンアメリカでは、多くの国で左派政権が誕生し、とくに急進左派政権に対してチャベス大統領がリーダーシップを発揮していた。そのためチャベスと組めば、米国の一強体制に対抗する多極的な世界秩序をめざすロシアに同調する国を、ラテンアメリカで見いだしやすい。

米国をはじめとする西側諸国に軍事的に対抗するため、ロシアは二〇〇六年から国内外での軍事訓練を開始した。その際に、チャベス大統領はロシアに対してベネズエラ国内の海空軍基地を提供している。[*27] ロシアの戦闘機や戦艦がベネズエラに到着したことは米国への牽制となる一方、ベネズエラにとっても、ロシア軍のプレゼンスは米国に対する強いアピールとなる。

クルゼンシュテルンで開催された展示会を観覧するプーチン首相（当時）とチャベス大統領、2010年4月2日（Wikimedia Commons, author: Premier.gov.ru）

また、両国は武器貿易でも関係を強化しており、ロシアはベネズエラにとって最大の武器供給国になった。二〇〇五年以降、ベネズエラはロシアから一一〇億ドルの武器を購入したとの報道もある。ロシアはチャベス政権に対して軍事物資輸入のための資金を貸し出し、チャベス政権はそれをもとにロシア製の戦闘機、戦車、カラシニコフ小銃などを輸入してきた。[*28]

ロシアとベネズエラを結びつけたもうひとつの共通の要因が、石油である。チャベス大統領は、一九八〇年代以降結束力を失っていたＯＰＥＣをふたたびよみがえらせ、国際石油価格を引き上げることをめざしていた。そのために、二〇〇〇年にはＯＰＥＣ諸国を回って交渉を重ね、翌二〇〇一年にはカラカスでＯＰＥＣ首脳会談の開催にこぎつけた。しかし、ＯＰＥＣを支配するのは世界最大の産油国サウジアラビアで、同国は過去の経験から必ずしも石油価格引き上げに積極的ではない。そのためチャベスが接近したのが、イランと、OPEC非加盟国ながら世界三位の産油量をほこるロシアだった。[*29]

また、ロシアの複数の国営石油会社が、チャベス政権下でベネズエラ国内の石油開発事業に参画している。エクソン・モービルなど米国系の石油会社が石油事業の国有化でベネズエラを去る一方で、中国とともにロシアの石油会社がベネズエラに参入した。

3 マドゥロ政権のサバイバル外交

国内の状況変化と外交への影響

チャベス大統領の死去により政権を引き継いだマドゥロ大統領は、先に述べたように、チャベス政権下で六年以上外務大臣をつとめた人物である。そのためマドゥロ政権の外交路線は、基本的にチャベス政権のそれを踏襲したものだといえる。しかし、さまざまな面で恵まれていたチャベス期の国内外の状況が、マドゥロ期には大きく変化した。チャベス外交の基本路線を踏襲しながらも、それら国内外の状況変化はマドゥロ期の外交政策に大きな影響を与えている。

何よりも、強いリーダーシップを発揮したチャベス大統領の死去が、外交に与えた変化は大きい。たとえば、ラテンアメリカの急進左派政権間の協力枠組みである米州ボリバル同盟（ALBA）とペトロカリベは、もっぱらチャベス大統領の政治的意思に依存して運営されていた組織であり、[*30]その死によって活動は低迷した。

マドゥロ政権下でマクロ経済が破綻し、産油量が縮小したことも、外交上ベネズエラの影響力を低下させた。ペトロカリベは、中米カリブ諸国に対してベネズエラが優遇的条件で石油を輸出するエネルギー協力協定であるため、産油量の低下はその求心力の低下に直結した。また、ベネズエラ経済が破綻に向かい、債務支払いが滞る状況で、中国は二〇一六年以降、マドゥロ政権に対して新規融資を行わなくなった[*31]。

そして二〇一九年一月に、マドゥロとグアイドという「ふたりの大統領」が並び立つ異例の事態に陥った際には、どちらを正統な大統領として承認するかで、国際社会は二分した。とりわけ米国は、マドゥロ政権が不当に権力を掌握しているとして退陣を強く求め、軍事介入の可能性も示唆した。一方、ロシアも軍用機に約一〇〇人の軍事要員を乗せてベネズエラに送り込むなど、米国とロシアがベネズエラのふたりの大統領をめぐって、それぞれ軍事的支援をちらつかせた。

米国による制裁措置

国際的な情勢の変化も、マドゥロ政権の外交関係に影響を与えた。米国については、米国内でのシェールオイル生産の拡大とトランプ政権の誕生が、ベネズエラと米国の関係に重要な変化をもたらした。シェールオイルの生産が拡大したことは、米国にとってベネズエラ原油の重要性を低め、ベネズエラに対してより強硬な政策をとりやすくしたといえる。

トランプ大統領は、チャベス政権誕生以降の米国の政権のなかでも、ベネズエラに対してもっとも強硬な路線を貫いており、交渉の余地を見いだせない相手だ。トランプ大統領は、人権抑圧や麻薬取引など犯罪に関与した個人に対する制裁措置を、マドゥロ大統領をはじめ政府高官、最高裁判事、軍高官らにまで広く拡大した。二〇二〇年六月時点で同制裁対象になったベネズエラ人およびベネズエラと関係する個人は、少なくとも一四四人にのぼる。[*32] おもな制裁内容は、対象となった個人の米国内の資産の凍結と米国への渡航禁止である。

二〇二〇年三月には米国司法長官が、マドゥロをはじめ政府内のチャベス派幹部一五人に対して、米国へ麻薬を送り込むコロンビアの左翼ゲリラ組織FARCを保護しているとして起訴した。FARCを保護することで米国の麻薬問題の解決を妨害しているというのが、その理由だ。さらに、マドゥロ拘束のための情報提供者には一五〇〇万ドルなど、報奨金をつけた。[*33]

米国は、個人制裁に加え、ベネズエラ経済全体に影響を与える経済制裁も発動してきた。二〇一七年には、マドゥロ政権が非民主的で憲法秩序に反するかたちでの制憲議会選挙を強行し、同議会を設立したことに対して、米国は金融制裁措置を発動した。これは、米国人や米国企業が、ベネズエラ国家や国営企業との金融取引に関与することを禁止するものだ。のちに金や仮想通貨ペトロ（第5章参照）の取引も対象に含めた。マドゥロ政権は、債務の借換えによって対外債務の支払いをしのいできたため、最大の資金元である米国資本の関与禁止は、債務の借換えを困難にした。

二〇一九年一月には、前年の非民主的で公正でない大統領選挙の結果としてマドゥロが二期目に就任したのに対して、米国はベネズエラとの間の石油貿易の禁止と、米国内のPDVSA資産を凍結する制裁措置を発動した。石油貿易の禁止は第三国企業も対象とした。米国には、製油所や小売店網（ガソリンスタンド）を抱える一〇〇％PDVSA所有の子会社CITGOがある。トランプ政権は、これら米国内のPDVSA資産を、ベネズエラの正統な大統領として米国が承認するグアイド暫定政権に管理権があるとした。ベネズエラ国内のPDVSAはマドゥロ政権が支配しているが、米国内のCITGOについては、グアイド暫定政権が選任した経営陣が経営している。

さらに同年八月には、PDVSAに限らず、米国内にあるマドゥロ政権が掌握するすべての資産を凍結するとともに、同政権とのあらゆる経済取引を禁止した（第三国企業も対象）。

トランプ政権がマドゥロ政権に対して厳しい制裁を科す根拠は、米国への麻薬流入やそれにかかわるマネーロンダリング、国際テロ組織へのマドゥロ政権の支援が、米国の安全保障上の深刻な問題となっていると、認識しているからだ。

ベネズエラの国軍内部には、コロンビアの左翼ゲリラFARCなどとつながり、麻薬取引に関わる「太陽カルテル」と呼ばれるグループが存在する。それが、チャベス、マドゥロ両政権下で軍高官からマドゥロを筆頭に政府高官、彼らの親族にも広がっているという。[*34] ベネズエラ国内ではチャベス派が検察や司法を支配しているため問題にならないが、国外での捜査が進み、逮捕されるケースが出ている。先述したように、二〇一五年にはマドゥロの妻の甥ふたりが、米国にコカイン八〇〇キロを持ち込もうとして逮捕され、一八年の有罪判決がくだされた。[*35]

またチャベス、マドゥロ両政権は、FARCをはじめ、中東の国際テロ組織ヒズボラなど複数の国際テロ組織と関係があるとして、米国が捜査を進めている。二〇〇八年、エクアドル国境でコロンビア軍によってFARCの野営キャンプが攻撃された際には、押収されたコンピューターからチャベスとの関係を示すメールなどが見つかった。[*36] チャベス自身、FARCおよびコロンビアのもうひとつの左翼ゲリラ組織、民族解放軍（ELN）について、「彼らはテロ組織ではなく、ボリバル主義の政治目的をかかげる武装勢力であり、尊重されるべきだ。テロリズムという言葉は、米国による圧力に向けるべきだ」とも発言している。[*37]

一方、ヒズボラについては、チャベス、マドゥロ両政権下で副大統領をはじめ閣僚ポストを歴任してきたタレック・エルアイサミが、彼らのベネズエラへの潜入と麻薬取引の拡大を支援してきたとして、米国のみならずベネズエラ国内でも調査対象となってきた。[*38]

これらに加え、トランプ大統領がマドゥロ政権打倒に執念をみせる背景として、二〇二〇年の大統領選で再選をねらう個人的思惑もあると考えられる。ベネズエラでマドゥロ政権打倒に成功すれば、キューバ革命政権やニカラグアの急進左派ダニエル・オルテガ政権も含めたドミノ倒しが起こる可能性がある。そうなれば、トランプ大統領にとっては外交上の大勝利となり、再選に大きく寄与することが期待できるからだ。

サバイバル外交

経済破綻や米国による経済制裁措置で窮地に立たされるマドゥロ政権を支えてきたのは、いままでみてきたように、中国、ロシア、キューバである。二〇一九年二月には、米国が国連安全保障理事会で、ベネズエラにおいて自由で公正な大統領選挙の実施を求める決議案を提出した際、ロシアと中国が拒否権を発動してマドゥロ政権を守った。一方ロシアも、マドゥロ政権を支持する決議案を提出したが、賛成票を集められず承認されなかった。

中ロともにマドゥロ政権を支える最大の理由は、経済的利害だと考えられる。ひとつには、チャベス、マドゥロ両政権下で獲得した石油権益、もうひとつは未払い債務だ。二〇一九年五月の報道では、中国に対しては約一三五億ドル、ロシアに対しては約三〇億ドルの未払い債務が積み上がっている。[*39] 憲法は、海外からの借入には国会での承認を得ると定めているが、チャベス、マドゥロ両政権はこれらの借入を不透明なやり方で進め、国会での承認をとっていない。そのため、政権交代した場合、新政権がそれらの債務の正統性に疑義を呈する可能性がある。

しかし、マドゥロ政権のもとでは経済回復の見込みがなく、すでに支払いが遅れている債務の早期回収の可能性は低い。ベネズエラ経済が回復する可能性は、経済自由化や外資導入による石油産業の立て直しをかかげる反チャベス派が政権をとった場合の方が高いことは、明らかだ。政権交代すれば、米国によるベネズエラへの経済制裁措置が解除されるため、石油輸出も復活し、米国資金も流入するようになる。

経済危機が深刻化して以降、中国はマドゥロ政権支持は維持しながらも、経済支援の拡大には慎重な姿勢をとるようになった。一方ロシアは、新規融資に応じたり、米国による石油輸出禁止措置の回避に一役買う、軍事面で協力するなど、マドゥロ政権をさまざまな方法で支えてきた。中国が資金を出さなくなったあともロシアは、国営石油会社ロスネフチを使ってマドゥロ政権に一五億ドルを新たに貸し出している。米国が、ベネズエラの石油貿易に対する制裁対象に第三国企業も含めた際には、ロスネフチがPDVSAからの石油輸出を中継して、インドなど第三国への輸出をサポートした[*40]。

二〇一八年一二月には、ロシアの核弾頭搭載可能の戦闘機二機がベネズエラの空港に到着し、ワシントンに緊張を与えた[*41]。二〇一九年三月には、ロシアの軍用機二機がおよそ一〇〇名のロシア人軍関係者と大量の軍事機器を搭載して、ベネズエラに到着した[*42]。その後も両国は、政府高官レベルで軍事協力についての合意を重ねている。

中国とロシアが経済面や軍事物資の提供といったハード面でマドゥロ政権をサポートするのに対して、キューバはソフト面でマドゥロ政権を強力にサポートしていると考えられる。チャベス期に始まったキューバによる軍およびインテリジェンス部門の再編や人材への訓練、とくに軍事カウンターインテリジェンス局（DGCIM）の強化が、マドゥロ政権を支えている[*43]。政権維持のために軍の完全掌握は不可欠で、離反の疑いがある軍人をすみやかに見つけてクーデターを未然に防ぐことが、きわめて重要だ。

マドゥロ政権維持のために、キューバがどのような役割を担い、どれほど関与しているのかは、公式に情報が出る類のものではない。一方、離反した軍人らの証言が複数出ていることに加え、以下の状況からも、少なくともマドゥロ政権は、政権維持のためにはキューバの支援がきわめて重要であると考えていると思われる。というのも、産油量が激減し、ベネズエラ国民がガソリン不足で困窮している状況で、マドゥロ政権はキューバに対して原油やガソリン供給を継続し、時には拡大しているのだ。二〇二〇年二月には、産油量が一日あたり七六万バレルにまで激減していたにもかかわらず、マドゥロ政権はキューバへの石油供給を一七・三万バレルにまで拡大している[*44]。自国民の生活を犠牲にしてまで、マドゥロ政権がキューバへの石油供給に固執するには、それなりの理由があるはずだ。

二〇一九年以降、マドゥロ政権は、キューバ、中国、ロシアといった、チャベス政権期より協力関係を築いてきた国に加え、厳しい経済状況を打破すべく新たな支援国を獲得した。二〇一八年以降、外貨枯渇状態に苦しむマドゥロ政権は、幾度かにわたり金を秘密裡に違法に売却して外貨を獲得したが、その不透明な取引に応じてマドゥロ政権を支えたのがトルコだった。[*45] 一方、二〇二〇年にベネズエラ国内で深刻なガソリン不足が発生した際、マドゥロ政権を支援するために五艘のタンカーでガソリンを送ったのは、イランだ。[*46]

また、それらの国のように具体的な協力・支援活動はいまのところみられないが、マドゥロ政権は、チャベス政権期から友好関係にあった北朝鮮と、二〇一八年以降急速に交流を深めている。二〇一八年に金正恩朝鮮労働党委員長がカラカスを訪問し[*47]、二〇一九年にはマドゥロの息子で制憲議会議員でもある「ニコラシート」（父親と同名のため、このように呼ばれる）がピョンヤンを訪問していたことは、すでに触れた。そして同年には、マドゥロ政権はピョンヤンに大使館を開設している。マドゥロ政権が北朝鮮に急接近した理由として、米国から長期にわたり厳しい経済制裁を受けながらも政権を維持してきた北朝鮮から、経済制裁回避の方法を学ぶためではないかとの見方がある。[*48]

国を脱出するベネズエラ人

チャベス政権後期から、国内の政治経済情勢や将来に大きな不安を抱え、中間層を中心に国を離れて欧米に移住する人びとが増えはじめた。マドゥロ政権下では、経済破綻の深刻化、食料不足、政治的危機と政治的弾圧、治安当局の暴力による命の危険、医薬品の欠乏と医療サービスの不在などの理由によって、最貧層まで含めたすべての社会階層で、国を脱出する人びとが加速的に増加している。

国連難民高等弁務官事務所（UNHCR）によると、二〇二〇年現在、国外に脱出したベネズエラ人は五一〇万人で、うち四三〇万人がラテンアメリカ・カリブ地域に滞在している。[*49] これはおよそ六人にひとりが海外に脱出した計算になり、ラテンアメリカの歴史のなかでも最大規模の難民の流出だ。世界的にみてもベネズエラは、シリア（五六〇万人）に次いで二番目に多い難民を流出させる国となった。内戦や大規模自然災害に見舞われたわけではない国から、これだけの人びとが国を脱出するというのは、国内の経済危機や人道的危機がいかに厳しいかを物語っている。

表8－1はベネズエラ人難民（移住者も含む）の行き先を示したものだ。隣国コロンビアは一八〇万人以上のベネズエラ人を受け入れている。そこから陸路で、エクアドル、ペルー、チリなどの南米諸国へ移動する人も多い。スペインにはおよそ三二万人（二〇一九年）、米国には三五万人（二〇一七年）のベネズエラ人が避難・移住した。[*50] 米国マイアミ近郊のドラル市には多くのベネズエラ人が集住し、「ドラルスエラ」（ドラルとベネズエラを合わせた造語）と呼ばれている。欧米や、陸路では行きづらいアルゼンチンなどへ移り住んだ人びとは、航空券を購入できるだけの資金をもつ中

間層以上の出身者で、大学卒の人も多い。一方、陸路でコロンビアやブラジルに脱出したのは低所得者層の人びとが中心で、安いバスを利用したり、時には荷物を担ぎながら数日間も徒歩で移動する。

当初、南米諸国はベネズエラからの難民を人道的見地から寛大に受け入れてきた。その背景には、南米の大半の国が軍事政権下にあった一九六〇〜八〇年代に、弾圧から逃れた難民や政治的亡命者をベネズエラが受け入れた歴史がある。長年の内戦で土地を追われた多くのコロンビア人も、ベネズエラは受け入れてきた。また、チャベス、マドゥロ両政権と対立するコロンビアやアルゼンチンの中道・中道右派政権は、両政権に人道的危機の責任があるとして批判する立場上、脱出してきたベネズエラ人の受け入れを拒否する選択肢はなかっただろう[*51]。

表8-1　ベネズエラ人難民のラテンアメリカ諸国の受入れ状況

世界	510万人
ラテンアメリカ・カリブ	430万人
コロンビア	180万人
ペルー	86万人
チリ	46万人
エクアドル	36万人
ブラジル	25万人
アルゼンチン	15万人
パナマ	12万人

（注）10万人以上の国のみ記載
（出所）R4V（Response for Venezuela）website 〈https://r4v.info/en/situations/platform, accessed on July 6, 2020〉より筆者作成

ベネズエラ人難民は総じて若く、また高等教育を受けた人の割合が受入れ国の平均と比べても高い。そのため、受入れ国側の経済活動に貢献できる人材となりうることも、チリやアルゼンチン政府がベネズエラ人難民に対して寛容だった理由のひとつである。チリの統計では、ベネズエラ人移住者のなかで大学卒の人は六〇％以上で、チリ人の三一％を大きく上回る[*52]。またアルゼンチンの場合は、ベネズエラ人移住者の半分が

ベネズエラのタチラ市からコロンビアのククタ市をめざして国境の橋を渡るベネズエラ人たち、2016年7月17日（AP/アフロ）

大学卒で、うち一割以上がエンジニアだった。[53]

他方、ベネズエラ人難民が増加し続けるなか、受入れ国の財政的負担が増え、社会サービスの逼迫、外国人差別、犯罪の増加などの問題も生まれている。たとえば、ブラジル国境のロライマ州では、二〇一六年六月からの二年間で一二万人のベネズエラ人難民が流入したため、二〇一五年と比べて同州の病院の診察数が六五〇〇％増加し、犯罪件数も倍増したという。[54]

このような状況で、寛大にベネズエラ人難民を受け入れてきた南米諸国も、二〇一八年ごろから受入れ方針を見直しはじめた。それまで各国は、パスポートを持たなくてもベネズエラの身分証明書だけで入国を認めていた。というのも、ベネズエラでは役所の機能不全からパスポートの発行に数ヵ月以上かかるうえ、手数料も高く、入手するのはきわめて困難な状況にあるからだ。しかし、二〇一八年からペルーとエクアドルは、ベネズエラ人の流入を制限するために、入国にパスポートとビザの保持を条件とした。

ベネズエラ人難民は、増加するにつれ受入れ国側に大きな財政的・社会的負担をもたらすようになっており、国際社会からの支援が強く求められている。すでに国連難民高等弁務官事務所（UNHCR）が中心となり、ベネズエラ人難民救済と受入れ国支援のための財政支援や、パスポートを持たないベネズエラ人難民を受け入れるための取組みが始まっている。

二〇二〇年には新型コロナ感染症（COVID-19）の広がりが、ベネズエラ人難民に新たな問題をもたらした。感染の広がりを抑えるために南米各国は国境を封鎖し、また外出禁止令を実施した。そのためベネズエラからの新たな人の流れが止まったうえ、ベネズエラへの帰国を選択せざるをえない人びとが増えた。というのも、外出禁止令で受入れ国の経済が落ち込み、多くの難民が仕事や住むところを失ったためだ。コロンビア出入国局によると、二〇二〇年五月までに五万人以上がベネズエラに帰国した。[*55]

しかしながらベネズエラ国内の経済状況、食料不足、医薬品や医療サービスの不足は、新型コロナ感染症が追い打ちをかけ、ますます悪化している。くわえて、マドゥロ政権が中国やロシアなど一部の国からのものを除き、国際社会からの支援を拒否しているため、国外では受けられた国際的人道支援が国内では受けづらい状況にある。

エピローグ

危機の原因はチャベス期にあり

ハイパーインフレ、三年で国内総生産（GDP）が半分に縮小するほどの経済破綻、ふたりの大統領とそのどちらを承認するかで二分する国際社会、国民の一割以上が国を脱出し、世界で二番目に多い難民排出国となったベネズエラ。

マドゥロ政権下のベネズエラからは、驚くべきニュースが日本にも届くようになった。しかし、はるか遠くから届くニュースは断片的で、背景やつながりが理解しづらい。しかも政府・反政府派双方から異なるストーリーが語られるため、どれが真実なのかを見極めることは容易ではない。

ベネズエラでいったい何が起きているのか。なぜそのような事態に陥ったのか。これらの問いに対して、本書ではチャベス期から解き明かしてきた。というのも、現在の政治・経済・社会的な危機は、マドゥロ政権の失政やマドゥロ期の国際石油価格の下落、米国の経済制裁のみで説明できるものではなく、むしろ根本的な原因は、チャベス政権の政策や政治運営のスタイルにあると筆者は考えているからだ。

マドゥロ大統領は、チャベス大統領が病魔に阻まれて成し遂げられなかった「ボリバル革命」を忠実に推進すべく、後継者として指名された。マドゥロの政治理念や政策にはほとんど独自性が見いだせず、基本的にはチャベスの路線をほぼそのまま踏襲しており、厳しい状況下でそれを死守しようとするがゆえに、政治は権威主義化を深め、経済は破綻へと向かった。そのため、マドゥロ期の諸政策を理解するには、チャベス期に立ち返る必要がある。また、マドゥロ政権下で加速的に悪化したインフレ、モノ不足、外貨不足、反政府派に対する経済社会的差別や抑圧、治安の悪化、国外への人の脱出などの問題は、いずれもマドゥロ期に始まったものではなく、チャベス期にすでに顕著になっていた。

「ボリバル革命」の二〇年

チャベス政権は、政治的閉塞感と政治不信を生んだ二大政党制民主主義のアンチテーゼとして誕生した。チャベス大統領は、腐敗した伝統的政党や政治家を一掃するとともに、「国民が主人公の参加民主主義」という魅力的なスローガンをかかげ、代表制民主主義を参加民主主義で補完して民主主義を深めると主張して、政権に就いた。

しかし二〇年が経過した現在、マドゥロ政権下のベネズエラは、チャベス大統領が就任当初示した先のようなビジョンとはかけ離れた現実に直面している。選挙はチャベス派勝利が確実な出来レースとなり、国会の権力は無効化されて、代表制民主主義は形骸化した。新憲法では多元的で自立的な市民の政治参加として導入された参加民主主義の概念と制度は、社会主義を唯一志向するものへと転換され、社会主義や政権を支持しない市民は排除された。代表制民主主義の形骸化と政治的多元性の否定によって、ベネズエラの民主主義は深まるどころか矮小化され、権威主義に変質した。

経済面では、際限ない財政肥大と国家介入型経済政策が経済破綻を招いた。GDP比で二〇%を超すほどの財政赤字を、安易に貨幣増発で埋め続けたことがハイパーインフレを生み、国民、とくに貧困層の人びとの生活を破綻させた。国家介入型経済政策は、石油産業を含め農業や製造業部門への投資を抑制させ、それが生産縮小と輸入依存をもたらした。そして石油収入の減少や対外債務の支払いで外貨が不足し、輸入が困難になったことが、食料などの基礎生活物資の不足を生んだ。

一方、社会開発分野では、国際石油価格の高騰に恵まれたチャベス期には、経済が高成長を維持したこと、大規模な社会開発投資がなされたこと、公務員雇用が拡大されたことなどによって、貧困や所得格差が縮小し、教育や医療分野で大きな改善がみられた。しかしマドゥロ期には、対外債務の支払いや石油収入の減少などでそれらの投資が継続できなくなり、経済がマイナス成長に落ち込むと、チャベス期に達成されたそれらの成果の多くは失われてしまった。

外交面では、石油輸出における米国市場の割合を低下させることには成功したものの、米国依存は残った。それゆえ米国による経済制裁がマドゥロ政権を苦しめている。米国依存からの脱却を進める一方で、キューバ、ロシア、中国への新たな依存関係が強まった。キューバとは、それぞれ政権や革命体制の継続がかかるほどの強い共依存関係にある。

「二一世紀の社会主義」とは

ボリバル革命のもうひとつのスローガンが、「二一世紀の社会主義」である。ただし、これがいったいどのようなものなのか、また二〇世紀の社会主義と何が違うのかといった点については、説明することは容易ではない。なぜならば、チャベス自身がそれを明確に説明してこなかったからだ。

とはいえ、ベネズエラの現状が、改革開放前の中国や旧ソヴィエト連邦など、二〇世紀の社会主義国と大きく異なることは確かだ。[*1] 政治面では、与党ベネズエラ統合社会主義党（PSUV）のヘゲモニー支配が続いているとはいえ、中国や旧ソヴィエト連邦、キューバとは異なり、反政府派政党が多く存在する。少なくとも二〇一五年末までは、地方選挙のみならず国政選挙にも反政府派政党が参加し、勝利することもあった。

また、二〇世紀の中国や旧ソヴィエト連邦の経済政策の柱であった、生産要素の国有化や集団所有、計画経済は、チャベス、マドゥロ両政権には部分的にしか見いだせない。チャベスは企業や農地を国有化・接収したが、それらは石油事業や電力などの戦略的産業と、おもに食料や住宅不足などの問題に対応するために特定の産業・企業を対象としたもので、経済全体で国有化が進められたわけではない。社会主義を国是とする旨を盛り込んだ二〇〇七年の憲法改正案（国民投票で否決）にも、所有形態に集団所有が盛り込まれる一方で、私的所有も残されていた。経済活動の大半は民間企業が担っており、二〇一四年時点でGDPに占める公的部門のシェアは三五・五％、総労働人口に占める公務員の割合も二割にとどまる。[*2]

チャベスやマドゥロは社会主義という言葉を使うが、それはマルクス主義に根ざす体系だったものではなかったといってよいだろう。マルクス主義の軸である生産関係や生産手段の所有形態について、彼らはさほど重視していない。むしろ、住宅や食料、医療などを国家が大衆に直接分配することで、貧困や格差を解消することをめざしており、そこには経済活動や生産、労働といった要素はほとんど入っていなかったからだ。[*3]

チャベスの政治理念は、貧困や格差の解消という社会的公正の実現に、強烈な愛国主義と反米帝国主義が結びついたものである。それは、「二一世紀の社会主義」という言葉とは裏腹に、むしろキューバやペルーをはじめとする、二〇世紀のラテンアメリカ各地の民族主義的左翼勢力の理念と共通点が多い。

むすび

最後に、本書の冒頭の問いに立ち戻ろう。ベネズエラはなぜこれほどまでの深刻で複合的な危機に陥ってしまったのだろうか。本書を通して伝えたかったのは、大統領とその周辺の政治エリートに権力が集中するチャベス、マドゥロ両政権期の政治のあり方が民主主義を溶解させたこと、そして意志決定が一元化し、大統領の周辺に苦言を呈したり多様な意見を進言する者がいなくなるなか、不適切な経済政策が積み重なってマクロ経済を不安定化させたこと、生産活動のインセンティブを削ぐような経済政策を行い、国内生産が縮小したこと、それらの結果、経済破綻に至った、ということである。

チャベスや彼を支えたチャベス派幹部も、当初は民主的で公正な社会の実現をめざしていたのだろう。しかし厳しい政治対立が続くなか、彼らにとっての最大の目的は、政権の維持へと変質していった。また、権力が集中し、法の裁きを受けない状況ができあがると、汚職が広がり、権力に加え富もみずからに集中させるインセンティブが強く働く。そうすると、政権の継続がますます重要となる。経済政策、社会政策、外交政策も、国の発展や社会的公正をかなえるためではなく、政権維持や利権獲得を目的に行われるようになった。

権力を集中させた非民主的な政治が、政権維持のためや権力者らによる富の収奪のための経済制度を生み、それが経済の衰退につながる。これはベネズエラに限ったことではない。世界各地の歴史を通した多数の事例を比較分析した研究においても、同じ結論が導かれている。[*4]

汚職や麻薬取引、あるいは拷問や人権弾圧などの人道的犯罪に手を染めてきたチャベス派幹部や軍の高官らは、政権が交代すると法の裁きを受けることが必至である。麻薬取引などの国際的犯罪の場合は、米国に身柄が移され、そこで法の裁きを受ける可能性もある。それゆえ、彼らは是が非でもチャベス派政権を死守しなければならない。厳しい状況にもかかわらずマドゥロ政権が継続しているのは、軍の支持が揺るがないからだが、その背景にはこのような理由もあると考えられる。

ベネズエラが直面する複合的危機の根本的原因は、政治であり、政治に取り込まれた国家の諸制度にある。省庁や議会、裁判所、検察、選挙管理委員会、国営石油会社、中央銀行などは、チャベス派政権の維持を最大の目的とするようになり、本来の目的と役割を失った。チャベス、マドゥロ両大統領および少数のチャベス派幹部への権力集中と、法や制度を無視したインフォーマルな政治経済運営が、諸制度を歪めた。貧困や格差の解消という社会正義の名のもとに、あるいは移行期や緊急事態であるとの名目で、ルールの逸脱やインフォーマルな政治運営は正当化され、それが常態化することで諸制度を弱体化させた。

権力集中とインフォーマルな政治経済運営は、政権や政策へのチェック機能を失わせた。チェック機能が働かない状況で、大統領のワンマン政治はますますブレーキがかからなくなり、それがインフォーマルな政治を助長し、制度が脆弱化する。制度が弱体化すると政治経済運営はますますインフォーマルに行われ、権力集中を強固にする、という悪循環が加速した。それが、ベネズエラにおいて、これほどまでの権威主義化と経済破綻を生んだメカニズムである。

民主主義が弱体化し、権力が集中すると、政権維持や権力者への富の集中のために、各種政策や制度が歪められ、それらの本来の目的が見失われる。その変化は少しずつかもしれないが、国の諸制度でそれが徐々に広がることで、権力者へのチェック機能が甘くなり、制度や法解釈の歪曲にブレーキがかからなくなる。政権が長期化すると、なおさらだ。そして経済活動の活力を失わせるような経済制度ができあがり、経済が衰退に向かう。世界各地で民主主義の弱体化がみられる現在、ベネズエラの経験は重要な教訓を示している。

あとがき

二〇二〇年一一月現在、ベネズエラは民主主義を取り戻せるか、それとも権威主義体制が固定化されるかの重要局面にある。一二月に国会議員選挙が予定されており、反チャベス派が支配的な国会の任期が一月に切れるからだ。つまり、グアイドの国会議長としての憲法規定上の任期も切れる。最高裁による主要野党への介入の結果、この選挙は実施前から公平性と透明性が著しく欠如しているため、反チャベス派は選挙をボイコットしている。選挙が強行されればチャベス派が支配的な国会が誕生することは必至で、チャベス派はすべての国家権力を掌握し、現在の権威主義体制が固定化される可能性が高まる。一方、反チャベス派は国会支配を失えば、国内外での反政府派活動が困難になる。後のない状況で、何らかのイレギュラーな事態が発生する可能性も否定できない。

本書の執筆を進めていた二〇一九年ごろ、日本では香港の民主化運動のニュースが連日流れていた。自由と民主主義を死守すべく街路を埋める市民の波とその熱、そして治安当局に対峙して拘束される若者たちの映像は、日本にも衝撃をもって受けとめられた。私は、長年同様の闘いを続けてきたベネズエラと重ねながら、香港のニュースを見ていた。

また、二〇二〇年夏には、欧州最後の独裁政権といわれるベラルーシのルカシェンコ大統領の再選に反対する市民が立ち上がった。チャベス政権と友好関係にあったルカシェンコ政権は、チャベス派政権と同様に二〇年を超す長期政権で、強権的な政治運営や人権侵害が糾弾されるとともに、大規模な選挙不正があったとして厳しく批判されている。ロシアはルカシェンコ再選を支持し、一方で欧米はそれを承認せず、政権関係者に制裁措置を科している。これもどこかでみた構図だ。

冷戦の終結、ソ連・東欧体制の崩壊、南米の権威主義体制の民主化達成などにより、二〇世紀の終わりには、資本主義と民主主義の勝利が確立したかのように思われたが、二一世紀に入ると、世界各地で民主主義に影が差しはじめた。選挙の実施はもはや民主主義のメルクマールにはならなくなった。政権奪取を狙うクーデターではなく、選挙で国民の負託を受けた政権担当者（大統領）みずからの手によって、民主主義が弱められている。それはベネズエラや南米諸国、途上国に限った話ではなく、米国や先進諸国でも兆候がみられる。日本はどうだろうか。世界各地で民主主義に影が差す今日、民主主義を守るためにベネズエラの事例から何らかのヒントが得られないだろうか。

＊

本書は、いままでベネズエラの政治経済情勢について発表してきた論文や論稿（巻末の参考文献を参照）をもとに書き下ろしたもので、二〇一八〜一九年度にアジア経済研究所で実施した個人研究「溶解する国家、ベネズエラ――二一世紀の社会主義と民主主義」の成果である。また二〇一六〜一九年度に実施した科研研究会「南米における競争的権威主義政権の長期化」（16K02029）の成果も、一部反映している。

本書をまとめることができたのは、私がベネズエラ研究を始めて以来ご指導、ご協力いただいた多くの方々のおかげである。在外研究時に客員研究員として受け入れてくださったベネズエラ中央大学開発研究所（CENDES）と高等経営研究所（IESA）、それらの先生方や研究者仲間、またインタビューで経験や知見をシェアしてくださった研究者、企業家、関係者、一般市民など、多くの方々に心より御礼を申し上げたい。

全員のお名前をあげることは紙幅の関係上かなわないため、近年とくにお世話になった方々のお名前をあげておきたい。米国マイアミのイバン・ラモス・バルノラ氏には、亡命ベネズエラ人の状況について貴重なお話を伺ったうえ、多くのインフォーマントをご紹介いただくなど、大変ご協力いただいた。研究者仲間では、CENDESのホルヘ・ディアス・ポランコ氏、タイス・マインゴン氏、エクトル・ブリセニョ氏、米国アマースト大学のハビエル・コラレス氏、日本では、科研研究会で四年にわたり議論を重ねた出岡直也氏（慶應義塾大学）、岡田勇氏（名古屋大学）、新木秀和氏（神奈川大学）との意見交換が、大いに刺激となった。

日本貿易振興機構の野口直良元理事、アジア経済研究所の平野克己元理事、村山真弓理事、また事務管理部門や成果発信部門の担当者の皆さんにも、強力にバックアップしていただいた。フィリピン経済がご専門の鈴木有理佳氏には、草稿のレビュアーとして的確で建設的なアドバイスをいただいた。皆さまに心より感謝申し上げたい。

単著執筆は、共同研究プロジェクトとは異なり孤独な作業だったが、アジア経済研究所成果発信アドバイザーの勝康裕氏には、筆が進まない時期にも根気よく伴走していただいた。勝さんとの議論のなかでアイデアが広がったことも少なくない。中央公論新社の白戸直人氏には、本書出版の機会をいただき、また自由に執筆させていただいた。お二人にも心より謝意を表したい。

多くの心配をかけたであろう娘をいつも見守ってくれた両親、原稿が進まずにしょぼくれる私に、いつものことだとあきれながらもサポートしてくれた二人の息子と夫に感謝したい。

ベネズエラは、美しい風景に恵まれ、愉快な人びとと豊かな文化あふれる魅力的な国だ。長年毎年のように調査に通い、また計四年を過ごした。ベネズエラには家族と多くの友人がおり、楽しい思い出がつまる、私にとっては第二の故郷である。SNSでは、毎日のようにベネズエラの厳しい状況について友人から生の情報が届く。マドゥロ政権の公式な報告とはまるで異なる世界だ。私ができることは少ないが、せめてベネズエラの現状について日本社会に理解を広める一助になればとの思いが、本書の執筆を後押ししてくれた。ベネズエラの民主主義の回復と経済復興を、心より願っている。

二〇二〇年一一月二〇日

坂口安紀

on July 12, 2020〉.

*47 "North Korea Ceremonial Leader Visits Venezuela, to Meet with Maduro," *Reuters*, November 27, 2018 〈https://www.reuters.com/article/us-venezuela-northkorea/north-korea-ceremonial-leader-visits-venezuela-to-meet-with-maduro-idUSKCN1NW1BW, accessed on July 12, 2020〉.

*48 Gómez (2019).

*49 難民の数は "Venezuela Situation," UNHCR website 〈https://www.unhcr.org/venezuela-emergency.html, accessed on July 6, 2020〉 より。人口は、2015年の3008万人をピークに国外への難民増加により減少し、2019年は2852万人（The World Bank, Databank より）。

*50 Van Praag (2019).

*51 Gedan and Saldías (2018).

*52 北野（2019: 80）。

*53 Gedan and Saldías (2018).

*54 "Venezuela's Migration Crisis Hits Latin America," *EIU Country Venezuela Politics*, September 14, 2018.

*55 Van Praag and Arnson (2020).

エピローグ

＊1 以下は，坂口（2016a: 終章，216）を参照。

＊2 BCV website 〈http://www.bcv.org.ve/, accessed on July 28, 2020〉, INE website 〈http://www.ine.gov.ve/, accessed on July 29, 2020〉.

＊3 チャベスは一時期，組合や社会的企業の設立を促したが，重要政策とまではいえず、それらの活動は限定的だ。

＊4 アセモグル／ロビンソン（2016）。

*25　浦部（2016: 178），表5－1より。
*26　以下，ロシアとベネズエラの対米姿勢，利害の一致については Rouvinski (2019) より。
*27　Blank (2020: 5).
*28　"¿Cómo afectará política y económicamente a Rusia crisis en Venezuela?" *El Tiempo*, 29 de enero, 2019 〈https://www.eltiempo.com/mundo/europa/como-afectaria-politica-y-economicamente-crisis-en-venezuela-a-rusia-320334, accessed on July 4, 2020〉.
*29　Corrales and Penfold (2011: 100).
*30　浦部（2016: 197）。
*31　Gallagher and Myers (2020).
*32　Congressional Research Service (2020).
*33　Strohm, Laya, and Bartenstein (2020).
*34　"La organización terrorista que Nicolás Maduro es acusado de liderar," *El Tiempo*, 27 de marzo, 2020 〈https://www.eltiempo.com/mundo/venezuela/que-es-el-cartel-de-los-soles-en-venezuela-y-cual-es-su-relacion-con-nicolas-maduro-477848, accessed on July 9, 2020〉.
*35　"Venezuela: condenan a 18 años de cárcel por narcotráfico a Francisco Flores y Efraín Campo, sobrinos de Cilia Flores, mujer del presidente Nicolás Maduro," *BBC News*, 14 de diciembre, 2017 〈https://www.bbc.com/mundo/noticias-america-latina-42361974, accessed on July 8, 2020〉.
*36　"Colombian Farc Rebels' Links to Venezuela Detailed," *BBC News*, May 10, 2011 〈https://www.bbc.com/news/world-latin-america-13343810, accessed on July 9, 2020〉.
*37　"El conflicto con la guerrilla en Colombia: nueva polémica entre el mandatario venezolano y Bogotá. Chávez: las FARC 'no son terroristas'," *La Nación*, 12 de enero, 2008 〈https://www.lanacion.com.ar/el-mundo/chavez-las-farc-no-son-terroristas-nid978386/, accessed on July 9, 2020〉.
*38　Casey (2019b).
*39　"Venezuela Becomes Proxy Battle for Global Superpowers," *EIU*, May 24, 2019 〈http://country.eiu.com/article.aspx?articleid=258047409&Country=Venezuela&topic=Politics, accessed on September, 5, 2019〉.
*40　Verma y Parraga (2019).
*41　Osborn (2018).
*42　"Dos aviones militares rusos aterrizan en Venezuela," *Reuters*, March 25, 2019 〈https://lta.reuters.com/articulo/politica-venezuela-rusia-idLTAKCN1R50NO-OUSLT, accessed on July 12, 2020〉.
*43　Berwick (2019).
*44　産油量は OPEC (2020)，キューバへの供給量拡大については Parraga y Acosta (2020) より。
*45　"EE. UU. sanciona a hijos de Cilia Flores e importadores de alimentos CLAP," *NTN24*, 25 de julio, 2019 〈https://www.ntn24.com/america-latina/venezuela/ee-uu-sanciona-hijos-de-cilia-flores-e-importadores-de-alimentos-clap, accessed on July 12, 2020〉.
*46　"El régimen de Irán se ofreció a enviar más barcos con petróleo a Venezuela," *Infobae*, 13 de Julio de 2020 〈https://www.infobae.com/america/venezuela/2020/06/01/el-regimen-de-iran-se-ofrecio-a-enviar-mas-barcos-con-petroleo-a-venezuela/, accessed

＊18　Vom Hau (2014).
＊19　Romero (2010).
＊20　"Venezuela Confront Homicide Statistics," *InSight Crime*, February 3, 2016 〈http://www.insightcrime.org/news-briefs/venezuela-confronts-homicide-statistics, accessed on January 18, 2020〉.
＊21　"En Venezuela quedan impunes 91% de los homicidios," *La Prensa*, 3 de marzo, 2020 〈https://www.prensa.com/mundo/Venezuela-quedan-impunes-homicidios_0_2785221640.html, accessed on October 7, 2020〉.
＊22　注12と同じ。
＊23　OVV (2015).
＊24　"Cerca de 15 millones de armas ilegales circulan en Venezuela," *Ultima Hora*, 1 de octubre, 2009 〈http://www.ultimahora.com/cerca-15-millones-armas-ilegales-circulan-venezuela-n260319.html, accessed on January 18, 2020〉.
＊25　Bargent (2014).

第８章

＊１　以上，第３章の注30および32。
＊２　チャベス以前の外交政策はおもに，Mijares (2015)，Marthoz (2014) による。
＊３　浦部（2016: 170）。
＊４　Corrales and Penfold (2011: 110).
＊５　浦部（2016: 179）。
＊６　Minpet (2010) *PODE 2007-8*: 88.
＊７　Corrales and Penfold (2011: 103).
＊８　うち，2011年以降の９回は，癌治療のため（浦部 2016: 178，表５－１）。とはいえ，カストロらキューバ政府要人とも会っていたと思われる。
＊９　Elizalde y Báez (2005).
＊10　Marthoz (2014: 4).
＊11　Berwick (2019).
＊12　Werlau (2019: 32) および筆者によるリベロ将軍へのインタビュー（2019年５月22日，フロリダ州ドラル市）。
＊13　クリストファー・フィゲラ将軍は，2019年４月に国防大臣や最高裁裁判長とともにマドゥロ失脚についてグアイド側と内通し，唯一計画どおりマドゥロから離反した人物（Lugo [2019]）。
＊14　Werlau (2019: 67-70).
＊15　坂口（2012），もとは *El Universal*, 23 de enero de 2008より。
＊16　浦部（2016: 178），表５－１より。
＊17　坂口（2012: 34），表１より。
＊18　Minpet (2010: 88) および PDVSA (2016: 56) より。
＊19　2005～19年までの累積額。２位のブラジルの289億ドルのほぼ２倍と，ベネズエラへの融資額は突出して大きい。Gallagher and Myers (2020).
＊20　Yin-Hang To and Acuña (2019: 130).
＊21　Yin-Hang To and Acuña (2019: 129).
＊22　Minpet (2010: 88) および PDVSA (2016: 56) より。
＊23　Yin-Hang To and Acuña (2019: 126).
＊24　2011年第１四半期。Yin-Hang To and Acuña (2019: 132).

*14 Minpet (2016: 67).
*15 EIA website 〈https://www.eia.gov/dnav/pet/pet_move_impcus_a2_nus_ep00_im0_mbblpd_a.htm, accessed on February 19, 2020〉.
*16 坂口（2019a: 303）。
*17 Baker Hughes website 〈https://bakerhughesrigcount.gcs-web.com/intl-rig-count?c=79687&p=irol-rigcountsintl, accessed on March 13, 2019〉 および OPEC (2019, February) より。
*18 EIU (2018).
*19 2020年４月28日，カラカス在住Ａ氏への電話インタビュー。
*20 "Venezuela despierta de su sueño petrolero confusa y sin protestas," *El Nacional*, 1 de junio, 2020 〈https://www.elnacional.com/economia/venezuela-despierta-de-su-sueno-petrolero-confusa-y-sin-protestas/, accessed on June 4, 2020〉.
*21 坂口（2010a）。
*22 ラテンアメリカ産油国との比較は，坂口（2019c）より。

第７章

*１ 以下ミシオンについては，おもにディアス・ポランコ（2016）を参照。
*２ 坂口（2016a: 巻末資料，229），資料14。
*３ ディアス・ポランコ（2016: 101），表３－３。
*４ España y Ponce (2018).
*５ ディアス・ポランコ（2016: 98）。
*６ Casey (2019a).
*７ 以下，マドゥロ期のミシオンや食料配給 CLAP については，España y Ponce (2018) より。
*８ "Registro de carnet de la patria solicita partido político de los ciudadanos," *El Nacional*, 22 de enero de 2017. 〈http://www.el-nacional.com/noticias/gobierno/registro-carnet-patria-solicita-partido-politico-los-ciudadanos_76935, accessed on May 31, 2018〉.
*９ Cohen and Aguilar (2018).
*10 Berwick (2018).
*11 INE website 〈http://www.ine.gov.ve/index.php?option=com_content&view=category&id=104&Itemid=45#, accessed on January 10, 2020〉 および España y Ponce (2018), ENCOVI (2018) より。
*12 以下，殺人発生率は UNODC のデータベース，DATAUNODC 〈https://data.unodc.org/#state:1, accessed on January 9, 2020〉 による。
*13 １位のカラカス以外に，５位マトゥリン（86.45），７位バレンシア（72.31），11位シウダ・グアヤナ（62.33），20位バルキシメト（54.96）。坂口（2017: 23）より。
*14 以下，治安データの詳細ついては，坂口（2017a: 25-8）を参照。
*15 国家統計局の犯罪被害調査は，世帯内で過去１年犯罪被害にあった人の有無およびその犯罪状況に関する聞き取り調査。それによると，2010年７月までの１年間の10万人あたり殺人被害者数は75.08と計算されている。OVV は2010年のデータがないが，翌2011年には67という数字を発表しており，それと比べても OVV のデータは実態に近いと推測される。坂口（2017）を参照。
*16 坂口（2017）。
*17 OVV (2015, 2016).

accessed on October 2, 2020〉.

*45 "Saime cobrará trámite de pasaportes y prórrogas en petros," *El Nacional*, 6 de noviembre, 2019〈https://www.elnacional.com/economia/saime-cobrara-tramite-de-pasaportes-y-prorrogas-en-petros/, accessed on January 23, 2020〉.

*46 "Comenzó la asignación del petroaguinaldo a los empleados públicos y pensionados," *El Nacional*, 18 de diciembre, 2019〈https://www.elnacional.com/economia/comenzo-la-asignacion-de-petroaguinaldo-a-los-empleados-publicos-y-pensionados/, accessed on January 23, 2020〉.

*47 シェブチェンコ（2020）。

第6章

＊1 PDVSA website〈http://www.pdvsa.com/index.php?option=com_content&view=article&id=8917&Itemid=569&lang=es, accessed on June 3, 2019〉.

＊2 産油量は，統計データによって原油としてカウントされる範囲が異なるなどの理由により，数字が若干異なる。産油量には政府の政治的思惑が色濃く反映されることがしばしばあり，必ずしも政府の公表数字がもっとも信頼できるというわけではない。石油省は詳細な石油統計（PODE）を1959年以降毎年発表してきていたが，マドゥロ政権下の2014年以降発表していない。

＊3 BP (2019).

＊4 坂口（2010a）。

＊5 以下，ベネズエラの石油産業の歴史や資源ナショナリズムの背景については，坂口（2010a: 22-27）を参照。

＊6 注1と同じ。

＊7 坂口（2010a: 24）。法人税や利権料その他を含めたすべての取り分の折半。

＊8 Baptista y Mommer (1987).

＊9 プロジェクトとして掲げられているのは，オリノコ超重質油プロジェクトの促進，精製・流通部門，天然ガス部門の開発など。"Plan "Siembra Petrolera" complió diez años," PDVSA website, 18 de agosto, 2015〈http://www.pdvsa.com/index.php?option=com_content&view=article&id=8010:plan-siembra-petrolera-cumplio-diez-anos&catid=10&Itemid=589&lang=es, accessed on June 1, 2019〉.

*10 Minpet (2016: 67) より日産量を筆者計算。

*11 同上。

*12 グアイカイプーロ・ラメダ総裁は軍人で，2000年にチャベス大統領によってPDVSA総裁に任命された。とはいえ彼は，国家予算局長を務めた経験もある財務畑のテクノクラートでもある。PDVSAの財務安定化を重視し，資金拠出を拡大させようとしたチャベス大統領に抵抗して，解任された。

*13 実際には，すべての合弁事業でPDVSAが60%以上のシェアをもつことになった。しかしそのうちシノベンサと呼ばれるオリノコ超重質油プロジェクトに関しては，2018年にPDVSAが持株の9.9%を中国国営企業CNPCに譲渡し，PDVSAの持株比率が50.1%となった。PDVSAの持株比率が60%未満なのは，この事業のみ（"Venezuela and China Sign Agreements to Increase Hydrocarbons Production in the Orinoco Oil Belt," September 14, 2018, PDVSA website〈http://www.pdvsa.com/index.php?option=com_content&view=article&id=8989:venezuela-and-china-sign-agreements-to-increase-hydrocarbons-production-in-the-orinoco-oil-belt&catid=10&Itemid=908&lang=en, accessed on August 12, 2020〉）。

uu-suspendio-transar-acciones-de-citgo-traves-del-bono-de-la-estatal, accessed on January 25, 2020〉.

*25　財輸入。BCV website〈http://www.bcv.org.ve/, accessed on July 20, 2020〉.

*26　España y Ponce (2018).

*27　Padgett (2016).

*28　Pardo (2015).

*29　"Florida Pharmacies Taking Orders from Crisis-hit Venezuela," *Medical Xpress*, May 10, 2016〈https://medicalxpress.com/news/2016-05-florida-pharmacies-crisis-hit-venezuela.html, accessed on December 27, 2019〉.

*30　Saavedra (2019).

*31　財務省ウェブページは財政統計を2011年以降公表していない。同年の財政赤字はGDP比11.6%だった。その後は公式統計がないため，EIU (2020) を参照。

*32　"Técnicos del BCV responsabilizan a directorio por retraso de las estadísticas," *La Verdad*, 25 de octubre, 2014〈http://www.laverdad.com/economia/62726-tecnicos-del-bcv-responsabilizan-a-directorio-por-retraso-de-las-estadisticas.html, accessed on July 20, 2020〉, "El BCV pretende manipular cifras de inflación," *La Patilla*, 27 de agosto, 2018〈https://www.lapatilla.com/2018/08/27/el-bcv-pretende-manipular-cifras-de-inflacion/, accessed on December 25, 2019〉.

*33　"Resultados ENCOVI 2017: Radiografía de la crisis venezolana," ENCOVI, Universidad Católica Andrés Bello website〈https://elucabista.com/2018/02/21/resultados-encovi-2017-radiografia-la-crisis-venezolana/, accessed on December 27, 2019〉.

*34　"Costco in Caracas: How Florida Goods Flood Venezuelan Stores," *Reuters*, December 16, 2019〈https://www.reuters.com/article/us-venezuela-shops/costco-in-caracas-how-florida-goods-flood-venezuelan-stores-idUSKBN1YK16X, accessed on December 18, 2019〉.

*35　2020年4月28日，カラカス在住A氏への電話インタビュー。

*36　"Maduro Says 'Thank God' for Dollarization in Venezuela," *Reuters*, November 18, 2019〈https://www.reuters.com/article/us-venezuela-economy/maduro-says-thank-god-for-dollarization-in-venezuela-idUSKBN1XR0RV, accessed on December 27, 2019〉.

*37　Saabedra (2019).

*38　仮想通貨取引については，坂口（2020）を参照。

*39　P2P取引額。CoinDance website〈https://coin.dance/volume/localbitcoins/VES/BTC, accessed on December 21, 2019〉.

*40　Aguilar (2019).

*41　この点については，以下の記事タイトルが象徴的だ。"Why Could Bitcoin Succeed as a Currency? In a Failed State," *Wired*, March 22, 2018〈https://www.wired.com/story/where-could-bitcoin-succeed-as-a-currency-in-a-failed-state/, accessed on December 21, 2019〉.

*42　Harper (2018).

*43　"Fantasy Economics Venezuela's Virtual Gold Rush," *Time*, November 23, 2019: 38-39.

*44　"India Rejects Venezuelan Crypto Despite 30% Discount," *Bitcoin.com*, June 1, 2018〈https://news.bitcoin.com/india-rejects-venezuelan-crypto-despite-30-discount/,

＊3　坂口（2016a: 第4章，131），表4－1。
＊4　同上。
＊5　Armas (2010).
＊6　Ellsworth and Chinea (2012).
＊7　Ibid.
＊8　Kaplan and Penfold (2019: 13), Table 1.
＊9　"Venezuela y China firman acuerdos por 2.000 millones dólares para viviendas," *Expansión*, 22 de septiembre, 2014 〈https://www.expansion.com/2014/09/22/latinoamerica/economia/1411377188.html, accessed on July 20, 2020〉.
＊10　石油産業は1976年に国有化されている。1990年代に外資に石油開発・生産を委託する契約や，外資過半数の合弁事業として行うスキームが生まれていたが，チャベスはそれらをPDVSAが過半数を所有する合弁企業に変更させた。これがチャベス政権による石油事業の国有化である（第6章参照）。
＊11　以下，国有化および接収については，坂口（2016a: 第4章，148-150）をもとにしている。
＊12　坂口（2016a: 第4章，149），もとは *VenEconomy Weekly*, 30(47), October 31, 2012による。
＊13　2018年1～8月の稼働率。"Sidor trabajó a 1,4% de su capacidad durante los primeros 8 meses de 2018," *El Nacional*, 19 de septiembre, 2018 〈https://www.elnacional.com/economia/sidor-trabajo-capacidad-durante-los-primeros-meses-2018_252426/, accessed on December 27, 2019〉.
＊14　"Venezuela: escasez alcanza a 6 alimentos básicos," *Infobae*, 13 de enero, 2013 〈https://www.infobae.com/2013/01/18/1065064-venezuela-escasez-alcanza-6-alimentos-basicos/, accessed on December 17, 2019〉.
＊15　"Venezuela aprueba crédito para importar papel higiénico," *BBC News*, 22 de mayo, 2013 〈https://www.bbc.com/mundo/ultimas_noticias/2013/05/130522_ultnot_venezuela_escasez_importancion_credito_jp, accessed on December 27, 2019〉.
＊16　坂口（2016a: 第4章，147）。
＊17　国際的シンクタンクEIUは，2019年のGDP成長率をマイナス36.2%と推計している（EIU [2020]）。
＊18　World Bank Database 〈https://databank.worldbank.org/source/world-development-indicators, accessed on December 9, 2019〉.
＊19　Kaplan and Penfold (2019: 25), Figure 5.
＊20　"Conoco Waiting for Venezuela to Pay $2 Billion Settlement: CEO," *Reuters*, September 6, 2018 〈https://www.reuters.com/article/us-conocophillips-pdvsa/conoco-waiting-for-venezuela-to-pay-2-billion-settlement-ceo-idUSKCN1LL24Z, accessed on December 27, 2019〉.
＊21　EIU (2020: 11).
＊22　EIU (2019).
＊23　残りの49.9%は，マドゥロ政権がロシアの国営石油会社ロスネフチから15億ドルを借り入れた際の担保となっている。"Venezuela's PDVSA Uses 49.9 pct Citgo Stake as Loan Collateral," *Reuters*, December 24, 2016 〈https://www.reuters.com/article/venezuela-pdvsa-idUSL1N1EI1FO, accessed on August 12, 2020〉.
＊24　"EE.UU. suspendió transar acciones de Citgo a través del bono de la estatal Pdvsa," *NTN24*, 24 de octubre, 2019 〈https://www.ntn24.com/america-latina/venezuela/ee-

＊10　Canova et al. (2014: 47-9).
＊11　Bolivar (2013: 270-1).
＊12　“Caso Afiuni: «corrupción espiritual», una sentencia sin ninguna base legal,” *El Nacional*, 27 de marzo, 2019 〈https://www.elnacional.com/presos-politicos/caso-afiuni-corrupcion-espiritual-una-sentencia-sin-ninguna-base-legal_276504/, accessed on February 9, 2020〉.
＊13　坂口（2016a: 序章，35），表３。
＊14　Pérez Valery (2020).
＊15　“8 historias del intervencionismo del TSJ del régimen en detrimento de los partidos políticos,” *El Nacional*, 17 de junio, 2020 〈https://www.elnacional.com/venezuela/8-historias-del-intervencionismo-del-tsj-del-regimen-en-detrimento-de-los-partidos-politicos/, accessed on February 20, 2020〉.
＊16　Buttó (2013: 173).
＊17　マインゴン（2016: 30），図１－１。
＊18　De Andrés (2017).
＊19　Ibid.
＊20　Norden (2003: 100).
＊21　“Chávez frenó al Alca y defendió la democracia participativa en Ⅲ Cumbres de Américas,” *AVN*, 20 de abril, 2017 〈http://www.avn.info.ve/contenido/ch%C3%A1vez-fren%C3%B3-al-alca-y-defendi%C3%B3-democracia-participativa-iii-cumbre-am%C3%A9ricas, accessed on July 24, 2020〉.
＊22　以下，参加民主主義とその変質については，坂口（2011, 2013）を参照。
＊23　Machado (2009: 179).
＊24　Freedom House (2019a, 2019b: 24).
＊25　V-Dem (2019: 74-5).
＊26　初めてこの概念を提示したのは，Levitsky and Way (2002)。
＊27　以下，民主主義の後退に関する政治学の研究のまとめは，Corrales (2020) を参照。
＊28　Ibid.
＊29　Corrales (2020: 57), Table 3.
＊30　坂口（2018a: 52），表１。
＊31　“Foro Penal registró 859 presos políticos venezolanos hasta el 13 de mayo,” *El Nacional*, 13 de mayo, 2019 〈http://www.elnacional.com/noticias/presos-politicos/foro-penal-registro-859-presos-politicos-venezolanos-hasta-mayo_282182, accessed on June 1, 2019〉.
＊32　UNHCR (2019).
＊33　“Venezuela: UN Report Urges Accountability for Crimes against Humanity,” UN Human Rights Office of the High Commissioner website, September 16, 2020 〈https://www.ohchr.org/EN/NewsEvents/Pages/DisplayNews.aspx?NewsID=26247&LangID=E, accessed on October 1, 2020〉.

第５章

＊１　ニューヨーク証券取引所で鐘を鳴らすチャベス大統領の動画。“USA: Venezuelan President Rings Closing Bell at NYSE,” 〈https://www.youtube.com/watch?v=utG2R1-tyPA, accessed on December 12, 2019〉.
＊２　Corrales and Penfold (2011: 51).

abren-la-opcion-a-los-venezolanos-con-doble-nacionalidad-para-aspirar-presidencia/20000035-3154242, accessed on December 29, 2019〉.

*36 以下，Gómez M. (2019: 4-11), Arenas (2016), Oropeza (2013), "Nicolas Maduro," *EcuRed* 〈https://www.ecured.cu/Nicol%C3%A1s_Maduro, accessed on December 29, 2019〉, "La vida y carrera de Nicolás Maduro, en datos," *CNN Español*, 4 de marzo, 2019 〈https://cnnespanol.cnn.com/2019/03/04/la-vida-y-carrera-de-nicolas-maduro-en-datos/, accessed on December 29, 2019〉, "Biografía del Presidente de la República Bolivariana de Venezuela Nicolás Maduro Moros," *Granma*（キューバ共産党機関紙），20 de abril, 2018 〈http://www.granma.cu/cuba/2018-04-20/biografia-del-presidente-de-la-republica-bolivariana-de-venezuela-nicolas-maduro-moros, accessed on December 29, 2019〉 などから。

*37 Oropeza (2013).

*38 Arenas (2016: 117).

*39 Oropeza (2013).

*40 坂口（2016a: 巻末資料，225-6），資料９。

*41 " 'Viva Kim Jong-un' : Nicolasito, el hijo de Maduro, viajó a Corea del Norte y fue a un acto oficial," *La Nación*, 19 de agosto, 2019. 動画も同ページにあり（後半の画面右手に出てくる男性）。〈https://www.lanacion.com.ar/el-mundo/viva-kim-jong-un-nicolasito-hijo-maduro-viajo-nid2277034, accessed on February 15, 2020〉.

*42 "Venezuela: Estados Unidos sanciona a tres hijos de Cilia Flores, la esposa del presidente Nicolás Maduro," *BBC News*, 25 de julio, 2019 〈https://www.bbc.com/mundo/noticias-america-latina-49119827, accessed on February 15, 2020〉.

*43 Zapata (2019). 2019年４月30日にマドゥロから離反するまで元国家ボリバル情報部（SEBIN）トップだったクリストファー・フィゲラ将軍の証言。

第４章

●本章は，科研基礎研究 (C)16K02029の成果の一部である。

＊１ 民主行動党，キリスト教社会党のいずれもが最後はチャベスの対抗馬のサラス・ロメルを候補者としてかかげていた。得票率は政党ごとに集計される。

＊２ Ellner and Hellinger (2003: 38), Figure 2.1.

＊３ 議席数は人口比で決定されるため，人口増加とともに増える。2015年国会議員選挙時の選出議席数は167議席。

＊４ 1961年憲法では連続再選は禁止されていたが，連続でなければ２回以上の大統領就任も可能だった。

＊５ 坂口（2010c: 18）。

＊６ 坂口（2015: 47）。

＊７ 憲法は，有権者の20%が大統領不信任投票の実施を求める署名をした場合，不信任投票を実施すると規定する。2016年10月末に予定されていた署名集めの直前に，全国24州のうち４州の地方裁判所が署名集めを中断するよう求めたとして，選挙管理委員会は，全国で署名集めの中断を発表した（Linares [2016]）。大統領任期の４年目終了時（2017年１月）までに大統領不信任という結果となれば，憲法は大統領選挙を実施すると規定しており，政権交代の可能性が生まれる。チャベス派はそれを回避する必要があった。

＊８ 坂口（2018a: 52），表１。

＊９ Bolivar (2013: 268).

＊9　マルカーノ／バレーラ・ティスカ（2009: 96-100）。宥和策を受け入れて政党化したのは，社会主義運動党（MAS）や急進正義党（LCR）である。
＊10　Garrido (2004a).
＊11　皆の祖国党（PPT）はチャベス政権下でさらに二度の分裂を経験した。一度めは2007年にチャベス大統領が「愛国軸」に集結する左派政党に対して，ベネズエラ統合社会主義党（PSUV）に合流することを強く求めたときだ。有力リーダーの多くはPSUVに合流したが，チャベス支持だが独立を維持することを選んだグループがPPTとして残った。2012年には，PPTは大統領選挙の候補者擁立をめぐり，①チャベス派から離反して反チャベスの政党連合「民主統一会議」（MUD）に合流するグループ（ベネズエラ進歩運動〔MPV〕），②チャベスから離反するがMUDに合流せず第三極をめざすヘンリー・ファルコンらのグループ（進歩革新党〔AP〕），③チャベス派の愛国軸に残るグループ（PPT）に分かれた。
＊12　1989年にブラジルのポルトアレグレ市で始まった，市予算の編成に市民が直接参画する仕組み。ベネズエラでもほぼ同時期に，急進正義党が市長ポストを獲得した市で，同様の試みが始まっていた（García-Guadilla y González [2000]）。
＊13　Crespo (2017).
＊14　Elizalde y Báez (2005).
＊15　Carroll (2013: 99-100).
＊16　マルカーノ／バレーラ・ティスカ（2009: 100）。
＊17　Bolívar Meza (1994: 53-54).
＊18　マルカーノ／バレーラ・ティスカ（2009: 78-9）。
＊19　マルカーノ／バレーラ・ティスカ（2009: 113-4）。
＊20　マルカーノ／バレーラ・ティスカ（2009: 96-8）。
＊21　ムハンマル・アル・カッザーフィ（1986）。
＊22　Chávez (2013).
＊23　Black (2011).
＊24　以下は，おもにマルカーノ／バレーラ・ティスカ（2009），Carroll (2013) より。
＊25　マルカーノ／バレーラ・ティスカ（2009: 84）。
＊26　マルカーノ／バレーラ・ティスカ（2009: 406-410）。
＊27　Carroll (2010).
＊28　"In Pictures: Castro Strikes out Chavez," *BBC News*, November 19, 1999 〈http://news.bbc.co.uk/2/hi/americas/528376.stm, accessed on February 15, 2020〉.
＊29　Carroll (2009).
＊30　動画が視聴できる〈https://www.youtube.com/watch?v=lOsABwCrn3E, 2020年2月15日アクセス〉。
＊31　動画が視聴できる〈https://www.youtube.com/watch?v=VWe01kvfpG0, 2020年2月15日アクセス〉。
＊32　"Chavez Backs Iraqi Sanctions Protest," *BBC News*, August 11, 2000 〈http://news.bbc.co.uk/2/hi/middle_east/876265.stm, accessed on February 15, 2020〉.
＊33　動画が視聴できる〈https://www.youtube.com/watch?v=weDUAfLFUeQ, 2020年2月15日アクセス〉。
＊34　以下はおもに，Márquez (2014) による。
＊35　"Abren la opción a los venezolanos con doble nacionalidad para aspirar a la Presidencia," *EFE*, 20 de enero, 2017 〈https://www.efe.com/efe/america/politica/

*12　国際赤十字は犠牲者は約５万人と推計する。一方でそれらは過大で，約700人とする研究者もいる（Olmo 2019a）。
*13　Datanálisis (2019).
*14　「わからない」が27.0%，「投票しない」が9.9%となっている。Datanálisis (2019).
*15　"El concierto 'Venezuela Aid Live' recaudó casi 2,5 millones de dólares," *EFE*, 28 de febrero de 2019 〈https://www.efe.com/efe/america/sociedad/el-concierto-venezuela-aid-live-recaudo-casi-2-5-millones-de-dolares/20000013-3911840, accessed on December 7, 2019〉.
*16　"Represión de Maduro en la frontera dejó al menos 423 heridos," *NTN24*, 27 de febrero 2019 〈https://www.ntn24.com/america-latina/venezuela/represion-de-maduro-en-la-frontera-dejo-al-menos-423-heridos-104452, accessed on December 7, 2019〉.
*17　当初マドゥロ側が支援物資に放火したとの報道がなされた。しかしその後動画の分析から，支援物資の炎上は，支援物資を守っていた反政府派市民が，催涙弾を発射してくるマドゥロ側に向かって投げた火炎瓶が落下したためであることが，確認された（Casey, Koettl, and Acosta [2019]）。
*18　"Primer funcionario de las FAES abandona a Maduro e invita a sublevarse," *NTN24*, 27 de febrero, 2019 〈https://www.ntn24.com/america-latina/colombia/primer-funcionario-de-las-faes-abandona-maduro-e-invita-sublevarse-104466, accessed on December 7, 2019〉.
*19　"Diputado Guzamana presume 25 indígenas muertos a manos de la FAN," *NTN24*, 27 de febrero, 2019 〈https://www.ntn24.com/america-latina/venezuela/diputado-guzamana-presume-25-indigenas-muertos-manos-de-la-fan-104469, accessed on December 7, 2019〉.
*20　Olmo (2019b).
*21　動画が視聴できる〈https://www.youtube.com/watch?v=A_XR-Jehsf4, accessed on January 9, 2020〉。

第３章

*１　"Socialismo revive, dice Chávez," *La Nación*, 15 de agosto, 2005 〈https://www.nacion.com/el-mundo/socialismo-revive-dice-chavez/EJFWZQPIQFFCHEURNXT5FUE4T4/story/, accessed on April 17, 2020〉.
*２　Valery (2010). シモン・ボリバル，アントニオ・ホセ・デ・スクレ，フランシスコ・デ・ミランダは南米の独立を戦った軍人。前者ふたりはベネズエラ人，ミランダはベネズエラ人の母を持つスペイン人だが，ボリバルらとともにベネズエラの独立のために戦った。ホセ・マルティはキューバ独立の精神的支柱となり政治的影響力を持ったキューバの詩人・哲学者。
*３　Valery (2010). ペトコフは1960年代の左翼ゲリラで，のちに社会主義運動党（MAS）を設立し，三度大統領選に立候補するなど活発な政治活動を続けた。チャベスを批判し続け，2000年に新聞『タル・クアル』（*Tal Cual*）を創刊した。
*４　マルカーノ／バレーラ・ティスカ（2009: 55-6）。
*５　マルカーノ／バレーラ・ティスカ（2009: 29-30）。
*６　Garrido (2004a).
*７　Garrido (2004b: 19).
*８　マルカーノ／バレーラ・ティスカ（2009: 114）。

septiembre, 2010.

*26 "Tras el referéndum en Venezuela. Pese a la derrota, Chávez insistirá en las reformas," *La Nación*, 4 de diciembre de 2007 〈https://www.lanacion.com.ar/el-mundo/pese-a-la-derrota-chavez-insistira-en-las-reformas-nid967971/, accessed on September 29, 2020〉.

*27 201ページ表7-2およびINE website 〈http://www.ine.gov.ve/index.php?option=com_content&view=category&id=103&Itemid=40, accessed on February 18, 2020〉より。

*28 反チャベス派の政党連合である民主統一会議（MUD）の得票率は40.59%，チャベス派から離反して第三軸をねらう「皆の祖国党」（PPT）が12.66%で，あわせると反チャベス派勢力が53%と過半数を超えた（坂口 2010b: 20）。

第2章

* 1 Scharfenberg (2013).

* 2 "Siete muertos en las protestas tras las elecciones presidenciales en Venezuela," *ABC*, 16 de abril, 2013 〈https://www.abc.es/internacional/20130416/abci-venezuela-violencia-elecciones-201304161605.html, accessed on January 9, 2020〉.

* 3 "Social Conflict in Venezuela in the First Semester of 2014," Observatorio Venezolano de Conflictividad Social website 〈https://www.observatoriodeconflictos.org.ve/tendencias-de-la-conflictividad/social-conflict-in-venezuela-in-the-first-semester-of-2014, accessed on January 9, 2020〉.

* 4 "Uno por uno, estos son los 43 muertos en las protestas contra el régimen de Maduro en Venezuela," *Infobae*, 12 de 2, 2015 〈https://www.infobae.com/2015/02/12/1626403-uno-uno-estos-son-los-43-muertos-las-protestas-contra-el-regimen-maduro-venezuela/, accessed on January 9, 2020〉.

* 5 坂口（2016b: 35），"Asamblea Nacional ha enfrentado más de 60 sentencias del TSJ," Transparencia Venezuela website 〈https://transparencia.org.ve/asamblea-nacional-ha-enfrentado-mas-de-60-sentencias-del-tsj/, accessed on May 10, 2020〉.

* 6 Pardo (2016).

* 7 "Asamblea Nacional ha enfrentado más de 60 sentencias del TSJ," Transparencia Internacional website 〈https://transparencia.org.ve/asamblea-nacional-ha-enfrentado-mas-de-60-sentencias-del-tsj/, accessed on July 17, 2020〉.

* 8 "Datanalisis: 85% de los venezolanos rechazan modificar la Constitución," *Aporrea*, 10 de junio, 2017 〈https://www.aporrea.org/actualidad/n309811.html, accessed on July 17, 2020〉.

* 9 Meza (2017).

*10 "Más de 98 por ciento de rechazo a la constituyente de Maduro," *El Tiempo*, 17 de julio, 2017 〈https://www.eltiempo.com/mundo/latinoamerica/resultados-del-plebiscito-de-la-oposicion-en-venezuela-109694, accessed on January 9, 2020〉.

*11 "Venezuela: 6.729 protestas y 163 fallecidos desde el 1 de abril de 2017," Observatorio Venezolano de Conflictividad Social website 〈https://www.observatoriodeconflictos.org.ve/sin-categoria/venezuela-6-729-protestas-y-157-fallecidos-desde-el-1-de-abril-de-2017#:~:text=Contacto-,Venezuela%3A%206.729%20protestas%20y%20163%20fallecidos%20desde,1%20de%20abril%20de%202017&text=El%20Observatorio%20Venezolano%20de%20Conflictividad,equivalente%20a%2056%20protestas%20diarias., accessed on December 27, 2019〉.

*10　経済成長率は130ページ図5-1より，失業率は201ページ表7-2より。
*11　201ページ表7-2より。
*12　チャベス大統領は，労働組合執行部メンバーの選出方法について，組合員ではなく，一般国民に対する国民投票にかけた。労働組合への内政干渉であるとして国民の支持は低く，棄権率は76.5%と高かったが，賛成票が62%であったため，労組執行部選挙が実施されることになった。
*13　坂口（2005: 41），もとは *El Universal*, 2 de mayo, 2005。
*14　以下はおもに，Nelson (2009)，Carroll (2013) および筆者インタビューより。ネルソンは政変後2年間ベネズエラに滞在し，双方の政治家，軍人，遺族，現場に居合わせた人びとなど多くのインタビューを重ねて真実に迫った。もともとはチャベス支持者だったが，調査を進めるなかでチャベス政権側の説明に疑問をもつようになったという。キャロルは英国『ガーディアン』紙の記者で，チャベス政権下の6年間ベネズエラに駐在し取材を続けた。
*15　同月に大統領に就任したばかりのペレス大統領が，マクロ経済危機の打開策として実施した経済自由化改革に市民が反発し，暴動に発展した。
*16　チャベス政権に近い左派論客マルタ・ハーネッカーとのインタビューより（ハーネッカー［2007: 40］）。
*17　Delgado (2012).
*18　背景には，当時のカラカス首都圏知事アルフレッド・ペーニャが，チャベス派から離反し，チャベス批判を繰り返していたことがあるともいわれる。首都圏警察は首都圏知事の管轄。こののち首都圏警察は解体された。
*19　ハーネッカー（2007: 266-7）。
*20　ひとりはチャベスとは士官学校時代の一期後輩として，もうひとりはチャベスが士官学校の教官を務めていたときの生徒として，チャベスとは近い関係にあった。しかし後者は，チャベス大統領がキューバに接近し，キューバ軍将校が指揮官として国軍に送り込まれるようになったことに反発して離反し，逮捕されたのち亡命した（2019年5月，米国マイアミにて筆者インタビュー）。
*21　チャベスに近い米国人エバ・ゴーリンジャーは2004年に，CIAが4月11日以前にチャベスに対するクーデターの動きがあることを認識していたと発表し，チャベス大統領も4月11日の政変は米国の支援を受けたクーデターであったと非難した。しかし，それ以前から軍内部ではチャベスを批判し退陣を求める軍人が複数出ており，クーデターの噂も流れ，チャベスにも進言されていた。ネルソンは米国関与のクーデター説を複数の状況証拠から説得力がないと論じている（Nelson［2009］）。
*22　ネルソンのブログに掲載された2本の動画。チャベスは，移送命令を受けた兵士を説得しようとしている。2本目の動画の後半は，ヘリコプターで輸送される様子。Brian Nelson, *The Story of the Short-lived Coup against Venezuelan President Hugo Chavez*, 〈https://www.brianandrewnelson.com/Turiamo%20Video.html#Transcripts, accessed on July 16, 2020〉.
*23　任期途中で2政党がチャベス陣営から離反したため100%ではなくなったが，議席の9割近くをチャベス派が支配する状況は任期満了時まで続いた。
*24　"Chávez cierra 34 emisoras de radio venezolanas críticas con su política," *El Pais*, 2 de agosto, 2009〈https://elpais.com/diario/2009/08/02/internacional/1249164003_850215.html, accessed on December 5, 2019〉.
*25　Hinterlaces社が2010年8月に20州68都市で実施した調査。*El Nacional*, 13 de

注　記

プロローグ

＊1　Corrales and Penfold (2011) のタイトル。
＊2　以下，経済関係の数値とその出所は第５章を参照。
＊3　Aponte (2018).
＊4　"Encovi 2018: 92% de los hogares venezolanos son pobres, por línea de ingreso," *El Noticiero Digital*, 30 de noviembre, 2018 〈http://www.noticierodigital.com/2018/11/encovi-2018-pobreza-por-ingresos-ya-afecta-a-92-de-los-hogares-venezolanos/, accessed on July 3, 2019〉.
＊5　"La «dieta Maduro»: el 67 por ciento de los venezolanos ha perdido 11 kilos el último año," *ABC*, 22 de febrero, 2018 〈https://www.abc.es/internacional/abci-dieta-maduro-67-ciento-venezolanos-perdido-11-kilos-ultimo-201802220350_noticia.html, accessed on June 3, 2019〉.
＊6　Maya (2019).
＊7　"Venezuela Situation," UNHCR website 〈https://www.unhcr.org/venezuela-emergency.html, accessed on September 15, 2019〉. ベネズエラ人難民や人口については第８章注49を参照。
＊8　"Denuncian ONGs: apagón deja al menos 43 pacientes muertos en Venezuela," *Univisión*, 13 de marzo, 2019 〈https://www.univision.com/noticias/america-latina/denuncian-ongs-apagon-deja-al-menos-43-pacientes-muertos-en-venezuela, accessed on June 3, 2019〉.
＊9　岡田（2019）。
＊10　2019年３月31日現在。うち軍人が95人。Foro Penal (2019).
＊11　民主主義を維持した４カ国のうち，残るひとつはコスタリカ。

第１章

＊1　マルカーノ・バレーラ／ティスカ（2009: 48)。
＊2　くわえて先住民枠３議席もすべてチャベス支持者が選出されたため，チャベス派は合計で124議席と制憲議会の95％を支配した（Combellas [2003: 193], Brewer-Carías [2010: 53]）。
＊3　以下，本書を通じて特別に記載がないかぎり，選挙結果は，CNE website 〈http://www.cne.gob.ve, accessed on October 18, 2019〉より。
＊4　Brewer-Carías (2010: 53).
＊5　Combellas (2003: 194-6).
＊6　Neumann y McCoy (2001), "Asamblea Nacional Bolivariana vs. Congreso de la 4ta República," *Telesur*, 31 de diciembre, 2015 〈https://www.telesurtv.net/news/Asamblea-Nacional-bolivariana-vrs.-Congreso-de-la-Cuarta-Republica-20151104-0016.html, accessed on January 5, 2020〉.
＊7　Brewer-Carías (2010: 73-4).
＊8　Combellas (2003: 206).
＊9　Brewer-Carías (2010: 75-9).

venezuelan-refugee-crisis, accessed on July 8, 2020〉.
Van Praag, Oriana and Cynthia J. Arnson (2020) "A Crisis within a Crisis: Venezuela and COVID-19," Wilson Center website 〈https://www.wilsoncenter.org/sites/default/files/media/uploads/documents/A%20Crisis%20Within%20a%20Crisis_Venezuela%20and%20COVID-19%20%281%29.pdf, accessed on July 7, 2020〉.
Verma, Nidhi, and Marianna Parraga (2019) "Exclusive: India's Nayara Supplying Fuel to Rosneft in Exchange for Venezuelan Oil: Sources," *Reuters*, October 16 〈https://www.reuters.com/article/us-venezuela-oil-india-exclusive/exclusive-indias-nayara-supplying-fuel-to-rosneft-in-exchange-for-venezuelan-oil-sources-idUSKBN1WU2N7, accessed on July 10, 2020〉.
Vom Hau, Matthias (2014) "Critical Debates: New Perspectives on Violence and State Power in Latin America," *Latin American Politics and Society* 56(4): 159-168 〈https://doi.org/10.1111/j.1548-2456.2014.00253.x, accessed on July 20, 2020〉.
Werlau, Maria (2019) *Cuba's Intervention in Venezuela*, Washington, D.C.: Free Society Project.
Yin-Hang To, Emma Miriam, and Rodrigo Acuña (2019) "China and Venezuela: South-South Cooperation or Rearticulated Dependency?" *Latin American Perspecitves*, Issue 225, 46(2), March: 126-140.
Zapata, Juan Carlos (2019) "Y quién se atreve a investigar a Nicolasito Maduro, el hijo de Maduro," *ALnavío*, 12 de junio 〈https://alnavio.com/noticia/19038/actualidad/y-quien-se-atreve-a-investigar-a-nicolasito-maduro-el-hijo-de-maduro.html, accessed on February 16, 2020〉.

Roberts, Kenneth (2003) "Social Polarization and the Populist Resurgence in Venezuela," in Ellner and Hellinger eds. (2003).
Romero, Simon (2010) "Venezuela, More Deadly than Iraq, Wonders Why," *The New York Times*, August 22 〈http://www.nytimes.com/2010/08/23/world/americas/23venez.html?pagewanted=all&_r=0, accessed on January 18, 2020〉.
Rouvinski, Vladimir (2019) "Russian-Venezuelan Relations at a Crossroads," Wilson Center Latin American Program website, February 〈https://www.wilsoncenter.org/sites/default/files/media/documents/misc/russia-venezuela_report_rouvinski_final.pdf, accessed on July 4, 2020〉.
Saavedra, Gabriela (2019) "El petro: el espejismo que utiliza Maduro para no aceptar que destruyó el bolívar," *El Nacional*, 24 de noviembre 〈https://www.elnacional.com/economia/el-petro-el-espejismo-que-utiliza-maduro-para-no-aceptar-que-destruyo-el-bolivar/, accessed on December 27, 2019〉.
Scharfengerg, Ewald (2013) "La violencia irrumpe en la Asamblea Nacional de Venezuela," *El País*, 1 de mayo 〈https://elpais.com/internacional/2013/05/01/actualidad/1367370533_014786.html, accessed on January 9, 2020〉.
Schipani, Andres and Ed Crooks (2014) "Venezuela Ordered to Pay Exxon Mobil a Further $1bn," *Financial Times*, October 10 〈https://www.ft.com/content/d790a6f2-5004-11e4-a0a4-00144feab7de, accessed on January 12, 2020〉.
Seawright, Jason (2012) *Party-System Collapse: The Roots of Crisis in Peru and Venezuela*, Stanford: Stanford University Press.
Shuya, Mason (2019) "Russian Influence in Latin America: a Response to NATO," *Journal of Strategic Security* 12(2): 17-41 〈https://doi.org/10.5038/1944-0472.12.2.1727, accessed on June 24, 2020〉.
Strohm, Chris, Patricia Laya, and Ben Bartenstein (2020) "U.S. Indicts Venezuela's Maduro on Drugs With $15 Million Reward," *Bloomberg*, March 27 〈https://www.bloomberg.com/news/articles/2020-03-26/u-s-to-indict-venezuelan-president-nicolas-maduro-ap-reports, accessed on July 8, 2020〉.
Suprema in Justicia (2016) "TSJ invalida incorporación de diputados de Amazonas: Ya son 22 sentencias contra la AN," Suprema in Justicia website, 4 de agosto 〈https://supremainjusticia.org/2016/08/04/tsj-invalida-incorporacion-de-diputados-de-amazonas-ya-son-22-sentencias-contra-la-an/, accessed on May 1, 2020〉.
Tosta, Andrea (2015) "El fin de la Ley habilitante de Maduro," *El Estímuro*, 1 de enero 〈https://elestimulo.com/climax/los-superpoderes-de-la-ley-habilitante/, accessed on February 18, 2020〉.
Trinkunas, Harold A. (2005) *Crafting Civilian Control of the Military in Venezuela*, Chapel Hill: The University of North Carolina Press.
UN High Commissioner for Human Rights (2019) "Human Rights in the Bolivarian Republic of Venezuela," 〈https://www.ohchr.org/EN/NewsEvents/Pages/DisplayNews.aspx?NewsID=24788&LangID=E, accessed on February 18, 2020〉.
Valery, Yolanda (2010) "El marxismo según Chávez," *BBC News*, 23 de enero 〈https://www.bbc.com/mundo/america_latina/2010/01/100123_chavez_marx_amab, accessed on April 15, 2020〉.
Van Praag, Oriana (2019) "Understanding the Venezuelan Refugee Crisis," Wilson Center website, September 13 〈https://www.wilsoncenter.org/article/understanding-the-

Oropeza, Valentina (2013) "El 'delfín' que conducirá la revolución bolivariana," *El Tiempo* 〈http://www.eltiempo.com/archivo/documento/CMS-12742462, accessed on May 17, 2020〉.
Osborn, Andrew (2018) "Russian Nuclear-Capable Bomber Aircraft Fly to Venezuela, Angering U.S.," *Reuters*, December 12 〈https://www.reuters.com/article/us-venezuela-russia-airforce/russian-nuclear-capable-bomber-aircraft-fly-to-venezuela-angering-u-s-idUSKBN1OA23L, accessed on July 10, 2020〉.
OVV (2015) "2015 tasa de homicidios llegó a 90 por cada 100 mil habitantes," 〈https://observatoriodeviolencia.org.ve/2015-tasa-de-homicidios-llego-a-90-por-cada-100-mil-habitantes/, accessed on February 24, 2017〉.
OVV (2016) "2016: OVV estima 28. 479 muertes violentas en Venezuela," 〈https://observatoriodeviolencia.org.ve/2016-ovv-estima-28-479-muertes-violentas-en-venezuela/, accessed on February 24, 2017〉.
Padgett, Tim (2016) "Does Survival in Venezuela Depend on Shippers in Miami?" *WLRN*, August 22 〈https://www.wlrn.org/post/does-survival-venezuela-depend-shippers-miami#stream/0, accessed on December 27, 2019〉.
Pardo, Daniel (2015) "¿Quiénes son los 'bachaqueros' que el gobierno de Venezuela culpa de la escasez?" *BBC News*, 19 de agosto 〈https://www.bbc.com/mundo/noticias/2015/08/150818_venezuela_bachaqueros_dp, accessed on December 27, 2019〉.
Pardo, Daniel (2016) "¿Qué implica que el Tribunal Supremo de Venezuela haya declarado en desacato a la Asamblea Nacional?" *BBC News*, 12 de enero 〈https://www.bbc.com/mundo/noticias/2016/01/160112_venezuela_analisis_desacato_tsj_an_dp, accessed on May 10, 2020〉.
Parraga, Marianna, and Nivedita Bhattacharjee (2018) "ConocoPhillips and Venezuela's PDVSA Reach $2 Billion Settlement," *Reuters*, August 20 〈https://www.reuters.com/article/us-conocophillips-pdvsa/conocophillips-and-venezuelas-pdvsa-reach-2-billion-settlement-idUSKCN1L517X, accessed on February 1, 2020〉.
Parraga, Marianna, and Nelson Acosta (2020) "Exclusive: Venezuela's PDVSA Steps up Fuel Shipments to Cuba as Shortages Bite," *Reuters*, February 15 〈https://www.reuters.com/article/us-cuba-venezuela-oil-exclusive/exclusive-venezuelas-pdvsa-steps-up-fuel-shipments-to-cuba-as-shortages-bite-idUSKBN20824M, accessed on July 20, 2020〉.
Pérez Valery, Jorge Luis (2020) "Tribunal Supremo de Justicia de Venezuela ratifica a la directiva de la Asamblea Nacional impuesta por el chavismo en enero," *CNN Español*, 26 de mayo 〈https://cnnespanol.cnn.com/2020/05/26/alerta-venezuela-tribunal-supremo-de-justicia-ratifica-a-la-directiva-de-la-asamblea-nacional-impuesta-por-el-chavismo-en-enero/, accessed on July 18, 2020〉.
Petkoff, Teodoro (2005) *Dos Izquierda*, Caracas: Alfadil.
Pion-Berlin, David ed. (2001) *Civil-Military Relations in Latin America*, Chapel Hill & London: The University of North Carolina Press.
Ponniah, Thomas, and Jonathan Eastwood eds. (2011) *The Revolution in Venezuela: Social and Political Change under Chávez*, Cambridge & London: Harvard University Press.
Pons, Corina, and Mayela Armas (2020) "Exclusive: Venezuela Removed Six Tonnes of Central Bank Gold at Turn of Year," *Reuters*, March 13 〈https://www.reuters.com/article/us-venezuela-gold/exclusive-venezuela-removed-six-tonnes-of-central-bank-gold-at-turn-of-year-sources-idUSKBN20Z3FE, accessed on July 10, 2020〉.

July 4 ⟨https://apnews.com/da51ee93141f485a9a92c58469eba328, accessed on July 20, 2020⟩.
Machado M., Jesús E. (2009) "Participación social y consejos comunales en Venezuela," *Revista Venezolana de Economía y Ciencias Sociales* 15(1): 173-185.
Mainwaring, Scott, and Aníbal Pérez-Liñán (2013) *Democracies and Dictatorships in Latin America: Emergence, Survival, and Fall*, New York: Cambridge University Press.
Márquez, Walter (2014) "Informe de la investigación documental realizada por Walter Márquez sobre Partida de Nacimiento y Nacionalidad de Nicolás Maduro Moros," documento presentado en Soberanía.orgVenezuela, 20 de marzo ⟨https://issuu.com/soberania.org/docs/informe_partida_de_nacimiento_madur, accessed on May 12, 2020⟩.
Marthoz, Jean-Paul (2014) "Venezuela's Foreign Policy: A Mirage Based on a Curse," *NOREF Report*, November ⟨https://www.files.ethz.ch/isn/186054/5ac5220191adf69475fb57f9e303479c.pdf, accessed on June 24, 2020⟩.
Maya, María Josefa (2019) "Muertes de niños por desnutrición subió 173% en un año," Hambrómetro website, 20 de febrero ⟨http://hambrometro.com/muertes-de-ninos-por-desnutricion-subio-173-en-un-ano/, accessed on June 3, 2019⟩.
McCoy, Jennifer, William C. Smith, Andrés Serbin, and Andrés Stambouli (1995) *Venezuelan Democracy under Stress*, Miami: North-South Center Press.
McCoy, Jennifer, and David J. Myers eds. (2004) *The Unraveling of Representative Democracy in Venezuela*, Baltimore & London: The Johns Hopkins University Press.
Meza, Alfredo (2017) "La oposición venezolana asegura que logró casi 7,2 millones de votos en la consulta contra Maduro," *El País*, 17 de julio ⟨https://elpais.com/internacional/2017/07/16/actualidad/1500207202_660364.html, accessed on April 9, 2020⟩.
Mijares, Víctor M. (2015) "Venezuela's Post-Chávez Foreign Policy: Is There a Maduro Doctrine?" *Americas Quarterly* 9(1): 74-81.
Nelson, Brian A. (2009) *The Silence and the Scorpion: The Coup against Chávez and the Making of Modern Venezuela*, New York: Nation Books.
Neuman, Laura and Jennifer McCoy (2001) "Observing Political Change in Venezuela: The Bolivarian Constitution and 2000 Elections. Final Report," The Carter Center website, February ⟨https://www.cartercenter.org/documents/297.pdf, accessed on December 1, 2019⟩.
Nichols, Michelle (2019) "U.S., Russia Fail in Rival Bids for U.N. Action on Venezuela," *Reuters*, March 1 ⟨https://www.reuters.com/article/us-venezuela-politics-un/us-russia-fail-in-rival-bids-for-un-action-on-venezuela-idUSKCN1QH2SL, accessed on July 10, 2020⟩.
Norden, Deborah L. (2003) "Democracy in Uniform: Chavez and the Venezuelan Armed Forces," in Ellner and Hellinger eds. (2003).
Olmo, Guillermo (2019a) "Cómo fue la tragedia de Vargas, el peor desastre de la historia reciente de Venezuela: 'Creíamos que era el fin del mundo'," *BBC News*, 12 de diciembre ⟨https://www.bbc.com/mundo/noticias-america-latina-50695328, accessed on January 9, 2020⟩.
Olmo, Guillermo D. (2019b) "Crisis en Venezuela: 3 detalles del regreso de Guaidó que muestran la excepcional crisis política del país," *BBC News*, 5 de marzo ⟨https://www.bbc.com/mundo/noticias-america-latina-47449945, accessed on September 20, 2020⟩.

for Venezuelan Refugees: But How Long Will It Last?" *Foreign Policy*, August 23 〈https://foreignpolicy.com/2018/08/23/latin-america-has-an-open-door-policy-for-venezuelan-refugees/, accessed on July 6, 2020〉.
Goodman, Louis W., Johanna Mendelson Forman, Moisés Naím, Joseph S. Tolchin, and Gary Bland (1995) *Lessons of the Venezuelan Experience*, Washington, D.C.: The Woodrow Wilson Center Press.
Gómez, Daniel (2019) "¿Qué busca Nicolás Maduro en Corea del Norte?" *ALnavío*, 28 de agosto 〈https://alnavio.com/noticia/19447/actualidad/que-busca-nicolas-maduro-en-corea-del-norte.html, accessed on July 12, 2020〉.
Gómez M., Fernando (2019) *The Venezuela of Nicolás Maduro*, independently published.
Harper, Colin (2018) "Fighting for Freedom in Venezuela: How Crypto Helped Héctor's Family Buy Food," *Bitcoin Magazine*, July 7 〈https://bitcoinmagazine.com/articles/fighting-freedom-venezuela-how-crypto-helped-h%C3%A9ctors-family-buy-food, accessed on January 23, 2020〉.
Hausmann, Ricardo, and Francisco R. Rodríguez eds. (2014) *Venezuela before Chavez: Anatomy of an Economic Collapse*, University Park: The Pennsylvania State University Press.
Hawkins, Kirk A. (2010) *Venezuela's Chavismo and Populism in Comparative Perspective*, Cambridge: Cambridge University Press.
Kaplan, Stephen B., and Michael Penfold (2019) "China-Venezuela Economic Relations: Hedging Venezuelan Bets with Chinese Characteristics," Latin American Program, Kissinger Institute, February 〈https://www.wilsoncenter.org/sites/default/files/media/documents/publication/china-venezuela_relations_final.pdf, accessed on October 2, 2020〉.
Karl, Terry Lynn (1997) *The Paradox of Plenty: Oil Booms and Petro-States*, Berkeley: Univrsity of California Press.
Kornblith, Miriam (2007) "Venezuela: calidad de las elecciones y calidad de la democracia," *América Latina Hoy* (45): 109-124.
Levine, Daniel, and José Enrique Molina (2011) *The Quality of Democracy in Latin America,* Boulder & London: Lynne Rienner Publishers.
Levitsky, Steven, and Lucas A. Way (2002) "The Rise of Competitive Authoritarianism," *Journal of Democracy* 13(29): 51-65.
Levitsky, Steven, and Lucan A. Way (2010) "Why Democracy Needs a Level Playing Field," *Journal of Democracy* 21(1), January: 57-68.
Levitsky, Steven, and Daniel Ziblatt (2018) *How Democracies Die*, New York: Crown（スティーブン・レビツキー／ダニエル・ジブラット『民主主義の死に方：二極化する政治が招く独裁への道』濱野大道訳，新潮社，2018年）.
Linares, Albinson (2016) "Autoridades electorales de Venezuela paralizan el proceso revocatorio contra Maduro," *The New York Times*, 20 de octubre 〈https://www.nytimes.com/es/2016/10/21/espanol/america-latina/autoridades-electorales-de-venezuela-paralizan-el-proceso-revocatorio-contra-maduro.html, accessed on July 18, 2020〉.
López Maya, Margarita (2003) "Hugo Chávez Frías: His Movement and His Presidency," in Ellner and Hellinger eds. (2003).
López Maya, Margarita ed. (2009) *Ideas para debater el socialism del siglo XXI – volumen II*, Caracas: Editorial Alfa.
Lugo, Luis Alonso (2019) "Ex-Venezuela Spy Chief Says Maduro Ordered Illegal Arrests," *AP*,

Dieterich Steffan, Heinz (n.d.) *Hugo Chávez y el socialismo del siglo XXI*, segunda edición revisada y ampliada 〈https://www.academia.edu/9314839/Hugo_Chavez_y_el_Socialismo_del_Siglo_XXI, accessed on February 13, 2020〉.

Eberhardt, María Laura, y Mario Daniel Serrafero (2018) "Venezuela: salidas constitucionales a la crisis institucional," *Revista de Derecho* 25(2): 77-118 〈https://scielo.conicyt.cl/pdf/rducn/v25n2/0718-9753-rducn-25-02-00077.pdf, accessed on April 3, 2020〉.

Elizalde, Rosa Miriam, y Luis Báez (2005) *El Encuentro*, La Habana: Oficina de Publicaciones del Consejo de Estado de la República de Cuba 〈http://media.cubadebate.cu/wp-content/uploads/2013/03/el-encuentro_rosa-miriam-elizalde_luis-baez.pdf, accessed on May 20, 2020〉.

Ellner, Steve (2003) "Tendencias recientes en el movimiento laboral venezolano: autonomía vs control político," *Revista Venezolana de Economía y Ciencias Sociales* 9(3): 157-178 〈https://www.redalyc.org/articulo.oa?id=17709308, accessed on October 1, 2020〉.

Ellner, Steve (2008) "Las tensiones entre la base y la dirigencia en las filas de chavismo," *Revista venezolana de economía y ciencias sociales* 14(1): 49-64.

Ellner, Steve ed. (2014) *Latin America's Radical Left*, Lanham: Rowman & Littlefield.

Ellner, Steve, and Daniel Hellinger eds. (2003) *Venezuelan Politics in the Chávez Era: Class, Polarization & Conflict*, Boulder: Lynne Rienner Publishers.

Ellsworth, Brian, and Eyanir Chinea (2012) "Special Report: Chavez's Oil-fed Fund Obscures Venezuela Money Trail," *Reuters*, September 26 〈https://www.reuters.com/article/us-venezuela-chavez-fund/special-report-chavezs-oil-fed-fund-obscures-venezuela-money-trail-idUSBRE88P0N020120926, accessed on December, 16, 2019〉.

Ellsworth, Braian, and Mayela Armas (2019) "El misterio de Maduro ¿Por qué los militares aún defienden al asediado presidente de Venezuela?" *Reuters*, 28 de junio 〈https://www.reuters.com/investigates/special-report/venezuela-military-es/, accessed on February, 18, 2020〉.

España N., Luis Pedro, y María G. Ponce Z. (2018) "ENCOVI Encuesta sobre condiciones de vida en Venezuela," febrero 〈https://www.ucab.edu.ve/wp-content/uploads/sites/2/2018/02/ENCOVI-2017-presentaci%C3%B3n-para-difundir-.pdf, accessed on January 10, 2020〉.

Gallagher, Kevin P., and Margaret Myers (2020) *China-Latin America Finance Database*, Inter-American Dialogue website 〈https://www.thedialogue.org/map_list/, accessed on July 6, 2020〉.

García-Guadilla, María del Pilar, y Rosa Amelia González (2000) "Formulación participativa del presupuesto en el municipio Caroní: comparación con la experiencia de Porto Alegre," *América Latina Hoy* (24) abril: 5-17 〈https://www.redalyc.org/articulo.oa?id=30802402, accessed on August 12, 2020〉.

García Marco, Daniel (2017) "Quién es Delcy Rodríguez, la presidenta de la todopoderosa Asamblea Nacional Constituyente de Venezuela," *BBC Mundo*, 4 de agosto 〈https://www.bbc.com/mundo/noticias-america-latina-40834084, accessed on May 10, 2020〉.

Garrido, Alberto (2004a) "El eje revolucionario Chávez-Castro," *El Universal*, 27 de junio, 2004 (tomado por *Cubanet*, 28 de junio, 2004 〈https://www.cubanet.org/htdocs/CNews/y04/jun04/28o6.htm, accessed on May 20, 2020〉

Garrido, Alberto (2004b) *La Línea Roja de Chávez*, Mérida (Venezuela): Ediciones del Autor.

Gedan, Benjamin N., and Nicolás Saldías (2018) "Latin America Has an Open-Door Policy

〈https://www.nytimes.com/2019/03/10/world/americas/venezuela-aid-fire-video.html, accessed on August 12, 2020〉.
Chaguaceda, Armando, y Johanna Cilano (2011) "Democracia participativa versus autoritarismo: confluencias recientes en el progresismo latinoamericano," *Cuestiones Políticas* 27(46), enero-junio: 55-81.
Chávez Frías, Hugo (2013) *El libro azul*, Caracas: Ediciones Correo del Orinoco, segunda edición 〈http://www.presidencia.gob.ve/Site/Web/Principal/imagenes/adjuntos/Web/Libros/PDF/Libro5.pdf, accessed on December 30, 2019〉.
Cohen, Luc, and Francisco Aguilar (2018) "Venezolanos de escasos recursos hacen fila en "puntos rojos" esperando un "premio," *Reuters*, May 21 〈https://jp.reuters.com/article/elecciones-venezuela-puntosrojos-idLTAKCN1IL0UB-OUSLD, accessed on October 7, 2020〉.
Combellas, Ricardo (2003) "El proceso constituyente y la Constitución de 1999," *Politeia* (30): 183-208 〈https://www.redalyc.org/pdf/1700/170033588013.pdf, accessed on April 15, 2020〉.
Congressional Research Service, USA (2020) "Venezuela: Overview of U.S. Sanctions," 〈https://fas.org/sgp/crs/row/IF10715.pdf, accessed on July 8, 2020〉.
Coronil, Fernando (1997) *The Magical State*, Chicago: University of Chicago Press.
Corrales, Javier (2016) "Autocratic Legalism in Venezuela," in Diamond, Plattner, and Walker eds. (2016).
Corrales, Javier (2020) "Democratic Backsliding through Electoral Irregularities: The Case of Venezuela," *Europian Review of Latin American and Caribbean Studies* (109): 41-65 〈https://www.erlacs.org/articles/abstract/10.32992/erlacs.10598/, accessed on October 1, 2020〉.
Corrales, Javier, and Michael Penfold (2011) *Dragon in the Tropics: Hugo Chavez and the Political Economy of Revolution in Venezuela*, Washington, D.C.: The Brookings Institution.
Corrales, Javier, and Carlos A. Romero (2013) *U.S.-Venezuela Relations since the 1990s*, New York & London: Routledge.
Crespo, César (2017) "How Delcy Became Delcy," *Caracas Chronicle*, August 10 〈https://www.caracaschronicles.com/2017/08/10/how-delcy-became-delcy/, accessed on August 12, 2020〉.
Crisp, Brian F. (2000) *Democratic Institutional Design: The Powers and Incentives of Venezuelan Politicians and Interest Groups*, Stanford: Stanford University Press.
Da Corte, María Lilibeth (2012) "Chávez recibió Habilitante por el Parlamento saliente en 2010," *El Universal*, 17 de junio.
De Andrés, Francisco (2017) "Un ejército con 2000 generales, frente a los 900 de EE.UU.," *ABC*, 29 de agosto 〈https://www.abc.es/internacional/abci-ejercito-2000-generales-frente-900-eeuu-201708070304_noticia.html?ref=https%3A%2F%2Fwww.google.com%2F, accessed on February, 18, 2020〉.
Delgado, Antonio María (2012) "Ex juez afirma que Chávez ordenó condenar a grupo opositor," *El Nuevo Herald*, 13 de septiembre 〈http://www.elnuevoherald.com/2012/09/13/1299552_p2/ex-juez-revela-que-chavez-ordeno.html, accessed on May 10, 2020〉.
Diamond, Larry, Marc.F Plattner, and Christopher Walker eds. (2016) *Authoritarianism Goes Global*, Baltimore: Johns Hopkins University Press.
Dieterich Steffah, Heinz (n.d.) "El Socialismo del siglo XXI," mimeo 〈https://www.rebelion.org/docs/121968.pdf, accessed on January 13, 2020〉.

Biardeau R., Javier (2009) "Del árbol de las tres raíces al socialismo bolivariano del siglo XXI: ¿una nueva narrativa ideológica de emancipación?" *Revista Venezolana de Economía y Ciencias Sociales* 15(1), enero-abril: 57-113.

Black, Ian (2011) "Gaddafi Is in Dire Need of Help from His Old Comrade Hugo Chávez," *The Guardian*, March 3 〈https://www.theguardian.com/world/2011/mar/03/libya-gaddafi-hugo-chavez, accessed on February 13, 2020〉.

Blanco, Juan Antonio, Rolando Cartaya, Luis Dominguez y Casto Ocando (2019) *Cubazuela Chronicle of a Cuban Intervention*, Miami: Foundation for Human Rights in Cuba.

Blank, Stephen (2020) "A Russian Global Expeditionary Force?" in Jeffrey Mankoff ed., *Improvisation and Adaptability in the Russian Military*, Washington, D.C.: Center for Strategic and International Studies (CSIS) 〈https://csis-website-prod.s3.amazonaws.com/s3fs-public/publication/200430_Mankoff_Russian%20Military_web_v3_UPDATED%20FINAL.pdf?w8E_tmNl65QbUPtiv6FomIF5U7yGzqBl, accessed on October 7, 2020〉.

Bolívar Meza, Rosendo (1994) "Simón Bolívar: su propuesta de gobierno republicano centralista y la utopía de la construcción de una Patria Grande," *Revista Mexicana de Ciencias Políticas y Sociales*, 39(158): 45-65 〈http://www.revistas.unam.mx/index.php/rmcpys/article/view/49845/44821, accessed on October 1, 2020〉.

Bolívar, O. Ligia (2013) "Overview of Human Rights in Venezuela," *Politeja* (24): 267-290.

Brewer-Carías, Allan R. (2010) *Dismantling Democracy in Venezuela: The Chávez Authoritarian Experiment*, Cambridge: Cambridge University Press.

Briceño León, Roberto (2012) "Tres fases de la violencia homicida en Venezuela," *Ciencia & Saúde Coletiva* 17(12): 3233-3242.

Buttó, Luis Alberto (2013) "Armed Forces and Politics in the Bolivarian Revolution," *Politeia* (24): 163-178.

Canova González, Antonio, Lusi A. Herrera Orellana, Rosa E., Rodríguez Ortega, y Giuseppe Graterol Stefanelli (2014) *El TSJ al servicio de la revolución: la toma, los números y los criterios del TSJ venezolano (2004-2013)*, Caracas: Editorial Galipán.

Carroll, Rory (2009) "Hugo Chávez Defends 'Rude' Mobile Phone," *The Guardian*, May 14 〈https://www.theguardian.com/world/2009/may/14/chavez-venezuela-mobile-phone, accessed on February 14, 2020〉.

Carroll, Rory (2010) "Hugo Chávez's Twitter Habit Proves a Popular Success," *The Guardian*, August 10 〈https://www.theguardian.com/world/2010/aug/10/hugo-chavez-twitter-venezuela, accessed on February 15, 2020〉.

Carroll, Rory (2013) *Comandante: The Life and Legacy of Hugo Chavez*, Edinburgh: Canongate Books（ローリー・キャロル『ウーゴ・チャベス　ベネズエラ革命の内幕』伊高浩昭訳，岩波書店，2014年）.

Casey, Nicholas (2019a) "'It Is Unspeakable': How Maduro Used Cuban Doctors to Coerce Venezuela Voters," *The New York Times*, March 17 〈https://www.nytimes.com/2019/03/17/world/americas/venezuela-cuban-doctors.html, accessed on July 20, 2020〉.

Casey, Nicholas (2019b) "Secret Venezuela Files Warn about Maduro Confidant," *The New York Times*, May 2 〈https://www.nytimes.com/2019/05/02/world/americas/venezuela-maduro-hezbollah-drugs.html, accessed on July 9, 2020〉.

Casey, Nicholas, Christoph Koettl, and Deborah Acosta (2019) "Footage Contradicts U.S. Claim That Nicolás Maduro Burned Aid Convoy," *The New York Times*, March 10

細野昭雄・恒川恵市（1986）『ラテンアメリカ危機の構図：累積債務と民主化のゆくえ』有斐閣選書。

細野昭雄・畑惠子編（1993）『ラテンアメリカの国際関係』新評論。

マインゴン，タイス（2016）「政治制度改革と新たな政治アクターの台頭」坂口安紀編（2016a）：23-59〈http://hdl.handle.net/2344/00016727, 2020年７月18日アクセス〉。

松下洋・乗浩子編（2004）『ラテンアメリカ：政治と社会』新評論。

マルカーノ，クリスティーナ／アルベルト・バレーラ・ティスカ（2009）『大統領チャベス』神尾賢二訳，緑風出版（Cristina Marcano, y Alberto Barrera Tyszka, *Hugo Chávez sin uniforme: una historia personal*, Caracas: Grupo Editorial Random House Mondadori, 2004）。

ムアンマル・アル・カッザーフィ（1986）『緑の書――アル・キターブ・アル・アフダル』藤田進訳，原著初版1975年，第三書館。

村上勇介・遅野井茂雄編（2009）『現代アンデス諸国の政治変動：ガバナビリティの模索』明石書店。

［欧文文献］

Aguilar, Diana (2019) "Venezuelan Migrants Are Using Bitcoin for Remittances, But There's a Catch," *Coindesk*, October 17 〈https://www.coindesk.com/venezuelan-migrants-are-using-bitcoin-for-remittances-but-theres-a-catch, accessed on January 23, 2020〉.
Aponte, Andreina (2018) "Fish for Flour? Barter is the New Currency in Collapsing Venezuela," *Reuters*, July 4 〈https://www.reuters.com/article/us-venezuela-barter-idUSKBN1JT1UM, accessed on September 29, 2020〉.
Arenas, Nelly (2016) "Nicolás Maduro: ¿populismo sin carisma?" *Cuadernos de CENDES* 33(92), tercer época, mayo-agosto: 113-128 〈http://ve.scielo.org/scielo.php?script=sci_arttext&pid=S1012-25082016000200007, accessed on October 1, 2020〉.
Armas, H. Mayela (2010) "Reformas legales crearon vías para que el BCV financie al fisco," *El Universal*, 11 de abril, 2010.
Arvitzer, Leonardo (2002) *Democracy and the Public Space in Latin America*, Princeton: Princeton University Press.
Baptista, Asdrúbal, y Bernard Mommer (1987) *El petróleo en el pensamiento económico venezolano: un ensayo*, Caracas: Ediciones IESA.
Bargent, James (2014) "Disarmament Law in Venezuela Yields near Zero Results," *InSight Crime*, August 18 〈http://www.insightcrime.org/news-briefs/less-than-1-of-guns-off-venezuela-streets-in-a-year-of-disarmament-law, accessed on January 18, 2020〉.
Berman, Ana (2018) "Venezuela's Petro White Paper 'Blatantly' Copied Dash, Ethereum Developer Says," *Cointelegraph*, October 4 〈https://cointelegraph.com/news/venezuelas-petro-white-paper-blatantly-copied-dash-ethereum-developer-says, accessed on January 23, 2020〉.
Berwick, Angus (2018) "How ZTE Helps Venezuela Create China-style Social Control," *Reuters*, November 14 〈https://www.reuters.com/investigates/special-report/venezuela-zte/, accessed on July 20, 2020〉.
Berwick, Angus (2019) "Special Report: How Cuba Taught Venezuela to Quash Military Dissent," *Reuter*, August 22 〈https://www.reuters.com/article/us-venezuela-cuba-military-specialreport/special-report-how-cuba-taught-venezuela-to-quash-military-dissent-idUSKCN1VC1BX, accessed on July 5, 2020〉.

坂口安紀（2016b）「ベネズエラ2015年国会議員選挙と反チャベス派国会の誕生」『ラテンアメリカ・レポート』33(1): 28-40〈http://hdl.handle.net/2344/00018808, 2020年7月17日アクセス〉。

坂口安紀（2017）「ベネズエラの治安問題：経済社会的要因から政治的要因への注目」近田亮平編『新興途上国地域の治安問題に関する基礎理論研究会調査研究報告書』アジア経済研究所：19-39〈https://www.ide.go.jp/library/Japanese/Publish/Download/Report/2016/pdf/C16_ch02.pdf, 2020年7月20日アクセス〉。

坂口安紀（2018a）「ベネズエラにおける制憲議会の成立と民主主義の脆弱化」『ラテンアメリカ・レポート』34(2): 48-59〈http://hdl.handle.net/2344/00050136, 2020年7月18日アクセス〉。

坂口安紀（2018b）「混乱をきわめるベネズエラ経済：とまらない経済縮小とハイパーインフレ」『ラテンアメリカ・レポート』35(1): 35-48〈https://doi.org/10.24765/latinamericareport.35.1_35, 2020年2月20日アクセス〉。

坂口安紀（2018c）「ベネズエラのチャベス政権と後継マドゥロ政権：競争的権威主義体制からヘゲモニー体制へ」『国際問題』No. 676（11月）：26-34。

坂口安紀（2019a）「世界の主要産油国と日本の輸入原油（10回）ベネズエラ」『ペトロテック』42(4): 299-307。

坂口安紀（2019b）「ふたりの大統領の間で揺れるベネズエラ：これは『終わりの始まり』なのか？」『ラテンアメリカ・レポート』36(1): 44-58〈https://doi.org/10.24765/latinamericareport.36.1_44, 2020年7月18日アクセス〉。

坂口安紀（2019c）「メキシコのエネルギー改革：資源ナショナリズム，地質的・技術的制約と政治の変化」星野妙子編著『メキシコの21世紀』アジア経済研究所：167-197〈http://hdl.handle.net/2344/00050729, 2020年10月1日アクセス〉。

坂口安紀(2020)「破綻経済と仮想通貨（ベネズエラ）」『IDEスクエア』〈http://hdl.handle.net/2344/00051791, 2020年11月4日アクセス〉。

シェブチェンコ，アンドレイ（Shevchenko, Andrey）（2020）「ベネズエラ政府発行の仮想通貨ペトロ，取引所において公式価格の半額で売買される」『コインテレグラフジャパン』2020年1月23日〈https://jp.cointelegraph.com/news/venezuelans-selling-petro-on-localbitcoins-at-half-the-official-price, 2020年1月25日アクセス〉。

JOGMEC（独立行政法人石油天然ガス・金属鉱物資源機構）編（2008）『台頭する国営石油会社：新たな資源ナショナリズムの構図』エネルギーフォーラム。

高橋百合子（2015）『アカウンタビリティ改革の政治学』有斐閣。

ディアス・ポランコ，ホルヘ（2016）「ボリバル革命の柱，社会政策ミシオン」坂口安紀編（2016a）：95-123〈http://hdl.handle.net/2344/00016729, 2020年7月20日アクセス〉。

西島章次（1993）『現代ラテンアメリカ経済論：インフレーションと安定化政策』有斐閣。

西島章次・細野昭雄（2004）『ラテンアメリカ経済論』ミネルヴァ書房。

ハーネッカー，マルタ（2007）『チャベス　革命を語る』河合恒生・河合麻由子訳，澤田出版（Hugo Chavez, and Marta Harnecker, *Understanding the Venezuelan Revolution: Hugo Chavez Talks to Marta Harnecker*, New York: Monthly Review Press, 2005）。

浜口伸明編（2018）『ラテンアメリカ所得格差論：歴史的起源・グローバル化・社会政策』国際書院。

ブリセニョ，エクトル（2016）「民主主義と政治参加の変容」坂口安紀編（2016a）：61-94〈http://hdl.handle.net/2344/00016728, 2020年7月18日アクセス〉。

（2016a）〈http://hdl.handle.net/2344/00016731，2020年7月20日アクセス〉。

岡田玄（2019）「大停電『施設の管理不足』ベネズエラ元電力相」『朝日新聞』2019年6月3日付。

遅野井茂雄・宇佐見耕一編（2008）『21世紀ラテンアメリカの左派政権：虚像と実像』アジア経済研究所〈https://www.ide.go.jp/Japanese/Publish/Books/Sensho/014.html, 2020年7月20日アクセス〉。

川中豪編（2018）『後退する民主主義，強化される権威主義：最良の政治制度とは何か』ミネルヴァ書房。

北野浩一（2019）「移民増加がチリ経済に与える影響」『ラテンアメリカ・レポート』35(2): 70-83〈https://doi.org/10.24765/latinamericareport.35.2_70, 2020年7月1日アクセス〉。

坂口安紀（2002）「ベネズエラ4月の政変：チャベス政権と『民主主義』」『ラテンアメリカ・レポート』19(2): 47-62〈http://hdl.handle.net/2344/00006148, 2020年7月16日アクセス〉。

坂口安紀（2005）「ボリバル革命の検証：チャベス政権の経済・社会政策」『ラテンアメリカ・レポート』22(2): 33-44〈http://hdl.handle.net/2344/00006077, 2020年7月16日アクセス〉。

坂口安紀（2007）「ベネズエラの石油産業：超重質油依存とチャベス政権の政策」星野妙子編『ラテンアメリカ新一次産品輸出経済論』アジア経済研究所：215-252〈https://ir.ide.go.jp/?action=pages_view_main&active_action=repository_view_main_item_detail&item_id=42643&item_no=1&page_id=39&block_id=158, 2020年6月20日アクセス〉。

坂口安紀（2008）「ベネズエラのチャベス政権：誕生の背景と『ボリバル革命』の実態」遅野井茂雄・宇佐見耕一編（2008）：35-66〈http://hdl.handle.net/2344/00017049, 2020年7月20日アクセス〉。

坂口安紀（2010a）「ベネズエラの石油産業：国家志向的政策と市場志向的政策の間の振り子の揺れ」坂口安紀編『途上国石油産業の政治経済分析』岩波書店 : 19-47.

坂口安紀（2010b）「ベネズエラ：ボリバル革命にたれこめる暗雲」『ラテンアメリカ・レポート』27(1): 87-94〈http://hdl.handle.net/2344/00005960, 2020年7月16日アクセス〉。

坂口安紀（2010c）「ベネズエラ2010年国会議員選挙」『ラテンアメリカ・レポート』27(2): 15-28〈http://hdl.handle.net/2344/00005941, 2020年7月18日アクセス〉。

坂口安紀（2011）「ベネズエラにおける地方分権化とチャベス政権下の制度変更」『ラテンアメリカ・レポート』28(2): 41-53〈http://hdl.handle.net/2344/00005919, 2020年7月20日アクセス〉。

坂口安紀（2012）「アシメトリーな関係：中国とベネズエラ」『アジ研ワールド・トレンド』202号（7月）：32-35〈http://hdl.handle.net/2344/00003932, 2020年7月1日アクセス〉。

坂口安紀（2013）「ベネズエラの地域住民委員会と参加民主主義」上谷直克編『ポスト新自由主義期におけるラテンアメリカの政治参加』アジア経済研究所調査研究報告書。

坂口安紀（2015）「ベネズエラ2015年国会議員選挙の行方」『ラテンアメリカ・レポート』32(2): 38-51〈http://hdl.handle.net/2344/00005833, 2020年7月18日アクセス〉。

坂口安紀編（2016a）『チャベス政権下のベネズエラ』アジア経済研究所〈https://www.ide.go.jp/Japanese/Publish/Books/Sensho/043.html, 2020年7月20日アクセス〉。

com/, accessed on November 22, 2020〉.
Foro Penal (2019) "Reporte sobre la represión en Venezuela," marzo de 2019 〈https://foropenal.com/reporte-sobre-la-represion-en-venezuela-marzo-2019/, accessed on June 3, 2019〉.
Freedom House (2019a) "Freedom in the World Countries 2019," 〈https://freedomhouse.org/report/countries-world-freedom-2019, accessed on February 17, 2020〉.
Freedom House (2019b) "Freedom in the World 2019," 〈https://freedomhouse.org/sites/default/files/Feb2019_FH_FITW_2019_Report_ForWeb-compressed.pdf, accessed on February 17, 2020〉.
INE (2010) *Encuesta Nacional de Victimización y Percepción de Seguridad Ciudadana 2009 (ENVPSC-2009) documento técnico* 〈http://www.derechos.org.ve/pw/wp-content/uploads/Encuesta-de-Victimizacion-INE-MIJ-2010.pdf, accessed on August 12, 2020〉.
INE (2019) "Estadísticas de pobreza, 1999-2018," INE website 〈http://www.ine.gov.ve/index.php?option=com_content&view=category&id=104&Itemid=45#, accessed on January 10, 2020〉.
Minpet (Ministerio del Poder Popular de Petróleo) (annual) *PODE (Petróleo y Otros Datos Energéticos)* 〈http://www.minpet.gob.ve/index.php/es-es/comunicaciones/pode, accessed on February 1, 2020〉.
OPEC (monthly) *Monthly Oil Market Report* 〈https://www.opec.org/opec_web/en/publications/338.htm, accessed on June 20, 2020〉.
OVV (annual) *Informe Anual de Violencia* 〈https://observatoriodeviolencia.org.ve/informes/informe-anual-de-violencia/, accessed on August 12, 2020〉.
PDVSA (annual) *Informe de gestión anual* 〈http://www.pdvsa.com/images/pdf/Inversionistas/INFORMEDEGESTION2016.pdf, accessed on July 5, 2020〉
Prodavinci, "Venezuela: la deuda externa en cifras," Prodavinci website 〈http://especiales.prodavinci.com/deudaexterna/〉.
UNDP Human Development Data (1990-2018) 〈http://hdr.undp.org/en/data〉（データベース）.
V-Dem (annual) "Democracy Facing Global Challenges: V-Dem Annual Democracy Report 2019," 〈https://www.v-dem.net/media/filer_public/99/de/99dedd73-f8bc-484c-8b91-44ba601b6e6b/v-dem_democracy_report_2019.pdf, accessed on February 17 2020〉.

［日本語文献］

アセモグル，ダロン／ジェイムズ・A・ロビンソン（2016）『国家はなぜ衰退するのか：権力・繁栄・貧困の起源』上下，鬼澤忍訳，早川書房（Daron Acemoglu, and James A. Robinson, *Why Nations Fail: The Origins of Power, Prosperity, and Poverty*, New York: Crown Publishers, 2012）。

出岡直也（2014）「『ボリーバル革命』における投票行動：ベネズエラ1998～2010年の選挙に関する一考察」上谷直克編『「ポスト新自由主義期」ラテンアメリカにおける政治参加』アジア経済研究所〈http://hdl.handle.net/2344/00011225, 2020年８月14日アクセス〉。

宇佐見耕一・菊池啓一・馬場香織編（2016）『ラテンアメリカの市民社会組織：継続と変容』アジア経済研究所〈http://hdl.handle.net/2344/00049437, 2020年８月14日アクセス〉。

浦部浩之（2016）「石油をてことした外交戦略と新しい地域統合の模索」坂口安紀編

参考文献

［ウェブサイト］

石油学会〈https://sekiyu-gakkai.or.jp/jp/dictionary/petdiccrude.html〉.

石油天然ガス・金属鉱物資源機構（JOGMEC）〈https://oilgas-info.jogmec.go.jp/〉.

ANH (Agencia Nacional de Hidrocarburo, Colombia) 〈https://www.anh.gov.co/estadisticas-del-sector/sistemas-integrados-de-operaciones/estadisticas-de-produccion〉.

Baker Hughes, "International Rig Count" 〈http://phx.corporate-ir.net/phoenix.zhtml?c=79687&p=irol-rigcountsintl〉.

BCV (Banco Central de Venezuela) 〈http://www.bcv.org.ve/〉.

CNE (Consejo Nacional Electoral) 〈http://www.cne.gob.ve/〉.

Coin Dance, "Coin Dance Local Bitcoins Volume (Venezuela)" 〈https://coin.dance/volume/localbitcoins/VES/BTC〉.

EIA (US Energy Information Administration) 〈https://www.eia.gov/〉.

INE (Instituto Nacional de Estadística) 〈http://www.ine.gov.ve/〉.

Minpet (Ministerio para Poder Popular de Petróleo) 〈http://www.minpet.gob.ve/〉.

OPEC (Organization of the Petroleum Exporting Countries) 〈https://www.opec.org/opec_web/en/〉.

PDVSA 〈http://www.pdvsa.com/index.php?lang=es〉.

R4V (Response for Venezuela) 〈https://r4v.info/en/situations/platform〉.

UNHCR (UN Refugee Agency) "Venezuela Situations" 〈https://www.unhcr.org/venezuela-emergency.html〉.

V-Dem (Varieties of Democracy) 〈https://www.v-dem.net/en/〉.

World Bank Databank 〈https://databank.worldbank.org/home.aspx〉.

World Justice Report 〈https://worldjusticeproject.org/rule-of-law-index/factors/2020/〉.

［統計その他］

BP (annual) *Statistical Review of World Energy* 〈https://www.bp.com/en/global/corporate/energy-economics/statistical-review-of-world-energy.html, accessed on June 10, 2020〉.

CCPVSJ (2016) "Metodorogía del ranking 2015 de las 50 ciudades más violentas del mundo," 25 de enero 〈http://www.seguridadjusticiaypaz.org.mx/, accessed on January 10, 2020〉.

CEPAL (annual) *Anuario estadístico de América Latina y el Caribe* 〈https://www.cepal.org/es/publicaciones/ae, accessed on August 12, 2020〉.

Datanalisis (2019) "Clima de opinión pública," julio（有料データベース）.

DATAUNODC 〈https://data.unodc.org/#state:1, accessed on January 9, 2020〉（データベース）.

EIU (2018) "EIU Forcast," March 7, 2018（有料電子データベース）.

EIU (2019) "Venezuela Becomes Proxy Battle for Global Superpowers," May 24（有料データベース）.

EIU (2020) "Country Report Venezuela," Generated on July 17（有料データベース）.

ENCOVI (annual) "Encuesta nacional de condiciones de vida," 〈https://www.proyectoencovi.

2011	6	チャベスが癌を発表，キューバで手術・治療。
2012	2	チャベスの癌が再発，キューバで手術・治療。
	10	大統領選挙でチャベスが再選。
	12	チャベスの癌が再発，キューバで手術。術後経過が悪くキューバで継続治療。
2013	1	本人不在のままチャベス二期めに就任。
	3	チャベス死去。
	4	大統領選挙で，マドゥロが勝利，大統領就任。
2014	2	反チャベス派の抗議デモ拡大，40人以上が死亡。L・ロペスらに逮捕状，ロペス収監される。
2015	12	国会議員選挙で反チャベス派が圧勝，1月に反チャベス派が多数派の国会が誕生。
2017	3	最高裁が国会の権限を剝奪，国内外からの非難を受け，撤回。
	4	反チャベス派の抗議行動が数カ月にわたり激化し，163人が犠牲。
	7	制憲議会選挙の実施の是非をめぐる反チャベス派による市民投票。
	7	制憲議会選挙，翌8月に全議席チャベス派の制憲議会を設置。
	8	制憲議会設立を理由に，米国が金融制裁措置を発動。
2018	5	12月予定の大統領選挙を前倒しで実施，マドゥロ再選。
2019	1	マドゥロが2期目に就任。国会はグアイド国会議長を暫定大統領に任命。国際社会が二分。米国がマドゥロ2期目就任に対して石油貿易をめぐる制裁措置を発動。
2019	2	グアイドが国際支援物資の持込みを試みるも，失敗。
	3	数日におよぶ全国規模の停電が発生。
	4	グアイドらがマドゥロ失脚を画策した「自由のための作戦」を実行するも，失敗。
	5	国際的仲介により両者による対話が始まるが，頓挫。
2020	1	国会初日に，反チャベス派議員の議事堂入構を国軍が阻止，チャベス派議員らがパーラ議長を選出。反チャベス派はグアイド国会議長を再任。
	5	マドゥロ政権転覆をねらった米国人傭兵グループを治安当局が事前に察知，一部殺害，一部逮捕。
	8	12月の国会議員選挙を反チャベス派がボイコット。

（出所）筆者作成

ベネズエラ略年表 1989～2020年

1989	2	ネオリベラル経済改革の実施。カラカソ大暴動。
1992	2	チャベスがクーデターを首謀，失敗。11月には別グループによる2つめクーデター，失敗。
1994	2	第二次カルデラ政権誕生。経済改革の後退。カルデラがチャベスに恩赦を与える。チャベスが第五次共和国運動党（MVR）設立。
1998	12	**大統領選でチャベス勝利。翌1999年2月就任。**
1999	7	制憲議会議員選挙，制憲議会の設立。
	12	国民投票で新憲法の承認。バルガス州で大規模土石流が発生。
2000	7	新憲法下で国政・地方選挙のやり直し。チャベス再選。
	9	カラカスでOPECサミット開催。
	10	キューバとの間でエネルギー協力協定を締結。
2001	11	大統領授権法のもと49の経済法が成立。
2002	4	チャベスが2日間政権を追われる4.11政変。
	12	チャベス退陣を求め石油産業を中心とした長期ゼネスト（～2003年2月）。
2004	8	チャベス大統領に対する不信任投票，信任される。
2005	12	国会議員選挙を反チャベス派がボイコット，全議席をチャベス派が獲得。
2006	12	大統領選挙でチャベス再選。
2007		電力，通信，外資の石油事業の国有化。
	5	チャベスが反チャベス派民放局RCTV閉鎖。学生による反チャベス派運動が活発化。
	12	チャベス提出の憲法改正案が国民投票で否決。
2008		セメント産業，製鉄産業，アルミ産業の国有化。
2009	2	チャベスの憲法修正案（再選回数制限の撤廃）が国民投票で可決。
2010	9	国会議員選挙。チャベス派は議席数で過半数を確保するも，得票率では過半数をとれず。

ペトロカリベ　96, 189-190（写真）, 220, 230-231
ベネズエラ国営石油会社　→「PDVSA」をみよ
ベネズエラ統合社会主義党（PSUV）　196, 246, 264（ch3, n11）
ベネズエラ労働総同盟（CTV）　20-23, 103
ベラスコ，フアン　81, 84, 114
ペレス，カルロス・アンドレス　13, 86, 94, 210-211, 216-217
ボイコット　33, 52-56, 107, 111, 125
ポピュリスト　3, 20, 84, 87-88
ボリバリアン・サークル　23, 26
ボリバル革命　16-17, 71-72, 75, 79, 83-84, 114, 177, 192, 215, 244-247
ボリバル革命運動200（MBR-200）　80, 86, 95（写真）
ボリバル，シモン　16, 71-75, 79-83, 114
ボリバル（法定通貨）　4-5, 129, 142-144, 156-160
ボリブルゲシア　192

［マ　行］
麻薬　9, 158, 208, 232-233
　麻薬取引　9, 97, 210, 232-234, 248
マルクス主義　72, 78, 246-247
ミシオン　37, 133, 135, 187-195, 204, 222
皆の祖国党（PPT）　75-77, 264（ch3, n11）
民主化　103, 171, 210, 216
民主行動党（AD）　17, 102, 171, 216-217, 263（ch.4, n1）
民主主義　4, 7, 10-11, 15-16, 25, 33, 52-53, 56-57, 109, 114-115, 119-122, 125, 244-245, 247, 249
　国民が主人公の参加民主主義　16, 34, 76, 105, 117-119, 244
　参加民主主義　37, 83-84, 117-121（図4-2）, 244
　代表制民主主義　83, 105, 117-118, 244-245
民主統一会議（MUD）　52, 55-56, 69, 109-110, 113, 125
メキシコ　9-10, 60, 173, 185, 210
メディア　20, 34, 60, 122, 124

［ヤ　行］
ヤミ市場　141, 183, 191
闇ドル　145
ヤミの横流し　154

［ラ　行］
ロシア　62, 67, 136, 149-153, 228-231, 234-236, 245, 261（ch5, n23）
ロドリゲス，デルシー　77, 94（写真）
ロドリゲス，アリ　76-77, 178
ロペス，レオポルド　47, 55（表2-1）, 58-59, 66-67（写真）

石油輸出国機構（OPEC）　83, 217, 229-230
ゼネスト　21-23, 30-31, 177
セレソーレ，ノルベルト　84
選挙
国会議員選挙　8, 17-18, 33-34, 38, 47, 95, 101, 107-110, 112-113, 122, 124, 263（ch4, n3）
制憲議会選挙　14, 50-53, 110, 124-125
大統領選挙　17-18, 34, 40-41, 45, 54-57, 102-103, 110-111, 114, 122, 124-125, 196, 263（ch4, n7）, 264（ch3, n11）
選挙管理委員会　18-19, 31-33, 48-50, 54-56, 62, 106-113, 122, 125, 248, 263（ch4, n7）
先住民　16, 65, 86, 124

［タ　行］
第五次共和国運動党（MVR）　14, 17-18, 80, 105
第三の道　73
大衆の意思党（VP）　55（表2-1）, 58-59, 113
大統領授権法　19, 22, 37-39, 107-108
太陽カルテル　233
タスコン・リスト　32-33, 123-124
治安　9, 126-127, 204-213
地域住民委員会　35, 37, 51, 117-118, 124, 194-195
チャイナ・ファンド　138, 226
チャビスタ　4, 11-12
チャベス，アダン　75, 85, 87
中央銀行　135, 140, 142, 156
中国　62, 138, 146, 149, 151-153, 180, 189, 196, 217, 225-228, 234-237, 245-246
超重質油　163-166, 174-175, 179, 182
ディートリヒ，ハインス　84
デノミ　4, 143
テロ　9, 218, 233-234
土石流　59, 218, 221-222
トランプ，ドナルド　8, 53, 231-234
トリホス，オマル　81-82, 114
ドル化　4, 153, 157-158, 184
トルコ　8, 60, 237

［ナ　行］
難民　6, 10, 238-241, 243
日本　8, 52-53, 56, 60, 111, 181, 205
ネオリベラル経済改革　82, 99-102, 187, 210-211

［ハ　行］
ハイパーインフレ　4-5, 143, 155-157, 159, 245
バチャケーロ　154, 183
ヒズボラ　9, 233-234
秘密投票　32-33, 107, 123
貧困　5, 35, 104, 156, 170-173, 197-199, 208-209
貧困層　20, 34-35, 38, 104, 132, 157, 208, 245
プーチン，ウラジーミル　228-229（写真）
不信任投票　31-32, 34, 50, 62, 110, 123, 263（ch4, n7）
フセイン，サダム　91, 215
ふたりの大統領　7-8, 56-60, 62-70, 231, 243
ブッシュ，ジョージ・W.　90, 215, 218
ブラーボ，ドゥグラス　74-75, 79-80, 86, 93
ブラジル　63-64, 166-167, 185（図6-2）-186, 205, 218, 239-240, 264（ch3, n12）
プント・フィホ協定　103-105
米国　7, 9-10, 28, 52-53, 59-64, 67, 80, 82, 90-91, 97-98, 131, 142, 148-149, 152, 154-155, 157-158, 169, 180, 182, 205, 216-220, 225-229, 231-235, 237-238, 243, 245, 267（ch1, n21）
米州機構（OAS）　59, 62-63, 220
米州自由貿易地域（FTAA）　80, 220
米州相互支援条約（TIAR）　62-63
米州ボリバル同盟（ALBA）　96, 220, 230
ベタンクール，ロムロ　171-173, 216-217
ペトロ　148, 160-161, 232

クーデター　13-14, 28, 80-83, 94-95, 121
軍　9, 24-26, 29-30, 44, 62, 64-66, 114-117, 126, 223-224, 233, 236, 248, 267（ch1, n20, n21）
軍事介入　8, 61, 63, 231
軍事カウンターインテリジェンス局（DGCIM）　126, 223, 236
経済成長　5, 10, 19, 130（図5-1）, 131, 146-148, 187, 198（図7-1）, 205（図7-4）, 208-209
経団連（Fedecámaras）　21-23, 25
ケベド，マヌエル　116, 178, 182-183
ゲリラ　9-10, 21, 74-79, 216, 221, 232-234
権威主義　7-8, 33, 54, 60, 70, 72, 109, 120-121, 123-127, 216, 245, 249
　競争的権威主義　121, 123-125
憲法
　憲法改正　35-36, 104, 124, 223, 246
　憲法制定　13-17, 50-51, 95
抗議デモ　23-25, 47, 53, 57-58（写真）, 101, 139（写真）, 177
公共政策企画地方評議会（CLPP）　117-118
国民投票　14-16, 20, 35-36, 49-51, 122-124, 223, 267（ch1, n12）
国連難民高等弁務官事務所（UNHCR）　63, 238, 241
国会　8, 15-19, 33, 37-39, 46-51, 53-54, 59-60, 62, 69-70, 106-110, 112-113, 134-136, 188, 235, 244, 263（ch4, n3）
国家ボリバル情報部（SEBIN）　9, 66-67, 126, 224
国家立法評議会（コングレシージョ）　18, 77
コミューン　37
　コミューン国家　83, 118-119
ゴメス，フアン・ビセンテ　170
コレクティーボ　47, 53, 64, 208
コロンビア革命軍（FARC）　9, 232-234
コロンビア　9-10, 62-65, 91-93, 98, 185（図6-2）-186, 205, 238-241
コングレシージョ　→「国家立法評議会」をみよ

［サ　行］
最高裁　18-19, 27, 30, 41, 47-50, 93, 108, 111-113
財政赤字　46, 134, 137, 142, 155-156, 245
再選回数制限撤廃　35-36, 81, 223
殺人発生率　205, 207-211（図7-5）
4.11政変　22-30
資源ナショナリズム　167, 169-176, 179, 184-185
ジニ係数　199, 200（図7-2）, 201（表7-3）, 202, 209
シモノビス，イバン　27
社会主義　16, 21, 35-37, 51, 72, 75-76, 79-80, 82-83, 93, 118, 194, 217, 244-247
　21世紀の社会主義　16, 36, 72, 84, 246-247
銃　207（表7-5）-208, 210-211, 213
自由のための作戦　65-68
食料配給（CLAP）　98, 118, 153-155, 195-196
食料・医薬品の不足　5-6, 47, 63-64, 129-130, 139-142, 148, 152-155, 195, 204, 209, 238, 241, 245-246
所得格差　104, 199-202, 209, 245
人道支援　63-65, 153, 241
人道的危機　60, 63-64, 153, 238
制憲議会　14-15, 17-19, 50, 53-54, 59-60, 70, 125
制裁　60-61, 97, 231-233
　経済制裁　53, 61, 98, 131, 142, 147（図5-3）-149, 182, 232-235, 237
政治犯　8, 27, 47, 60, 68, 126-127
政党
　政党連合　33, 52, 55, 69, 76, 125
　伝統的政党　14, 17, 20, 100-103, 244
　二大政党　11, 34, 100-104, 244
石油
　石油開放政策　174-175, 179
　石油価格　37-39, 46, 130（図5-1）-137, 146-147, 160, 193, 229-230, 245
　石油を種蒔く　172

索　引

［略　字］
AD：民主行動党
ALBA：米州ボリバル同盟
CLAP：食料配給
CLPP：公共政策企画地方評議会
COPEI：キリスト教社会党
CTV：ベネズエラ労働総同盟
DGCIM：軍事カウンターインテリジェンス局
ENCOVI：ベネズエラ生活状況調査　197-199, 209
FAES：特殊部隊　126
FARC：コロンビア革命軍
Fedecámaras：経団連
FTAA：米州自由貿易地域
LCR（La Causa R）：急進正義党
MBR-200：ボリバル革命運動
MUD：民主統一会議
MVR：第五次共和国運動党
Ni-Ni：どちらでもない層　34
OAS：米州機構
OPEC：石油輸出国機構
PDVSA：ベネズエラ国営石油会社　23, 30-31, 59-61, 116, 134-135, 151-152, 166-168, 173-179, 181-184, 232-233
　PDVSA社債　135, 137-138, 148, 151-152
PPT：皆の祖国党
PSUV：ベネズエラ統合社会主義党
RCTV：ラジオカラカステレビ　34, 59
SEBIN：国家ボリバル情報部
SNS　5, 52, 66, 89
TIAR：米州相互支援条約
UNHCR：国連難民高等弁務官事務所
VP：大衆の意思党

［ア　行］
愛国カード　154, 184, 196
アウトサイダー　100, 102-103, 105
アビラ計画　24-25, 29-30
アフィウニ，マリア・ルルデス　111-112
イラン　184, 220, 230, 237
インフォーマル部門　20, 38, 104, 200-201（表7-2）
ウスラル・ピエトリ，アルトゥロ　172-173
汚職　14, 44, 87, 97-98, 104, 120（表4-2）, 145, 169, 183, 191, 248

［カ　行］
カストロ，フィデル　21, 45, 78-79, 90, 94, 192, 221-222
仮想通貨　148, 157, 159-160, 232
カダフィ，ムアンマル・アル　83-84
カプリレス，エンリケ　45-46, 55
カベージョ，ディオスダード　44-46, 61, 96（写真）
カラカソ　24, 29, 100-101
カルデラ，ラファエル　74, 85-86, 210
カルモナ，ペドロ　25-26, 28, 30
がん　40, 42, 79, 96
北朝鮮　60, 97, 220, 237
急進正義党（LCR）　75-77, 178, 264（ch3, n9, n12）
キューバ　21, 40-41, 44-45, 74, 78-79, 149-150, 189, 216-218, 220-224, 234, 236-237, 245
キリスト教社会党（COPEI）　85, 102, 263（ch4, n1）
グアイド，フアン　8, 56-70, 112, 152-153, 231, 233

坂口安紀

1964年生まれ、奈良県出身。88年国際基督教大学（ICU）教養学部卒。90年米カリフォルニア大学ロスアンジェルス校（UCLA）修士号（MA）取得。同年アジア経済研究所入所、同地域研究センター／ラテンアメリカ研究グループ長を経て、2018年より主任調査研究員。専門／ベネズエラ地域研究。編著に『途上国石油産業の政治経済分析』（岩波書店、2010年）、『2012年ベネズエラ大統領選挙と地方選挙』（アジア経済研究所、2013年）、『チャベス政権下のベネズエラ』（アジア経済研究所、2016年）。他共編著、論稿多数。

ベネズエラ
——溶解《ようかい》する民主主義《みんしゅしゅぎ》、破綻《はたん》する経済《けいざい》

〈中公選書 115〉

著　者　坂口安紀《さかぐちあき》

2021年１月10日　初版発行

発行者　松田陽三

発行所　中央公論新社
〒100-8152　東京都千代田区大手町 1-7-1
電話　03-5299-1730（販売）
　　　03-5299-1740（編集）
URL http://www.chuko.co.jp/

DTP　市川真樹子

印刷・製本　大日本印刷

Published by CHUOKORON-SHINSHA, INC.
Printed in Japan　ISBN978-4-12-110115-0 C1331
定価はカバーに表示してあります。

落丁本・乱丁本はお手数ですが小社販売部宛にお送り下さい。
送料小社負担にてお取り替えいたします。

中公選書　新装刊

101 ポストモダンの「近代」
——米中「新冷戦」を読み解く
田中明彦著
権力移行は平和的に進むのか。気候変動、貧困問題に世界は対応できるのか。「新しい中世」の提唱から二〇年余、最新の知見と深い洞察が導く国際政治の現在と未来像を提示する。

102 建国神話の社会史
——史実と虚偽の境界
古川隆久著
天照大神の孫が地上に降りて日本を統治し始めた——。『古事記』『日本書紀』の記述が「歴史的事実」とされた時、普通の人々は科学や民主主義との矛盾をどう乗り越えようとしたのか。

103 新版　戦時下の経済学者
——経済学と総力戦
牧野邦昭著
二つの世界大戦という総力戦の時代、経済学者たちの主張や行動はどのような役割を果たし、戦後体制へどんな影響を与えたか。第32回石橋湛山賞受賞作に最新の研究成果を加筆。

中公選書　新装刊

104
天皇退位　何が論じられたのか
——おことばから大嘗祭まで

御厨　貴編著

二〇一六年七月のNHKスクープと翌月の天皇ビデオメッセージから三年。平成の天皇は退位し、上皇となった。この間に何が論じられたのか。残された課題は皇位継承だけではない。

105
〈噓〉の政治史
——生真面目な社会の不真面目な政治

五百旗頭　薫著

政治に噓がつきものなのはなぜか。絶対の権力というものがあるとすれば、噓はいらない。世界中に噓が横行する今、近現代日本の経験は噓を減らし、噓を生き延びるための教訓となる。

106
神道の中世
——伊勢神宮・吉田神道・中世日本紀

伊藤　聡著

神道は神仏習合や密教、禅や老荘思想など、さまざまな信仰や文化を取り込んで自らを形作ってきた。豊穣な中世文化を担った、知られざる神道の姿を最新の研究から描き出す。

中公選書　新装刊

107 平成の経済政策はどう決められたか
——アベノミクスの源流をさぐる
土居丈朗著

21世紀最初の二〇年間の日本の経済政策は、財政健全化とデフレ脱却を追求し続けてきたといえる。経済政策の立案に加わった五人の経済学者との対談を通じて今後の課題をあぶり出す。

108 漢字の構造
——古代中国の社会と文化
落合淳思著

漢字の成り立ちと字形の変化の歴史には、古代中国の生活や風習、祭祀儀礼や社会制度などが反映されている。社会と文化の記憶を解き明かす、新しい方法論に基づいた字源研究の成果。

109 クレメント・アトリー
——チャーチルを破った男
河合秀和著

第二次大戦の勝利の立役者であるチャーチルを抑え、総選挙で圧勝したのはアトリー率いる労働党だった。現在の英国社会の基礎を築くと同時に、帝国を解体したアトリーの本格的評伝。

中公選書　新装刊

110
日本近代小説史　新装版
安藤　宏著

文明開化期から村上春樹まで、日本の近代小説をトータルな視点で案内する。最新研究に基づく入門書の決定版。写真図版も多数収録。改版にあたり、「「近代日本文学」の成立」を付した。

111
新版「生きるに値しない命」とは誰のことか
――ナチス安楽死思想の原典からの考察

森下直貴
佐野　誠編著

障碍者施設殺傷事件、安楽死論争、パンデミック・トリアージ。「役に立つ／立たない」で命を選別できるのか。ナチス安楽死政策を支えた著作に批判的考察を加え、超高齢社会の命を問う。

112
非国民な女たち
――戦時下のパーマとモンペ

飯田未希著

「石を投げられてもパーマをかけたい」。戦時期に非難の的となりながらパーマが大流行したのはなぜか。統制と流行と近代化の狭間で大きな社会問題となった女性たちの「お洒落」とは。